全国教育科学规划国家一般课题"学科评估服务'双一流'建设的价值取向及实现机制研究"（BIA180198）最终成果

张继平 著

高等教育评估的
价值取向探元

中国社会科学出版社

图书在版编目（CIP）数据

高等教育评估的价值取向探元／张继平著．—北京：中国社会科学出版社，2022.4

ISBN 978-7-5203-9622-6

Ⅰ.①高… Ⅱ.①张… Ⅲ.①高等教育—教育评估—价值取向—研究—中国 Ⅳ.①G649.2

中国版本图书馆 CIP 数据核字（2022）第 014924 号

出 版 人	赵剑英	
责任编辑	周晓慧	
责任校对	刘 念	
责任印制	戴 宽	

出　　版	中国社会科学出版社	
社　　址	北京鼓楼西大街甲 158 号	
邮　　编	100720	
网　　址	http://www.csspw.cn	
发 行 部	010-84083685	
门 市 部	010-84029450	
经　　销	新华书店及其他书店	

印　　刷	北京明恒达印务有限公司	
装　　订	廊坊市广阳区广增装订厂	
版　　次	2022 年 4 月第 1 版	
印　　次	2022 年 4 月第 1 次印刷	

开　　本	710×1000 1/16	
印　　张	19	
字　　数	322 千字	
定　　价	108.00 元	

序

　　张继平教授长期致力于高等教育研究，沉潜于高等教育质量保证研究数十年，在高等教育评估价值取向方面有独到的思考。他不仅多年从事高等教育评估理论研究，而且注重高等教育评估实践研究，在形而上的思考和形而下的探索方面都有很好的作为。为了探索具有本土特色的学科评估体系，张继平多年来聚焦于学科评估理论与实践探索，数度深入国内多所高校进行实地调研，寻找他所需要的第一手资料。其间历尽艰难，矢志不渝。集多年理论探索、调查研究和文献推求之心得，成《高等教育评估的价值取向探元——学科评估服务"双一流"建设的视角》一书。

　　这是一部系统研究高等教育评估价值取向的学术著作。该书有效运用高等教育的基本理论，合理剖析"双一流"建设背景下学科评估所面临的新问题，在归因分析的基础上提出学科评估机制创新方略。前此，国内外也有学者论及学科评估服务"双一流"建设，但多为零星涉及，尚缺乏专门性、系统性研究。张著《高等教育评估的价值取向探元——学科评估服务"双一流"建设的视角》大大丰富了高等教育研究的领域，发掘了很多不为学界涉猎的珍贵材料，对学科评估价值取向的辨析、学科评估价值取向的冲突、中国特色学科评估体系的建设等若干重要问题作了深入研究，对高等教育管理界及学界的一些模糊认识作了澄清。譬如，学科评估要与国际接轨，不少研究据此认为中国高校学科评估要以美国的或英国的标准为参照。本书以大量的事实说明，学科评估可以学习借鉴国外的先进经验，但不能照抄照搬，否则会水土不服。这是一部理论深厚、论述深刻、观点新颖、材料充实的学术之作。

　　学科建设虽有一个长远的过去，但学科评估仅有一个短暂的历史。

自 2002 年学位中心开展第一轮学科评估以来，该项活动开始进入公众的视野。社会各界对学科评估工作的关注度与日俱增，则是近些年来的事。2015 年，随着"双一流"建设方案的颁布实施，学科评估日渐成为高校关注的核心议题。关于学科评估为"双一流"建设服务的争论，高等教育界大抵有三种观点：第一种观点认为，学科评估是检视学科建设成效与质量的政策工具，评估结果可以作为遴选、考核"双一流"建设对象的直接依据；第二种观点主张，学科评估是诊断学科问题、促使学科改善的一种手段，评估结果不应直接作为"双一流"建设的依据，而只能作为一种参考；第三种观点认为，学科评估是社会中介组织的事，而一流大学与一流学科建设则是政府和高等学校的事，二者之间没有直接联系，因此学科评估结果应与"双一流"建设分离。张继平这部学术著作的主旨既论述了学科评估服务"双一流"建设的价值取向，其实也论述了学科评估要坚持中国自信的重要价值。他不是简单地论述了学科评估结果如何使用，而是从学理与实践的角度追根溯源，探讨学科评估缘何、如何为学科内涵建设及"双一流"建设提供高品质的服务，其中的许多观点发人深省，论述精辟，使人读之感到醇醇有味。作者从专业的视角，以第四轮和第五轮学科评估为背景，以其参与中国高校学科评估的亲身经历为素材，以深度访谈和问卷调查材料为支撑，综合运用国内外相关研究成果，对学科评估的发展历程、现存问题及改革走向等都有充分的论述，对我这样的读者——对学科评估不甚了了而又对高等教育质量保证有浓厚兴趣的人而言，真可谓一涌慧泉。

读罢全书可以发现，该著作有三大特色：一是研究视角有新意——从建设世界一流大学与一流学科体系的视角出发，立足利益者相关理论、委托代理理论和信息不对称理论对学科评估价值取向进行开创性研究，探讨中国式高等教育评估的发展道路，为中国特色的学科评估理论研究提供了全新的视角。二是研究方法有突破——综合运用教育学、管理学、社会学等多学科理论与方法对学科评估价值取向冲突的表现及原因进行深入剖析，创造性地提出学科评估为"双一流"建设服务的方略，为破解教育主管部门、高等学校、社会各界等利益相关者之间因评估而产生的价值冲突提供新思路。三是核心观点有创见。创造性地提出"以中国特色学科评估推进'双一流'建设""建立中国化的学科评估品牌""以原生态评估建构高等教育质量文化""打造中国化的元评估体系""构建中国特色的第三方评估体系"等观点和政策建议，为建立中国特色、国际影响的学科评估体系提供新启发。同那些以歌功颂德方式投人所好或以激烈批评言辞夺人耳目的学者相比，作者对学科评估的批评温和了许多，但也更显其学术研究的客观性、批评的诚恳性与建设性。作者在本书中提出的学科评估价值取向的三大冲突——目的价值取向冲突、根本价值取向冲突和核心价值取向冲突尤其发人深省。

灿烂的思想之花必然结出丰硕的学术之果。作者花费大量时间与精力开展调查研究，广泛了解高校领导、管理人员、学科负责人、教师、学生、材料填报人、用人单位等高等教育利益相关者的态度和看法，在占有大量一手资料的基础上发论，所得出的观点既充满学术情怀又严谨可靠，读来令人豁然醒目，相信读者们一定会受到启发，产生共鸣。作为张继平的老师，看到他如此脚踏实地地做真学问，在学术的百花园里茁壮成长，深感欣慰。今天，我能够事先读到这部将要出版的著作，内心自然充满喜悦之情，书中的内容深深地吸引了我，在此也向朋友们隆重推荐这部好书，以示欣喜和祝贺之情。

董泽芳

2021 年 4 月 18 日

前　言

　　学科是大学的基本元素，是大学的生存之基、发展之本。学科评估作为"双一流"建设的一个基本环节，既是监测高等教育质量的重要手段，也是衡量大学办学效益的有效方法；既是创建高质量高等教育体系的重要战略，也是改变高等教育低质发展的通行路径；既是高等教育制度创新的风向标，也是国家政策调整的着力点。在建设教育强国和加快推进教育现代化的进程中，"双一流"建设和学科评估成为社会各界普遍关心的话题，国家、社会和个人对此充满期待，但高等教育规模增长与质量提升形成巨大反差，大学的现状和人们的期待之间存在深深的鸿沟，人们日益增长的优质高等教育需求与高等教育发展不充分、优质高等教育供给不充足、区域高等教育发展不均衡之间的矛盾较为突出。在此背景下构建中国特色、国际影响的学科评估体系，生成以评促建、以评促管、以评促改的新动能，是贯彻落实新时代教育评价思想、加快推进"双一流"建设进程和建成高质量的高等教育体系的迫切需要。

　　首先，以学科评估推进"双一流"建设是应对国际竞争的客观要求。竞争是大学追求卓越的不竭动力，是大学自我完善、自信自立的根本途径。自进入 21 世纪以来，随着经济全球化进程的加快和知识经济浪潮的加剧，国与国之间的竞争越来越表现为知识和人才的竞争，大学作为传承、传播、创造高深知识的中心和培养高级专门人才的场所，日益成为现代社会发展的轴心机构。各国为在全球性竞争中占据战略制高点，积极通过一流大学建设政策调整来提升国际影响、吸纳高层次人才、巩固国家地位，获得文化和价值观输出的优势。中国高等教育要在全球性竞争中占据一席之地，迫切需要以学科评估为契机，引导高校强化质量理念，加强内涵建设，加快建成世界一流大学与一流学科体系，形成核心竞争力。

其次，以学科评估推进"双一流"建设是提升办学绩效的现实需要。坚持绩效导向是促进建设高校高质量发展的重要动力源泉。《统筹推进世界一流大学和一流学科建设总体方案》提出，"坚持以绩效为杠杆""突出建设实效，构建完善中国特色的世界一流大学和一流学科评价体系，充分激发高校内生动力和发展活力，引导高等学校不断提升办学水平"。《统筹推进世界一流大学和一流学科建设实施办法（暂行）》进一步提出，"制定科学合理的绩效评价办法，开展期中和期末评价"。在教育资源相对有限的情况下，提升绩效成为国家统筹推进"双一流"建设的出发点，对"双一流"建设高校的办学绩效进行问责成为政府、高校和社会的必然诉求。政府将更加倾向于资助办学成本低、办学效益高的大学与学科，以期获得更大的投资回报。

最后，以学科评估推进"双一流"建设是回应市场需求的必然选择。市场是一只无形的手，市场需求是检验大学办学质量的唯一标准。高等教育走向市场是社会主义市场经济发展的客观要求，是高校根据市场需求调整学科结构、优化专业设置的有效手段。在我国经济转型升级、文化多元发展、居民收入不断增加的前提下，高等教育已成为消费热点。在强调供求信息对称、买卖自由平等的高等教育市场上，企业、雇主、学生、家长等高等教育利益相关者更加倾向于购买优质的高等教育服务，而高校要通过出售教学与科研服务获得企业投资、社会捐赠、学费、高校科技成果转化等多种不同渠道的资金，占据更多的市场份额，需要构建中国特色、国际影响的学科评估体系，加快推进中国的世界一流大学与一流学科的生长发展。

柏拉图有一个著名的命题：美是难的。将这个命题稍加改变：学科评估是难的，用之描述学科评估同样很贴切。学科评估作为一种高等教育质量保证机制，对于高等教育改革发展不可谓不重要，人们对它的探讨不可谓不丰富，但时至今日，人们对于缘何以及如何以学科评估推进"双一流"建设仍然众说纷纭，莫衷一是，很难达成共识。经过多年努力，中国高校学科评估取得了重要进展，在探索学科评估的"中国道路"、彰显学科评估的"中国风格"、构建学科评估的"中国模式"、形成学科评估的"中国标准"、建立评估结果发布的"中国方式"、展示学科评估的"中国力量"、形成学科评估的"中国品牌"等方面取得初步成效，这些努力对于汇聚多方意见、凝聚创新共识、聚焦改革方向起到了很好的定向作用，对于推动"双一流"建设起到了很好的促进作用，但由于学科评估在中国起步相对较晚，理论探索相对薄弱，实践机制不够成熟，其在运行中依然不可避免地存在着价值取向问题，突出表现在五个方面：

一是思想认识不足，功利主义取向突出。参评单位缺乏对学科评估价值理念的正确认识，缺乏对学科评估根本目的的深刻理解，缺乏对学科评估现实意义的准确把握，思想意识始终浸淫着功利主义的出世之风，不少参评单位将好的排名看作捞取"双一流"建设资源的资本，用学科排名来置换大学办学质量，以"短、平、快"的方式开展学科建设，将学科评估与"双一流"建设引向一条错路，评估的初衷与结果背道而驰。

二是独立主体缺失，社会力量参与不够。学科评估还没有形成中国特色的委托代理机制，教育行政力量扮演着评估的主角，把持着评估的话语权，完全独立的第三方评估生存空间不足，社会参与高等教育治理的通道狭窄。高校学科信息公开和数据公开程度不高，关键性信息和数据的披露程度严重不足，评估主客体之间存在着较为严重的信息不对称现象，社会监督和评价陷入"无米之炊"的窘境。

三是本土特色不明，盲目移植国外标准。学科评估模仿国外学科排名的运行模式，沿用国外大学排名所采用的 SCI、SSCI、A & HCI、ESI 等评价指标与方法观测参评高校的科研水平和学者的学术水准，误导国内学者盲目迷恋 SCI、SSCI、A & HCI 论文，使学科评估逐渐脱离中国国情，跟在西方发达国家的后面亦步亦趋，迷失在西方的价值标准里，泯灭中国智慧，扼杀科技创新，造成"双一流"建设的水土不服。

四是评估文化贫血，参评行为严重扭曲。学科评估文化建设未能跟上中国特色社会主义文化大发展的时代步伐，质量文化被"选秀"文化所淹没，学科评估降格为"选秀"工具，各参评单位为获得好的评估结果及"双一流"的门票而费尽心思，力图在学科排行中获得"选秀"的冠军、亚军抑或季军，这种情形在调动高校参与热忱的同时，也造成高校之间的盲目攀比和恶性竞争，强化参评高校的"应考"心态和"被试"心态，诱发种种非理性行为，使学科评估的权威性、可靠性受到质疑。

五是制度建设滞后，生态平衡遭到破坏。学科评估落后于中国特色社会主义制度建设的步伐，没有形成科学化、规范化的评估制度体系，缺乏符合国情的运行机制、客观公正的约束机制和行之有效的信誉机制，逐渐演变为中国高等教育界的一场"学科锦标赛"，各参评高校为占据"双一流"建设的上风而采取"拆、撤、拼、凑"的手段应对评估，甚至不惜弄虚作假，在材料填报上玩"文字游戏""数字游戏"，打破了高校宁静的学科生态和学术生态，使学科建设质量与成效评价走在形式主义的廊坊里，要让高校静下心来进行学科内涵建设犹如天方夜谭。

有感于此，本书致力于从多个层面探讨学科评估服务"双一流"建设的价值取向及实现机制。从形式上说，学科评估的服务对象多种多样，包括政府的科学施策、高校的战略决策、家长的投资意愿、学生的入学选择、雇主的用人准则等，但其最直接、最主要的对象却是"双一流"建设。可以说，学科评估既是一个"诊断仪"，又是一个"服务器"，其最重要的作用就在于为国家推进"双一流"、高校争创"双一流"和社会支持"双一流"建设提供高质量的服务。因此，如何科学、理性地认识学科评估，将学科评估和"双一流"建设有机联系起来，达成不同利益相关者的广泛共识，汇聚以评促建、以评促管、以评促改的动能，是本书研究的根本目的。

本书以第四轮和第五轮学科评估为背景，以笔者参与中国高校学科评估的亲身经历为素材，以深度访谈和问卷调查材料为支撑，综合运用国内外相关研究成果，从六个维度阐述学科评估服务"双一流"建设的价值取向及其实现机制。一是理论探讨——立足利益相关者理论、信息不对称理论和委托代理理论，论述学科评估服务"双一流"建设的核心内涵及其价值取向。二是历史回顾——着重梳理"双一流"建设语境下学科评估的价值取向变迁，包括学科评估价值取向变迁的制度历程、主要表现和因果机制。三是冲突分析——主要剖析学科评估服务"双一流"建设的目的价值取向冲突、根本价值取向冲突和核心价值取向冲突。四是冲突归因——重点分析学科评估服务"双一流"建设的机制性障碍，涉及运行机制障碍、激励机制障碍、保障机制障碍和监督机制障碍。五是调查研究——采用问卷法调查了解公民关于学科评估与"双一流"建设的态度和价值观。六是政策建议——提出学科评估为"双一流"建设提供更好的服务的出路在于平衡集权与分权、统筹公平与效率、兼济德治与法治、融通他律与自律。

本书力图廓清学科评估的价值导向及"双一流"建设的价值追求，致力于探讨以评促建、以评促管、以评促改的实现机制。同时致力于探讨那些悬而未决的问题，以回应新时代中国特色教育评价改革的新要求，引起评估界对师德师风评价、学生获得感评价、雇主满意度评价、课堂教学质量评价等问题的高度关注，为建设中国特色的学科评估制度提供有价值的参考，为建立学科评估的中国方案、中国模式、中国标准、中国方法提供有益的启迪，为形成学科评估的中国品牌、国际影响和高等教育系统有效破除"五唯"稍尽绵薄之力。

"橘生淮南则为橘，生于淮北则为枳。"本书积极主张构建中国特色的学科评估体系，强调从中国国情和高等教育实际出发，既要把握高等教育质量保证的历史传承和文化传统，又要把握学科评估制度改革所走过的发展道路和积累的成功经验，还要把握中国高等教育进一步发展的现实要求和基本趋势，着力解决学科建设和"双一流"建设的现实问题，形成历史和现实、理论和实践、本土与外来的有机统一。作者认为，对于丰富多彩的评估世界，我们应该秉持百花齐放、兼容并蓄的态度，虚心学习国外的评估理论与制度，消化吸收国外先进的评估技术与方法，择其善者而从之，择其不善者而弃之，在独立自主、自信自立的立场上把国外的评估经验中国化，形成适合中国国情的经验，但决不能囫囵吞枣、邯郸学步。盲目学习外国的经验是行不通的，因为照抄照搬他国的评估制度，会水土不服、画虎不成反类犬，甚至会把"双一流"建设引向歧路。只有扎根本国土壤、汲取充沛养分的评估制度，才是最可靠、最实用的评估制度。

最后需要指出的是，学科评估是一项难度很大、挑战性强、容易引发争议但却对"双一流"建设具有重要推动作用的高等教育活动，每一个高等教育利益相关者都可以基于自身的利益数落学科评估的是非，每一个研究者都可以基于自身的认识批评学科评估的曲直。学科评估体系的完善还需扎根中国大地、立足中国国情，从评估活动的价值取向和实现机制出发，探讨世界范围内尚未解决的评估难题。尽管作者对学科评估及"双一流"建设有长期的探讨和思考，但仍有许多不成熟之处。本书所勾勒的是一幅学科评估如何在"双一流"建设的场域中发展以及如何为"双一流"建设提供高质量服务的图景，其中所提及的改革建议既不同于批评家们的论述，也不同于政策研究机构发布的报告。作者看到的是：不少高等教育研究者和政策制定者罔顾中国高等教育的实情，盲目认为只要将学科评估结果和"双一流"建设分离就能实现各自的良性发展。殊不知，"学科评估与'双一流'建设不可割裂"的思想在参评单位的心目中已经根深蒂固。当下的研究不是"双一流"建设要不要学科评估的问题，而是"双一流"建设要哪种品质的学科评估的问题。作者相信：只要有足够的时间和努力，大多数重大问题都是可以得到解决的；作者担忧的是：大多数问题尚未引起足够的重视，因为高等教育管理者、研究者、大学领导、学科负责人、教师等高等教育利益相关者并未真正意识到问题之所在，更不用说想办法解决这些问题了。这便是本书的研究起因和本书写作的原因，希望本书能够抛砖引玉，引发更多有识之士的学术探讨。

目　　录

第一章

学科评估服务"双一流"建设的
理论审视

　　学科是大学的基本元素，大学的发展水平取决于学科发展水平。统筹推进世界一流大学与一流学科（以下简称"双一流"）建设，尤其要重视学科的建设与发展。① 学科评估是检视学科建设质量与成效、诊断学科建设现状与问题、发现学科建设"短板"与不足、凝练学科建设方向与特色的重要手段和方法。学科评估作为"双一流"建设重要的政策工具，对"双一流"建设产生着重要影响②，是把握学科前进路线的"方向盘"，是研判学科状态的"听诊器"，是反馈学科质量的"风向标"，是改进学科工作的"加速器"③。建设"双一流"高校，离不开学科评估，学科评估的导向关系到"双一流"建设的质量。④ 学科评估对"双一流"建设服务的作用是不言而喻的，这使得学科评估的功能得以最大化发挥。⑤

　　在大学排行榜时代⑥，全球性学科评估千姿百态、异彩纷呈，这种评估以简单、明了、直观的方式向高等教育利益相关者传递大学的质量信

---

　　① 潘懋元：《对高等教育若干问题的思考》，《西北工业大学学报》（社会科学版）2018 年第 2 期。

　　② 张应强：《"双一流"建设需要什么样的学科评估——基于学科评估元评估的思考》，《清华大学教育研究》2019 年第 5 期。

　　③ 葛道凯：《积极参与学科评估 努力推动内涵发展》，《大学与学科》2021 年第 1 期。

　　④ 陈洪捷：《学科评估应看懂什么?》，《中国科学报》2019 年 9 月 25 日第 7 版。

　　⑤ 廖婧茜、靳玉乐：《学科评估与"双一流"建设的关系》，《现代大学教育》2020 年第 4 期。

　　⑥ 刘海峰：《大学排行榜时代的"两校互竞现象"》，《现代大学教育》2009 年第 6 期。

息，为社会大众提供客观的教育服务，不失为一种受社会大众追捧的高等教育质量管理方式。可以毫不夸张地说，学科评估在保证学位授予与研究生教育质量方面具有不可或缺的作用，在保证学科与办学质量方面发挥着不可替代的作用，在服务"双一流"建设方面起着举足轻重的作用。2018 年 8 月 8 日，教育部、财政部、国家发展改革委印发的《关于高等学校加快"双一流"建设的指导意见》（下文简称"指导意见"）提出，要"积极探索中国特色现代高等教育评估制度"①。2020 年 10 月 13日，中共中央、国务院印发的《深化新时代教育评价改革总体方案》进一步强调，要"改进学科评估"，构建"富有时代特征、彰显中国特色、体现世界水平的教育评价体系"②。2020 年 11 月 3 日，教育部发布的《第五轮学科评估工作方案》提出，要"立足中国国情和学科发展实际，借鉴国外有益经验，构建中国特色评价体系"③。学科评估作为一种新兴的高等教育管理方式，在促进"双一流"建设中发挥着"诊断仪""风向标""推进器"的作用，它的兴起和发展是政府进行科学决策的需要，是高校开展学科建设的需要，是社会进行信息筛选的需要。

第一节　学科评估及"双一流"建设的相关概念厘定

学科评估服务"双一流"建设既是一个具有历史意义的命题，又是一个具有现实意义的命题；既是一个具有较强理论性的高等教育研究专题，又是一项具有很强实践性的高等教育活动。学科评估服务"双一流"建设作为一个融通中外、汇聚古今教育思想的命题，主要涉及三个核心概念：学科评估、世界一流大学和世界一流学科。目前学术界关于这三个概念的探讨众说纷纭，莫衷一是，尚未在理论与实践层面达成共识。

---

① 教育部、财政部、国家发展改革委：《关于高等学校加快"双一流"建设的指导意见》，http://www.gov.cn/xinwen/2018－08/27/content_ 5316809. htm，2018 年 8 月 27 日。

② 中共中央、国务院：《深化新时代教育评价改革总体方案》，http://www.gov.cn/zhengce/2020－10/13/content_ 5551032. htm，2020 年 10 月 13 日。

③ 中华人民共和国教育部：《第五轮学科评估工作方案》，http://www.moe.gov.cn/jyb_xwfb/moe_ 1946/fj_ 2020/202011/t20201102_ 497819. html，2020 年 11 月 3 日。

在全面深化新时代教育评价改革和建设教育强国的语境中,这三个概念具有更为丰富的内涵和更具时代气息的特征。本书立足于既有成果关于学科评估、世界一流大学和世界一流学科的界定,试图突破既有成果的局限,在概念厘定、内涵分析、特征归纳和标准探讨等方面形成新的认识。

一 学科评估的概念界定及其基本意涵

学科评估是教育主管部门为突出学科建设的中心地位,推动"双一流"建设,提高研究生培养和学位授予质量,教育部学位与研究生教育发展中心(下文简称"学位中心")按照国务院学位委员会和教育部颁布的《学位授予和人才培养学科目录》的学科划分,按一定评估方案和评估指标体系,通过系统地收集信息、整理信息、归纳信息和分析信息,对各学位授予单位具有博士或硕士学位授予权的一级学科进行整体水平评估,然后根据评估结果做出分类排名,并根据评估结果进行发展状况分析与服务,又称"学科排名"。学科评估是一个既复杂又指向明确的概念,具有十分丰富的意涵。

(一)学科评估是一个价值判断过程

学科评估是评估主体按照一定的价值标准,运用一切有效的技术手段,对参评单位的办学质量、办学绩效和办学特色进行观察、衡量和测定,并做出价值判断,以衡量学科建设目标达成情况的过程。作为一种价值判断活动,高等学校在评估活动中发挥着至关重要的作用。尽管不同的学科排名被赋予不同的价值判断[1],但高等学校作为质量保证的主体,其价值主体地位贯穿于学科评估活动的始终。其一,从学科评估的根本目的来看,学科评估是学科质量保障体系的重要组成部分[2],学科评估以促进世界一流大学与一流学科体系建设为价值依归,以建设高等教育强国为最终归宿。只有充分发挥每所高校的价值主体作用,才能形成"以评促建"的强大合力。其二,从学科评估的价值标准来看,学科评估

---

① 刘强、潘鹏飞、王玉清:《变革中的大学学科排名——QS 世界大学学科排名最新进展与反思》,《比较教育研究》2015 年第 12 期。

② 翟亚军、王晴:《"双一流"建设语境中的学科评估再造》,《清华大学教育研究》2017 年第 6 期。

标准是一定时期里人们价值取向的反映，也是人们价值认识的体现，由特定教育模式的价值取向所决定。只有激活高等学校的价值主体角色，让高等学校成为质量标准的制定者，才能使其成为自身质量的"看护人"。其三，从学科评估的科学发展来看，只有明确高等学校在学科评估中的价值主体地位，才能有效防止和克服高等教育质量评价中价值判断的主观随意性，推进学科评估的科学化。学科评估活动的健康可持续发展"必须超越科学主义评价范式，引入建构主义评估范式"①。从本质上讲，学科评估作为价值主体的判断活动，其价值不在作为评估主体的人的活动之外，而只存在于人的历史性的评估活动之中，它是作为评估主体的人的认识活动的结果，同时也赋予评估活动以目的和意义。学科评估作为一种价值判断过程，其自身的完成也构成一定的价值，即评估作为一种价值发现方式、一种价值增值方法，是人的教育意识和教育价值观对高等学校学科建设活动及其结果的综合反映，它是学科评估过程的终点，又是新的实践过程的起点。诚然，学科评估作为一种价值判断活动，它不同于其他形式的价值判断活动。学科评估是对高等教育目标及其价值判断进行系统调查，为高等教育决策提供依据的过程。它按照严格的科学程序，有计划、有组织地进行活动。因此，它是关于评估对象的一种较为深刻的，对于它的发展变化具有重要影响的价值判断过程。它通过对现状与目标之间距离的判断，有效地促使被评对象发现问题、解决问题，不断逼近预定的目标，不断提高学科质量。②

（二）学科评估是一种质量监测手段

学科评估是对学科授予和研究生教育质量进行监测和评价的重要手段，是"促进高校学科建设、提高办学水平的重要治理机制，是以学科为评估单元对开办研究生教育的高校办学水平的关键体检"③。评估目的在于诊断学科建设现状，找出学科"短板"和不足，以便进行修正和完善，避免学科建设走弯路和错路，为高等教育管理和决策提供关键信息。

---

① 周光礼：《超越科学主义评价范式 建构中国特色学科评估新体系》，《大学与学科》2021年第1期。

② 张继平：《高等教育评估的价值取向博弈——"双一流"建设与学科评估的视角》，中国社会科学出版社2018年版，第10页。

③ 别敦荣：《积极探索构建中国特色学科评估体系》，《大学与学科》2021年第1期。

在学位授予与研究生教育质量管理活动中，评估已成为一种精致、复杂的管理工具而被世界各国广泛运用，在保证学科与研究生教育质量方面发挥着不可忽视的作用。当前我国研究生教育正处于发展战略转型期，正在向全面管理质量时代迈进。2014 年 3 月 17 日，国务院学位委员会、教育部发布的《关于加强学位与研究生教育质量保证和监督体系建设的意见》指出，要"构建以学位授予单位质量保证为主体，教育行政部门监管为引导，学术组织、行业部门和社会机构积极参与的内部质量保证和外部质量监督体系"[①]。国务院学位委员会、教育部在这个意见中还附带了一份较为详细的《学位授予单位研究生教育质量保证体系建设基本规范》，要求学位授予与研究生教育单位更新质量保证理念，从招生管理、培养过程与学位授予管理、导师岗位管理、研究生管理与服务、条件保障与质量监督、质量管理与质量文化等方面提出了可供学校参考的意见。[②] 学科评估作为研究生教育质量保证的重要手段，是高校对照规范补齐"短板"的过程，"要发挥质量保证和提高的功能，既要保障基本的学位授予质量，达到国家统一的学位质量标准，还要起到提高研究生质量的作用，使研究生培养单位形成竞争意识和卓越理念"[③]。在实践中，学科评估作为一种监测研究生教育质量的技术手段，更多地通过发挥其形成性、发展性、诊断性功能，为有关培养机构和学位点改善学科专业活动质量提供信息支持和保障。从根本上说，评估作为一种质量管理活动而存在，评估不是为了证明学科的实力，而是为了不断改善学科现状。学科质量的监控以学科评估结果为依据，评估结果作为质量控制的反馈机制为高校和学位点的质量改进提供决策依据，这是学科建设质量的动态管理过程。

（三）学科评估是一项绩效反馈措施

学科评估是通过对学科建设投入与产出进行定性、定量的比较分析，对学科建设过程、资源使用效率和建设成效等方面做出有价值的综合评

---

① 国务院学位委员会、教育部：《关于加强学位与研究生教育质量保证和监督体系建设的意见》，http://old.moe.gov.cn/publicfiles/business/htmlfiles/moe/s7065/201403/165554.html，2014 年 3 月 17 日。

② 高靓：《研究生教育：迈进质量时代》，《辽宁教育》2014 年第 12 期。

③ 王战军、李明磊：《研究生质量评估：模型与框架》，《高等教育研究》2012 年第 3 期。

判，并将评估结果反馈给参评高校及教育主管部门，为政府和高校学科建设资源合理有效配置并达到效益最大化提供决策依据。通过学科评估检视学科建设绩效是推动学科建设的重要举措，是调控学科建设资源配置的重要杠杆。国务院印发的《统筹推进世界一流大学和一流学科建设总体方案》（下文简称"总体方案"）提出"坚持以绩效为杠杆"的学科建设原则，强调要"建立激励约束机制，鼓励公平竞争，强化目标管理，突出建设实效，构建完善中国特色的世界一流大学和一流学科评价体系，充分激发高校内生动力和发展活力，引导高等学校不断提升办学水平"①。"总体方案"出台后，高等教育界就有了一个基本认识："双一流"建设能否达到预期成效，关键在于评估，"双一流"建设绕不开学科评估排名。② 党的十九大报告提出，要"建立全面规范透明、标准科学、约束有力的预算制度，全面实施绩效管理"③。对高校学科建设进行评估的主要目的，是加强学科建设绩效管理，引入竞争机制，实现学科建设资源的合理配置与交流；通过互补互感作用和示范作用，促进学科结构的调整和办学效益的增强。对学科建设绩效进行评估，一方面可以起到揭示学科现状、验证建设目标、促进学科良性发展的作用，成为提升高校整体办学水平、综合实力乃至推动学校可持续发展的基础。另一方面，对学科绩效进行评估又可以促使高校建立奖惩管理机制：对于在评估中绩效系数较高的学科，可以在教师编制、经费扶持、人才引进方面予以优先考虑，开辟"绿色通道"，加快高绩效学科的发展；对于在评估中绩效系数较低、长期处于劣势且发展态势不理想的学科，可以采取扶持、警示或淘汰等措施，促使此类学科做出更为理性的发展选择。在政府和高校对学科建设高度重视的情况下，对高校学科建设绩效进行评估具有重要意义。以绩效高低衡量办学成败，并由此决定资源配置，是国际通行的一种做法，这对于高校之间、学科之间公平竞争更有参考价值。

---

① 国务院：《统筹推进世界一流大学和一流学科建设总体方案》，http://www.gov.cn/zhengce/content/2015-11/05/content_10269.htm，2015年10月24日。

② 刘尧：《"双一流"建设评估困境何以突破——从全国第四轮学科评估结果引起舆论风波谈起》，《评价与管理》2018年第2期。

③ 习近平：《决胜全面建成小康社会 夺取新时代中国特色社会主义伟大胜利——在中国共产党第十九次全国代表大会上的报告》，http://www.gov.cn/zhuanti/2017-10/27/content_5234876.htm，2017年10月27日。

（四）学科评估是一条资源配置法则

学科评估就是以市场运作为纽带，对已有高等教育资源因不同功能及用途而在不同部门和使用者之间加以分配、使用和转让的一条法则。在通常情况下，高等教育资源配置法则除受到学科评估结果的影响之外，还会受到社会制度环境与相关制度安排的约束，从而使其自身的配置模式发生改变；这个改变过程通常也是一个利益调整的过程，它有可能改变高等教育资源配置的方向、性质和效率，从而使学科评估结果与资源配置结果不一致；一个新的制度创新成果往往会比前一个制度安排的配置效率更高，但未必是"帕累托改进"①。高等教育管理者为将合适的资源配置到合适的部门中，往往会采取或明或暗的方式要求高等学校参与评估。而对于高等学校来说，参加学科评估本是其十分重要的工作之一，这与评估对高校和学科建设所产生的吸引力和影响力有关，尽管学科评估本身不是为某个资源分配项目量身定制的，但评估结果也与资源分配有着或明或暗的关联，这就是有人认为评估结果会直接影响重点学科、"双一流"高校和"一流学科"评定的原因。评估排名除给高校、家长、学生等利益相关者在做决定时提供有用的信息之外，还能形成物质和精神两方面的影响。英国学者路易斯·莫利（Louise Morley）在评价英国的评估时指出："当各组织想方设法获得高分的时候，描述和规定就统一了。在科研水平评估中，分数就成为经费和物质的象征。它们的价值在于它们所传达承认的，在物质分配上具有意义的程度。分数不过是物质交易的一种形式——高分能获得外部的物质，低分则相反。这种有限资源的申请机制决定了它们是无法改变的胶囊——有种权威和命令的意味"②。这种按分数或排名高低来分配资源的法则彰显的是"分数决定成败"，对于每所高校、每个学科来说都具有公平竞争的特性，尽管这种公平性值得商榷，但"只有那些获得高分的组织才能大胆地反对这种评分

---

① 康宁：《我国高等教育资源配置方式转换与制度环境》，《北京大学教育评论》2004年第4期。

② ［英］路易斯·莫利：《高等教育的质量与权力》，罗慧芳译，北京师范大学出版社2008年版，第42页。

机制，而如果你获得低分而去抗议，就会被认为是吃不着葡萄说葡萄酸"①。

（五）学科评估是一种特色发现活动

学科评估就是对高校学科建设现状进行诊断和分析，促进高校选择、凝练学科方向，调整学科布局，整合现有资源，优化学科结构，铸造学科特色，增强核心竞争力。学科建设是高等学校各项建设的核心，开展学科评估是社会主义市场经济下高等教育健康发展的必然需要，也是发现学科特色、凝练学科特色、突出学科特色的需要。要"做好学科评估，既要考虑面向全体又要兼顾类别，既要坚持标准又不能漠视个性"②。对高等教育管理部门来说，随着高等教育改革的深化，教育管理部门的职能发生重要转变，从微观的行政管理过渡到宏观的政策法规制定、监督与执行，需要借助评估手段来检查政府投资是否达到预期目标，了解高等教育发展的成就，以此引导高等教育分类发展，办出特色，在各自所属的领域争创一流。对于社会的需要来说，中国高校数量众多，高等教育发展快、变化大，社会各界特别是正在准备高考、报考研究生的学生和家长，迫切需要了解各高校的学科和专业信息，高考填报志愿是一件伤脑筋的事，考生填报哪所大学、选择哪个有特色的专业，颇费思量，而民间出炉的五花八门的大学排行榜又让人眼花缭乱，排名差异大、推荐不靠谱、缺乏权威性……面对大学排名的种种乱象，公众期待官方出台权威性的排行榜，帮助考生了解各校的学科特色，以便理性地报考专业。③对于高等学校的发展来说，学科特色就是大学的办学特色，没有特色就没有生命力和竞争力。高校希望了解自己的学科实力和水平，发现"人无我有"，积极发展针对实际的、错位发展的新学科、新方向；发现"人有我优"，找到学科建设的比较优势，强调在综合竞争中脱颖而出，创造学科核心竞争力。④大学要办出特色，必须首先形成学科特色，这几

---

①　[英]路易斯·莫利：《高等教育的质量与权力》，罗慧芳译，北京师范大学出版社 2008 年版，第 37 页。

②　阎光才：《努力构建符合中国实际、具有世界水平的新时代学科评估体系》，《大学与学科》2021 年第 1 期。

③　陈韬：《高校学科"体检：解读教育部第三轮学科评估结果》，《上海教育》2013 年第 12 期。

④　朱庆葆：《学科特色决定办学特色》，《中国高等教育》2011 年第 12 期。

乎已成为共识，但大学自身很难对学科发展状况做出客观的评价，需要借助评估手段来认定学科建设目标与规划的完成情况。因此，在"双一流"建设目标的指引下，未来的学科评估只有体现出特色发展的价值导向，彰显出对高校学科建设的方向性指导，才能形成百花齐放、百家争鸣的局面，全面提升高等教育综合实力和国际竞争力。

二　世界一流大学的界说及其主要特征

世界一流大学是一个相对性、模糊性、历史性的概念，取决于人们的主观认识和一流标准的设定。时至今日，学术界关于世界一流大学的探讨尚无统一性的概念。世界银行高等教育处首席专家贾米尔·萨尔米（Jamil Salmi）将世界一流大学的含义归纳为人才汇集（包括老师和学生）、教学资源丰富、科研经费充裕和管理规范。① 美国哥伦比亚大学教育学院亨利·莱文（Henry Levin）认为，世界一流大学最为典型、最根本的特征是："教师公开发表的成果及其被引用的情况，以及大学参与学术研究的深度和程度等"②。袁贵仁认为，世界一流大学是一个建设的、总体的、过程的以及精神的理念。③ 陈学飞等人认为，世界一流大学是拥有一些世界一流学科专业，聚集了一群世界一流学者，吸引了一大群世界一流学生，有世界一流的大学办学治校育人理念和世界一流的办学条件，构建了世界一流的大学制度和大学文化，能够培养世界一流的专业人才和研究创造世界一流新知识的大学。④ 王大中认为，世界一流大学是一个较为模糊的概念，它是通过比较产生的，具有过程性、综合性和群体性的特征。⑤ 林建华认为，世界一流大学应该具备三个特质：树人立德，人才发展；理论和科技创新；开拓创新，引领潮流。⑥ 程莹、王琪、

---

① Jamil Salmi：《世界一流大学：挑战与途径》，上海交通大学出版社 2009 年版，第 10 页。
② 转引自张婷婷《大学文化构建对建设世界一流大学的启示》，《当代教育论坛》（综合版）2010 年第 2 期。
③ 袁贵仁：《建设社会主义高水平大学的动员令——学习江泽民同志关于建设一流大学的论述》，《求是》2002 年第 7 期。
④ 陈学飞等：《教育政策研究基础》，人民教育出版社 2011 年版，第 230 页。
⑤ 王大中：《建设世界一流大学的战略思考与实践》，《清华大学教育研究》2003 年第 3 期。
⑥ 王建华：《一流学科评估的理论探讨》，《大学教育科学》2012 年第 3 期。

刘念才认为,世界一流大学要具备以下几个条件:要有充足的财政资助、在科研与创新上要质量优先、对大学自治和责任之间的关系处理得当、要有一批能够全身心投入教学和科研的顶尖人才等。[①] 王战军认为:"凡是处于领先地位的,我们都可以称之为一流。"[②] 尽管学术界关于世界一流大学的界定众说纷纭,莫衷一是,但我们仍然可以从中获得有益的参考。

如果从大学的职能与使命出发,世界一流大学是具有崇高社会声誉和知名度的大学,拥有举世公认的办学水平和社会地位,对世界范围内的学子和人才具有巨大的吸引力;世界一流大学是人才培养卓有成效的大学,有世界一流的办学实力、悠久的办学历史和深厚的文化积淀,培养了对政治、经济和社会发展做出突出贡献的人才;世界一流大学是科学研究不同凡响的大学,拥有在若干领域对科学和技术进步做出重大贡献的杰出教授,具有世界领先的学术成就,享有崇高的学术声誉。总体而言,世界一流大学是主观意义上的"顶尖大学""优质大学""名牌大学",是客观意义上的排名靠前的大学。虽然世界一流大学强调在各种评价体系中都应该是一流的,但由于人们对世界一流大学的评价方法各不相同,因而得出的"一流"也大相径庭。从学科评估和"双一流"建设的价值取向出发,世界一流大学具有较为典型的共同特征。

(一) 享有良好的社会声誉

世界一流大学无论在国际上还是在国内均享有很高的知名度和社会美誉度,这种知名度与美誉度使其声名远扬,卓尔不群,受到考生的青睐、家长的眷顾、校友的衷情和用人单位的偏爱。大学的知名度与美誉度的形成,或是源自于悠久的办学历史、浓厚的文化氛围和深厚的学术底蕴,譬如牛津大学、剑桥大学之所以享誉全球,一个重要原因就是其久远的办学历史;或是因为其先进的教育理念、高效的管理体制,为社会发展培养了精英和卓越领导人,譬如哈佛大学,自其成立以来共培养了 8 位美国总统、133 位诺贝尔奖得主、18 位菲尔兹奖得主、13 位图灵

---

① 程莹、王琪、刘念才:《世界一流大学:对全球高等教育的影响》,上海交通大学出版社 2015 年版,第 1 页。

② 王战军:《目标与途径:世界一流大学与研究型大学建设》,《清华大学教育研究》2003 年第 3 期。

奖得主；或是由于进行高水平、原创性的自然科学或人文社会科学研究，为人类文化繁荣、社会历史进步、世界经济发展和科学技术革命做出划时代、具有里程碑意义的贡献，如普朗克发现了量子力学，从此改变了经典力学一统天下的局面。

（二）汇聚一流师资队伍

大学的质量最终取决于教师的质量，一流师资队伍是迈入世界一流大学的第一要素。一流的师资队伍不仅是传承、传授和创新知识的主体，而且是形成重大科研成果，特别是在基础研究方面取得具有划时代意义的科研成果的主力军。拥有一支学术水平高、科研能力强的师资队伍，有一批举世公认的学术权威和著名学者作为学术领军人物，是世界一流大学的显著特征。世界一流大学的教师数量不但要达到卓越发展所需的临界数量，而且要有相当数量的教师是国际上十分优秀的。[①]纵观哈佛大学、耶鲁大学、牛津大学、剑桥大学等著名学府，世界一流大学是全球范围内某些学科领域杰出的科学家和优秀的教学科研团队的汇聚地，是一流学术大师和著名学者云集的场所。可以说，没有世界一流的教师队伍，尤其是没有一批世界一流的教授、学者，就不会有世界一流的教学水平和科研水平。可以毫不夸张地说，是否拥有一批世界一流的教授和学者是衡量一所大学是不是世界一流的重要标志。

（三）拥有世界顶尖学科

高水平、有特色的世界一流学科是大学身份水平的标识，是大学形成竞争优势的无形"商标"，也是大学赢得社会信任与赞美的关键性因素。建设世界一流大学的逻辑起点是建设世界一流学科。一流学科所拥有的高水平学科平台、现代化设施、人文性管理等都可以促进学科之间、学者之间的深度合作与交流，形成人才的集聚效应，使学者群体之间形成良好的知识互动与转移机制，促进学科、学者和学术的有效融合，产出重大原创性成果。一所大学要成为世界一流大学，应该拥有一个或多个顶尖学科，拥有一批在国内有显著影响的学科群，拥有一个或多个进入国际学科排名（如美国新闻与世界报道学科排名、英国泰晤士高等教育学科排名、德国 CHE 学科排名）前列、具有世界一流水平的学科。

---

① 周光礼：《世界一流大学的特质》，《中国高等教育》2010 年第 12 期。

（四）培养拔尖创新人才

世界一流大学不只是学术研究的殿堂，更是培养拔尖创新人才的圣地。培养拔尖创新人才是世界一流大学履行大学职能的应然选择，也是其服务国家建设的重大战略使命。一所大学能否成为世界一流，一个重要标准就是其能否培养出世界一流人才。世界一流大学在人文艺术、社会科学和自然科学方面的成就如何，主要靠其培养的杰出人才和他们的贡献来做注脚。当今世界一流大学在拔尖创新人才培养方法上各有千秋，如采取小规模、高师生比、择优选才、资源优待、配备导师等方式，或推行特殊的培养方案、安排更具挑战性的教学内容、获得更多的前沿学术体验等，但其核心价值取向是遵循精英教育的逻辑，用一流师资、一流环境、一流管理来培养杰出人才。有的以"大而全"出彩，如斯坦福大学、芝加哥大学都是大规模、综合性、研究型大学；有的则以"小而美"闻名，如加州理工学院以及普林斯顿大学，其办学规模都不到1万人，但是其开设的学科专业为经济社会发展培养了一批又一批拔尖创新人才，成为"袖珍型"的世界一流大学。

（五）拥有一流办学资源

世界一流大学必须拥有稳定的国家性和社会性办学资源，特别是稳定的经费支持，这是一所大学可持续发展的命脉。美国教育家约翰·布鲁贝克（John S. Brubacher）曾经宣称："传统的高等教育自治现在不是，也许从来都不是绝对的。首先，完全的自治必然要求完全的经费独立。这种程度的独立是根本不可能的。"① 不论是私立的还是公立的大学，不论是国外的大学还是中国的大学，要想成为世界一流大学，都离不开政府的办学经费支持。从美国、英国、法国等国的世界一流大学建设来看，政府都是委托社会中介机构对大学的办学质量进行评估，再按评估结果给大学拨款。那些办学质量高的大学，由于有政府稳定而充裕的经费投入，不仅能吸引世界级的学者，创造出影响世界科学技术发展的科技成果，而且可以改善科研条件，配备精良的实验室、先进的仪器设备、功能完备的大型图书馆、尖端的计算机和信息网络，创办知名的期刊社、

---

① ［美］约翰·S.布鲁贝克：《高等教育哲学》，王承绪等译，浙江教育出版社2002年版，第17页。

出版社等科研环境，这些都是产出高水平科研成果的有形资源。

（六）国际化办学水平高

世界一流大学秉持开放办学的理念，强调国际交流与合作，是国际科技、教育、文化交流的中心和国际性人才培养的基地。世界一流大学不止有眼前的风景，还有诗和世界的视野。[①] 有世界的视野，就意味着世界一流大学有以下表现：广泛招收留学生，国际学生攻读学位的比例较高；注重国际化交流，通过互派交换生、短期访学等形式培养学生的国际视野；教师的流动性强，面向全球招聘教师，在国际流动中形成良性循环，避免近亲繁殖；教学理念国际化，在教学中大量引进国外著名高校的教学内容、教学方法、教学材料等；积极开展国际合作，教师对外联系频繁，经常参加各种国际或地区性的会议，开展国际性、地区性的课题研究。开放式的办学方针使学校可以择英才而育之，扩大学校的影响，提高学校在国际上的名望。[②]

三　世界一流学科的定义及其判定标准

世界一流学科亦是一个难以达成统一认识的概念，学术界的定义可谓纷繁复杂，世界高等教育界目前尚无一个统一的标准，不同国家对一流学科的评价有着不同的准则。周光礼、武建鑫认为，世界一流学科取决于五个要素：一流的学者、一流的学生、一流的科学研究成果、一流的学术声誉和一流的社会服务。[③] 冯用军、赵雪认为，世界一流学科是拥有一流的学者队伍、一流的学生质量、一流的科技成果、一流的学术声誉、一流的社会服务和一流的国际影响的学科聚合。[④] 张伟、徐广宇、缪楠认为，一流学科主要有两大类：一是因为受政府的主导，国家的重视或评估的结果而逐渐成为一流；二是受一种向上的社会发展理念的驱使，对一流和卓越的追求，使得学科自身的科学能力和学术声誉得到较大的

---

① 吴康宁：《世界一流大学建设应当放眼世界》，《探索与争鸣》2016 年第 7 期。
② 陈文村：《世界一流大学的特征及其对我们的启示》，《学位与研究生教育》2000 年第 6 期。
③ 周光礼、武建鑫：《什么是世界一流学科》，《中国高教研究》2016 年第 1 期。
④ 冯用军、赵雪：《中国"双一流"战略：概念框架、分类特征和评估标准》，《现代教育管理》2018 年第 1 期。

提升，自然而然成为一流。① 李燕、陈伟、张淑林、方俊认为，世界一流学科应具备六个特征：创新引领、大师云集、英才辈出、成果卓著、声誉斐然和积淀深厚。② 刘国瑜认为，不论从哪方面来定义世界一流学科，学术性和实践性兼备才能体现它的内涵特征。③ 眭依凡、李芳莹认为，世界一流学科不单纯是学术概念，也是实现世界一流大学建设目标的具有操作性意义的学术平台。④

综合研究者们的观点，可以认为，世界一流学科既是一个政策性概念又是一个比较性概念，或因为国家政策眷顾而获得较高的学科声誉，成为政策作用下的一流；或因为在各种排行榜上的高位而获得社会的赞誉，成为学科评价中的一流；或因为巨大的科学贡献、满意的社会服务、良好的学术声誉而赢得社会的青睐，成为社会期待的一流。无论哪种形式的一流，其内涵大致都相同，即世界一流学科是大师工匠的汇聚地，拥有一批学术领军人物、学术带头人、学科带头人和高层次拔尖人才；世界一流学科是拔尖创新人才的培养地，致力于培养有创意、善创造、可创新、会创业、能创富的高素质人才；世界一流学科是高水平教学科研成果的产生地，拥有现代化的科技研发基地、信息化的教育教学设施、数字化的协调创新平台，是知识传承的"推进器"、科技创新的"孵化器"和文化传播的"服务器"。从学科评估的关键指标和"双一流"建设的价值取向出发，判定一个学科是不是世界一流学科，主要有以下几条标准。

（一）学术队伍精良

一流学术队伍是一流学科的"标配"，是否拥有一支精良的学术队伍是衡量一个学科能否达到世界一流的首要标准。没有一支精良的学术队伍，一个学科就不可能拔地而起，成为世界一流。世界一流学科的形成，

---

① 张伟、徐广宇、缪楠：《世界一流学科建设的内涵、潜力与对策——基于ESI学科评价数据的分析》，《现代教育管理》2016年第6期。

② 李燕、陈伟、张淑林、方俊：《世界一流学科的特征探析》，《学位与研究生教育》2018年第7期。

③ 刘国瑜：《世界一流学科建设：学术性与实践性融合的视角》，《现代教育管理》2018年第5期。

④ 眭依凡、李芳莹：《"学科"还是"领域"："双一流"建设背景下"一流学科"概念的理性解读》，《高等教育研究》2018年第4期。

必须有一支数量充足、水平一流、结构合理的学术队伍，既要有威望很高的著名学术领军人物，又要有知名的中年学者，还要有高水平的年轻才俊，这样才能形成"老、中、青"合理搭配的知识结构和年龄结构；既要有来源于国际著名大学的海外高层次人才，又要有本土培养的拔尖创新人才，这样才能形成学科良性发展的学缘结构；既要有顶尖的学科带头人，又要有高水平的学术团队，只有两者相互支持、相互协作，才能打造出一座座学科"高峰"①。

（二）学生质量一流

一流的学生质量是一个学科成为世界一流的核心。没有学生，就没有学科；没有一流的学生，就没有一流的学科。评价一个学科是否符合世界一流的标准，要看其能否吸引并培养出学术薪火的承接人，造就一批又一批一流的知识传承者、传播者和创造者，即一流的学生质量。这

评价标准包含三层意思：世界一流学科是一流学生的集散地，因为一流的声誉、一流的影响、一流的品牌而在招揽优质生源方面具有巨大的吸引力，世界各地的顶尖学生纷至沓来；一流学科是一流人才的培养所，因为一流的管理、一流的服务、一流的教师指导而在造就拔尖创新人才方面具有显著的优势，学生在学术科研、科学发现、实践创新等方面拥有更多的机会；一流学科是一流学生的生产地，因为一流的教学、一流的课程而在培育一流毕业生方面具有独到的方法，杰出校友遍布五湖四海。

（三）学科特色显著

学科特色是决定学科质量最主要、最深刻、最本原的因素。没有特色就没有质量，没有显著的特色就不可能成为世界一流。一个学科要有显著的特色，在学科方向的凝练上就要做到"人有我优"，在学科特色的打造上就要做到"人无我有"，在学科领域的拓展上就要做到"人优我特"。在显著学科特色的形成上，不可能长期存在"仅此一家、别无分店"的学科，寄希望于长期依赖"独霸一方"的学科建设机制来撑门面是不现实的。② 一个学科要想获得持久的竞争优势，就必须拥有在国际上

---

① 周光礼、武建鑫：《什么是世界一流学科》，《中国高教研究》2016 年第 1 期。

② 朱庆葆：《学科特色决定办学特色》，《中国高等教育》2011 年第 12 期。

有竞争力的支持性学科及相关学科。支持性学科通过与特色学科合作、提供关联知识资源、促进特色学科的创新活动、充当在学科之间传递知识和创新的渠道等形式，提升整个学科群的创新速度。①

（四）科技成就卓著

卓著的科技成就是世界一流学科的"显示器"，为一个学科的健康可持续发展提供有力支撑。一个学科要形成学术优势，不仅应该拥有一流的科研平台、一流的科研设施、一流的科研管理，还应该拥有一流的科技成就。在强调学科建设要服务于经济、政治、文化和社会等多方面发展需要的现代社会里，一流科技成果不仅仅局限于学术成果，也应该包括文化成果、实践创新成果。一流科技成就的形成，可以不拘一格，百花齐放，形式多样，有人在写下不朽著作方面立下汗马功劳，有人在获得重要奖项方面做出杰出贡献，有人在获得顶级项目方面建立功勋，有人在产教融合方面成为典范，有人在文化传承方面树立丰碑，有人在发明创造方面标新立异，这些都是一流科研成果的具体显示。

（五）办学资源丰裕

丰富、充裕的办学资源是世界一流学科的重要保障。一个学科要成为世界一流，就必须有丰富的人力资源，拥有高水平的领导者、教学管理者和科研管理者，能够为教师提供高水平的管理服务；必须有充足的财力，拥有稳定、多渠道、丰富性的经费和物力资源，特别是巨额学科建设经费，能够给教师开展高水平的教学研究和科学研究提供有力资助；必须有丰富的社会资源，拥有本学科培养的批量知名校友，和企事业单位有良好的合作，能够形成有效的校校合作、校企合作和学科合作，在联合申报重大课题、联合攻关、联合发表等方面形成强大合力。

第二节　学科评估服务"双一流"建设的核心内涵解析

学科承担着人才培养、科学研究、社会服务和文化传承的重任。开

---

① 王亚杰、陈岩、谢苗锋：《论学科特色型大学竞争力的形成与发展》，《高等工程教育研究》2010年第4期。

展学科评估是教育主管部门加强对学科进行宏观指导和管理的一项措施，是缩小中国与世界一流大学学科水平差距的一项战略。学科评估不但能够衡量学科建设水平、诊断学科建设现状、检验人才培养质量，而且能够促进学科改进与建设，加快学校改革与发展，不断提高学科建设成效和水平，不断发现和凝练办学特色，促进世界一流大学的生长。从学科评估的目的价值取向来看，学科评估既是"双一流"建设的"服务器"，也是建设高等教育强国的"推进器"。在建设中国特色社会主义新时期，学科评估服务"双一流"建设的价值取向具有深刻而丰富的时代意涵。

一　学科评估服务"双一流"建设的逻辑起点

学科是大学核心竞争力的重要体现，关系到大学的生存和发展。学科是大学的细胞，也是构成大学的基本元素。① 学科建设是大学建设的核心，是"双一流"建设的抓手。大学发展的基石和核心是学科，成败的关键也是学科，创建世界一流大学离不开世界一流学科的创建与发展。如果一所大学缺少一流学科的支撑，即使获得"一流"的头衔，也很难形成众望所归的声望和影响。只有学科成为世界一流，一所大学才有可能真正成为世界一流。学科评估服务"双一流"建设的重心，就是通过评估促进一流学科建设，借此建设世界一流大学。

（一）一流学科是生成一流大学的基石

学科作为一种知识分类体系和制度规则，是世界一流大学依附的载体。世界一流大学与一流学科，犹如皮与毛的关系，皮之不存，毛将焉附？2017 年 1 月 24 日，教育部、财政部、国家发展改革委印发的《统筹推进世界一流大学和一流学科建设实施办法（暂行）》（下文简称"实施办法"）提出，"双一流"建设要"以学科为基础，支持建设一百个左右学科，着力打造学科领域高峰。支持一批接近或达到世界先进水平的学科，加强建设关系国家安全和重大利益的学科，鼓励新兴学科、交叉学科，布局一批国家急需、支撑产业转型升级和区域发展的学科，积极建设具有中国特色、中国风格、中国气派的哲学社会科学体系，着力解决经济社会中的重大战略问题，提升国家自主创新能力和核心竞争力。强

---

① 潘静：《"双一流"建设的内涵与行动框架》，《江苏高教》2016 年第 5 期。

化学科建设绩效考核，引领高校提高办学水平和综合实力"①。开展"双一流"建设，必须以一流学科建设为基石。

从一流大学生成的内在逻辑来看，一所大学要问鼎世界一流，必须具有先进的办学理念、显著的科研成果、卓越的人才培养模式，而一流学科是一流成果的研究所、顶尖学者的汇聚地、创新人才的培养园，一流学科是世界一流大学的人才培养基地、科学研究基地和文化传承基地，一流学科是筑起世界一流大学建设的堤坝，建设世界一流大学离不开一流学科的支撑。从一流大学生成的形态来看，不论在何种学科排行榜上，尽管一流大学排名与其学科排名并非绝对的一一对应关系，即世界一流大学的学科并非都处于排行榜前列，有的世界一流大学甚至还存在不少非一流学科，但总体来说世界一流大学的名次与其学科的名次呈正相关关系。换言之，一所大学的学科排名整体靠前，大学排名也相对比较靠前②；一所大学无一个学科排名靠前，则几乎不可能成为一流大学。"放眼世界，还没有看到哪一所世界一流大学的学科却是二流的，甚至是三流的；也没有看到哪所大学的学科是世界一流的，而这所学校却是二流或三流的！大学是一个整体，是由不同学科构成的，世界一流大学都是整体水平一流，它的所有学科都在一流的范围。"③ 由此可以说，一流学科是世界一流大学的基础；没有一流学科，一所大学就不可能成为世界一流大学；不进行一流学科建设，一流大学就会成为空中楼阁。

（二）一流学科是识别一流大学的符号

一流学科作为一种识别符号，是大学身份的标识。一所大学要"鹤立鸡群"，就必须拥有一流的学科。纵观世界一流大学的发展模式，顶尖名校之所以顶尖，主要是因为有一流的学科。当今世界一流大学成为一流的模式无外乎两种：一种是数量模式——因为一流学科的数量众多而闻名遐迩；一种是质量模式——因为一流学科的质量很高而出类拔萃。从数量模式来看，一所大学拥有的一流学科数量越多，其成为一流大学

---

① 教育部、财政部、国家发展改革委：《统筹推进世界一流大学和一流学科建设实施办法（暂行）》，http://www.moe.gov.cn/srcsite/A22/moe_843/201701/t20170125_295701.html，2017 年 1 月 24 日。

② 卢晓中：《世界一流大学与一流学科建设孰轻孰重》，《探索与争鸣》2016 年第 7 期。

③ 别敦荣：《"双一流"建设与大学管理改革》，《中国高教研究》2018 年第 9 期。

的概率就越高。以哈佛大学为例，其声名之所以卓著，最主要就是因为其拥有不同凡响的高水平学科群。在上海交通大学发布的世界大学学术排行榜（Academic Ranking of World Universities，ARWU）上，2017 年，哈佛大学有 13 个状元学科，包括生物医学工程、生物工程、临床医学、公共卫生、医学技术、药学、统计学、法学、政治学、社会学、心理学、管理学和图书情报学。① 从质量模式上考察，有的大学一流学科数量并不多，但一流学科的质量却相当高，该大学同样可以成为世界一流大学。譬如加州理工学院，便是因少数学科超凡脱俗而成为世界顶尖名校。在2017 年 QS 世界一流学科排行榜上，加州理工学院仅有自然科学、工程与技术学科、生命科学进入前 5 名，分别排在第 1、2、5 名，其他学科并不入流，社会科学排在第 39 名，艺术与人文学科甚至排在第 100 名开外。② 据此，我们可以说，判定一所大学是不是世界一流大学，并不是看其每个学科都是不是一流的，而是其部分学科达到一流水平，其他学科在一流学科的带动下向一流水平迈进，从而保持平衡的学术生态。

（三）一流学科是建设一流大学的核心

学科是一个由学者、学生、学术组成的共同体，是大学进行知识创造、人才培养和社会服务的基本单元。学科建设既是学校工作的集中体现，又是科学范式在大学的具体表现。学科建设现状可以直观地反映出一所大学的办学水平和办学特色，影响着一所大学的学术地位，决定着一所大学的竞争能力。一所大学要从平凡走向卓越，从非一流走向一流，或许最重要的因素就是建设一流学科。从一流大学与一流学科的内在联系来看，"一流大学与一流学科是共生关系。也就是说，只有在一流大学中才有可能成长起一流学科。如果没有一流学科的成长，就不可能有一流大学。也可以说，一流大学是一流学科成长的环境条件，一流学科是一流大学出现的标志"③。一流学科拥有的高水平学科平台可以产生人才的"集聚效应"，使人才群体之间形成良好的知识互动与转移机制，促进

---

① *Academic Ranking of World Universities*，http：//www. shanghairanking. com/Shanghairanking – Subject – Rankings/index. html，2017 – 12 – 02.

② *QS World University Rankings by Subject*，mhttp：//www. iu. qs. com/university – rankings/subject – tables/，2017 – 10 – 26.

③ 别敦荣：《"双一流"建设与大学管理改革》，《中国高教研究》2018 年第 9 期。

高水平创造性成果的产出，为世界一流大学的生成创造学术条件；一流学科拥有的高水平师资队伍可以培养经济建设和社会发展所需的高层次创新人才，在为科技进步、经济发展提供高层次人才和智力支撑的同时，提升大学的人才培养水平，助推人才培养达到世界一流；一流学科是学科发展的标杆，充分发挥一流学科的标杆作用，可以消除学科之间的壁垒，促进学科的交叉融合，提升交叉学科的水平，打造新兴一流学科。一言以蔽之，"一流学科是一流大学建设的基础，一流大学是一流学科建设的结果"①。一流学科是"双一流"建设的核心，"双一流"建设必须以学科为载体，以学科建设为龙头，充分发挥一流学科的龙头作用、牵引作用和辐射作用，在全面提升学科水平的基础上提升学校整体实力。

二　学科评估服务"双一流"建设的内在含义

学科评估服务"双一流"建设是一个既抽象又具体的命题，具有十分丰富的内涵。从学科评估和"双一流"建设的关系来看，学科评估与"双一流"建设处于互动之中。学科评估是高等教育改革发展的产物，是"双一流"建设的起点与基石，学科评估为"双一流"建设提供了有价值的参考和关键信息；"双一流"建设是高等教育改革发展的追求，是学科评估的支点与桥梁，"双一流"建设为学科评估提供合适的土壤和生存空间。学科评估和"双一流"建设的互动关系表明，学科评估为"双一流"建设服务不仅是评估功能的有效释放，也是评估事业发展的题中应有之义。可以说，没有适合中国国情、具有中国特色的学科评估，"双一流"建设就会成为空中楼阁。反过来，没有世界一流大学与一流学科体系的生长，学科评估也会"英雄无用武之地"。在建设高等教育强国的征程上，学科评估为"双一流"建设提供有价值的服务既是政府、高校和社会等高等教育利益相关者的迫切要求，也是全面深化高等教育改革的必然要求。

学科评估服务"双一流"建设是一个宏微观结合的价值体系。从宏观上看，学科评估是高等教育举办者委托评估机构对新时代高校学科建

---

① 王立生：《"双一流"背景下高校学科评估改革与创新》，《宁波大学学报》（教育科学版）2017年第1期。

设的重要检阅，是政府投入、支持学科建设的重要依托，也是国家管理高等教育的重要手段，在服务学科发展和"双一流"建设中发挥着引领和支撑作用。学科评估作为高等教育质量监测与管理的重要方式，通过制度变革、机制创新为"双一流"建设提供高等教育管理与规划服务；学科评估作为全面深化高等教育改革、建设高等教育强国的重要战略和中华民族伟大复兴的基础工程，通过理念更新、模式调整、路径优化为"双一流"建设提供决策服务；学科评估作为调整、优化高等教育资源配置和政策措施的重要参考，通过对高校办学绩效的衡量，为"双一流"建设提供咨询服务；学科评估作为培养高级专门人才的质量保障机制，通过评估目的、评估方案等的完善，引导高校成为服务国家战略和区域经济社会发展的主力军，为"双一流"建设提供导向服务。

从微观上看，学科评估是高校争创一流和政府遴选、考核、调整一流建设对象的重要载体，在服务学科改善和"双一流"建设中发挥着纽带和杠杆作用。学科评估作为检验学科建设现状和成效的重要方法，通过对高校学科建设进行全方位、多维度、综合性评估，为"双一流"建设提供绩效考核服务；学科评估作为推动研究生教育内涵发展、全面提高高等教育质量的重要抓手，通过对高校学科建设质量进行全面"体检"，为学位授予单位创建一流学科提供特色凝练、办学方向和建设方略服务；学科评估作为一种信息加工策略，通过系统地收集、整理、分析、把握学科质量的相关信息，促进高校调整学科规划、改善学科管理、优化学科内部评价，为高校争创"双一流"提供关键信息服务；学科评估作为衡量高校办学水平的重要手段，通过委托专业组织对高校学科建设现状进行定性与定量、主观与客观测度，为"双一流"建设提供第三方评价服务。

整体而言，学科评估为"双一流"建设提供服务不仅是学科评估事业健康、持续发展的内在要求，而且是高等教育事业可持续发展的客观要求，既涉及学科水平的改善与提高，也涉及"双一流"建设的成效与成败。学科评估事业的科学发展为"双一流"建设提供了有力支撑，而"双一流"建设进程的快速推进有赖于学科评估的高效服务。一言以蔽之，学科评估既有赖于"双一流"的某种力量，又依赖于"双一流"建设而发展，既在某种程度上决定着"双一流"建设的成败，又为"双一流"建设所决定。学科评估是"双一流"建设的逻辑起点，它服务于"双一流"建设已成为一种理念共识、价值追求和行动指南。深刻理解学科评估服务"双一流"建设的本质含义，还需要从以下几个方面着手。

（一）学科评估是"双一流"建设的"风向标"

学科评估作为一种质量保证机制，在满足人民群众对世界一流大学与一流学科的追求方面发挥着基础性、根本性的作用，是一项服务于民、造福于民的价值工程。尽管学科评估不囿于服务"双一流"建设，但学科评估最本质、最核心的价值却体现为服务"双一流"建设。可以说，服务"双一流"建设既是学科评估不可回避的目的又是学科评估必须面对的事实。没有中国特色的学科评估制度，就没有中国特色的世界一流大学和一流学科体系。2018 年 5 月 2 日，习近平同志在考察北京大学时指出：

> 坚持好、发展好中国特色社会主义，把中国建设成为社会主义现代化强国，是一项长期任务，需要一代又一代人接续奋斗。广大青年要成为实现中华民族伟大复兴的生力军，肩负起国家和民族的希望。高校要牢牢抓住培养社会主义建设者和接班人这个根本任务，坚持办学正确政治方向，建设高素质教师队伍，形成高水平人才培养体系，努力建设中国特色世界一流大学。[①]

充分发挥学科评估的服务功能，建立具有中国特色的学科评估制度，通过学科评估加快建成一批中国特色的世界一流大学和一流学科，既是贯彻落实习近平新时代中国特色社会主义思想的需要，也是实现中国高等教育从高速发展向高质量发展转变的需要。

（二）学科评估是"双一流"建设的"催化剂"

学科评估作为一种质量保证战略，是加速建成世界一流大学和一流学科体系、实现中国从高等教育大国向高等教育强国转变的重要举措。党的十九大报告指出，建设教育强国是中华民族伟大复兴的基础工程，

---

① 习近平：《在北京大学师生座谈会上的讲话》，http://www.xinhuanet.com/politics/2018-05/03/c_1122774230.htm，2018 年 5 月 2 日。

要加快一流大学和一流学科建设，实现高等教育内涵式发展。以学科评估推动高等教育内涵式发展和促进世界一流学科的生长，进而促进中国高水平大学实现超常规发展，是建设世界一流大学体系和建成高等教育强国必须破解的难题。目前，中国高水平大学与世界一流大学的学科相比，存在着优势学科不明显、原创性科研成果较少、组建大型项目能力不强等问题，这些问题已经成为制约中国向一流学科顶端突破的瓶颈。[①]建立以评促建、以评促管、以评促改的学科评估机制，推动高校将重心下移，聚焦学科内涵与特色建设，优化学科体系，调整学科布局和结构，创新学科建设机制，加强师资培养力度，提高科学研究能力、人才培养质量和学科管理水平，形成核心竞争力，不断缩小中国高校与世界一流大学之间的学科水平差距，是加快"双一流"建设进程、实现教育强国梦的应然选择。

（三）学科评估是"双一流"建设的"筛选器"

学科是高校的立身之本、发展之基，建设世界一流大学与一流学科需要科学、有效的学科评估为其战略选择提供判断依据。[②] 从工具主义价值取向的角度考察，学科评估是"双一流"建设的一个重要环节、一道基本程序，开展评估的组织者设想通过一种信息不完全公开的机制，对同一类型的学科进行排名[③]，基于此完成"双一流"建设对象的筛选与遴选。从这种意义上而言，学科评估是提高"双一流"建设科学性和有效性，形成以绩效为导向的竞争文化和质量理念的方法。"总体方案"明确提出要"建立健全绩效评价机制，积极采用第三方评价，提高科学性和公信度。在相对稳定支持的基础上，根据相关评估评价结果、资金使用管理等情况，动态调整支持力度，增强建设的有效性"[④]。从学科评估与"双一流"建设的内在关系来看，学科评估不仅有利于评价一流学科的建

① 徐小洲、梅伟惠：《论世界一流学科建设的战略起点》，《高等教育研究》2007年第11期。

② 武建鑫、周光礼：《世界一流学科："以评促建"何以可能——基于系统科学的分析》，《高等教育研究》2016年第11期。

③ 王兵、黄红富、归柯庭：《从国家重点学科评审看学科评估的机制设计》，《学位与研究生教育》2008年第5期。

④ 国务院：《统筹推进世界一流大学和一流学科建设总体方案》，http://www.gov.cn/zhengce/content/2015-11/05/content_10269.htm，2015年10月24日。

设成效，也有利于评价一流院校的建设成效①，"以评促建"是隐含在学科评估与"双一流"建设之间的一项基本原则、一个基本方法。正是在这项原则与方法的指导下，各高校通过参与学科评估而对学科建设成效和发展水平进行全面诊断，在评估中找差距、摆问题、补短板、强特色，以评促建、以评促改，持续提升学科水平和声誉，这样中国高校"双一流"建设的步子才会走得快、走得稳。

（四）学科评估是"双一流"建设的"调节者"

学科评估是一种质量监测手段，其初心是更好地在全国范围内以一种相对客观、可信且较权威的方式对学科实力做出评价及排名，为教育主管部门的资源配置提供参考。由于国家对高等教育的投入与高校获得的资源总量是有限的，既要建成若干所世界一流大学，又要建成一批世界一流学科，就要防止资源配置的过度"稀释"，要有所取有所弃。政府作为教育公共资源的提供者和调节者，要将有限的资源用在"刀刃"上，就必须依托第三方评估结果。成立独立于政府的学位中心，让学位中心以第三方的形式开展学科评估，从外显形式上看，是教育行政部门将"管办评"分离的体现，为"双一流"建设开启了一个服务窗口；从内在逻辑上看，则是政府自身从微观政府向宏观政府转变、从无限政府向有限政府转变的反映，打开了通向现代服务型政府的门径。学科评估是撬动"双一流"建设的支点，也是实现教育行政转型的归宿。为"双一流"建设提供优质、高效的服务是学科评估的核心价值所在，从这个意义上说，开展以第三方为主导的学科评估只是"双一流"建设的阶段性举措，而建立高等教育质量保证的长效机制则是"双一流"建设的应然常态。

（五）学科评估是"双一流"建设的"推进器"

学科评估与学科建设是大学生长发展的两大共生体，学科评估能够为一流学科建设提供指标参与和创新基因，形成基于知识协同创新的跨学科群与学科生态系统，一流学科建设参考学科评估的结果对学科进行有序重组与调整，能适时优化学科结构与布局。② 从这种意义上讲，学科评估既是检验学科内涵建设实施效度和成效的重要手段，又是推进高校

---

① 张睦楚：《必要的张力：论我国学科评估的正负向度——以教育学科为例之理性探析》，《现代大学教育》2018 年第 3 期。

② 陈亮：《新时代学科评估现代化的要义指向》，《教育发展研究》2021 年第 1 期。

加强内涵建设、积极争创一流的重要方法。第一，学科评估是绩效检测的重要手段，通过绩效控制推动高校提升办学效益，积极争创一流。学科评估不是独立存在、独立实施的，而是"双一流"建设管理机制或管理技术中的一个环节，其职能在于对照"双一流"建设方案，检验学科建设目标的达成度，并据此决定建设策略。"实施办法"提出要"坚持以学科为基础""引领高校提高办学水平和综合实力"[①]。根据"实施办法"，在"双一流"建设中期，专家委员会根据"双一流"建设高校的建设方案和自评报告，参考有影响力的第三方评价，对其建设成效进行评价，提出中期评价意见。根据中期评价意见，对实施有力、进展良好、成效明显的"双一流"建设高校及建设学科，加大支持力度；对实施不力、进展缓慢、缺乏实效的"双一流"建设高校及建设学科，提出警示并减小支持力度。将"双一流"建设过程中出现重大问题、不再具备建设条件且经警示整改仍无改善的高校，及时调整出"双一流"建设范围。第二，学科评估是质量监测的重要手段，通过质量保障推动高校加强内涵建设，努力争创一流。学科评估通过建立学科基本状态考核制度、办学质量评估制度、人才培养质量跟踪调查与评价制度，对学科建设现状进行多视角评价。特别是坚持以质量、成效、特色为中心，对学生"在校中—毕业时—毕业后"发展变化全程进行跟踪调查与反馈改进，不仅有利于学科、专业诊断发现问题，进行有针对性的改进和完善，而且有利于教育评估机构根据实践进行质量标准、学科评估方案等的不断修正和完善。第三，学科评估是促进高校公平竞争的重要手段，通过规则创新推进高校参与竞争，理性地争创一流。每所高校都希望在"双一流"建设中得到公平的对待，获得公平的发展机会。为形成公平的竞争秩序，"建设方案"规定，在"双一流"建设期末，专家委员会根据高校的建设方案及整体自评报告，参考有影响力的第三方评价，对"双一流"建设成效进行评价，提出评价意见。根据期末评价意见等情况，重新确定下一轮"双一流"建设范围。如此设计无疑有利于打破"双一流"建设高校身份固化的僵局，从而形成有进出、公平竞争的机制。

---

① 教育部、财政部、国家发展改革委：《统筹推进世界一流大学和一流学科建设实施办法（暂行）》，http：//www. moe. gov. cn/srcsite/A22/moe_843/201701/t20170125_295701. html，2017年1月24日。

（六）学科评估是"双一流"建设的"预警机"

"双一流"建设是一项以学科为基石的复杂系统工程，不仅涉及高校的财务、人事、后勤等方方面面的工作，而且涉及科学研究、师资队伍、人才培养、教育教学等与学科建设紧密相关的工作，高校管理者与决策者很难及时、全面、准确地掌握学科发展的现状和面临的风险。因此，对学科状态进行及时的预警，让高校管理者与决策者实时了解自身情况及其他高校的情况，在比较中找到差距和努力的方向，既是高校学科建设发展的需要，也是加快推进"双一流"建设的需要。学科评估实际上是构建一套预警机制，通过建立一种基于"指标设计—数据搜集—专家分析—信息反馈"的预警系统，对高校学科建设所存在的问题和面临的风险进行分析、评价、预测、估计和推断，根据问题的大小和风险的程度事先发出警报信息，实现信息的超前反馈，提醒高校决策者或管理者在"双一流"建设中应正视问题、警惕风险，及时进行学科改善与调整，防风险于未然。在大数据时代，学科评估在"双一流"建设中的实践价值即是运用先进的数字技术对高校学科建设情况进行动态适时跟踪监控，及时掌握全国高校学科建设发展、变化状态，并在对学科建设现状进行大数据分析和实证考察的基础上，通过预警方式输出高校学科建设的相关信息，以具体的静态和动态形式来引起高校决策者或管理者对未来的风险有所察觉，使之着眼于未来，在学科的威胁和风险来临之前得到警报，进而采取超前行动，变被动的"救火式"建设为主动的"预防式"建设，为各高校积极争创"双一流"提供信息服务。

三　学科评估服务"双一流"建设的本质特征

学科评估作为一种高等教育质量保证机制，既是高等教育改革发展的产物，又是推进学科建设和高校内部治理结构改革的力量；学科评估作为一种学科建设成效考核与评价机制，既是一个建构中的事实，又是一个长远的征程；学科评估作为一种高等教育信息发送与反馈机制，既受到高等教育利益相关者的青睐，又遭到社会各界的批评。学科评估作为"双一流"建设最直接、最重要的"服务者"，其有机运行具有多方面的特征。

（一）学科评估为"双一流"建设提供多样性服务

学科评估是遴选认定"双一流"建设高校及建设学科的一项基本依据，也是"双一流"建设不可或缺的一个环节，"双一流"建设对象的遴选认定、成效考核都无法绕开学科评估。从"双一流"建设对象的遴选认定程序来看，学科评估在"双一流"建设中发挥着基础性、根本性的作用。根据"总体方案"和"实施办法"，"双一流"建设对象通过竞争优选、专家评选、政府比选、动态筛选而产生，其遴选认定要经历四个步骤：一是组建专家委员会，充分发挥高层次战略专家的作用，由其具体承担遴选认定和审核建设方案的有关工作；二是依托专家委员会，以学科为基础，确定遴选认定标准，产生拟建设高校及学科；三是确定拟建设高校的实施方案；四是三部委根据专家委员会意见，研究确定"双一流"建设高校及建设学科，报国务院批准。在此期间，拟建设高校及学科的遴选认定又分为三个环节：首先，综合考虑有关第三方评价的权威性、影响力及高校认可度，论证确定所采用的第三方评价结果；其次，以中国特色学科评价为主，特别是反映人才培养和学科水平的评价，酌情参考国际评价，统筹考虑国家战略、行业区域急需、不可替代性等因素，论证形成一流学科建设高校认定标准；最后，根据认定标准，遴选产生 137 所一流学科建设高校建议名单，随之对应产生拟建设学科及 42 所一流大学建设高校名单。从"双一流"的遴选认定程序可以看出，学科评估结果不仅是专家委员会遴选认定和审核建设方案的重要参考，也是教育部、财政部和国家发展改革委员会研究确定"双一流"建设对象的重要依据。可以说，学科评估是"双一流"建设的基础性、根本性和决定性因素，没有科学化的学科评估，"双一流"建设对象的遴选认定就不会有高度的社会认可；没有合理性的学科评估，"双一流"建设对象的中期和末期考核就不会得到社会的普遍认同；没有权威性的学科评估，"双一流"建设对象的淘汰和新增就不会达成广泛的社会共识。

（二）学科评估为"双一流"建设提供多功能服务

学科评估与"双一流"建设密不可分，学科评估是"双一流"建设的"前奏"，"双一流"建设是学科评估的"快板"。学科评估服务"双一流"建设的本质是通过"深入推进管办评分离"，促进教育行政部门简政放权，将教育评估职能委托给第三方，同时以购买教育评估服务的方式提供公共服务，推进大学自治。在实践中，学科评估正是通过提供多元化的服务而成为"双一流"建设引擎的，这些服务大致包括：一是数据信息服务。学位中心通过教育部、科技部、国家自然科学基金委、各学会等官方数据源获取公共数据，通过参评单位申报的材料获取参评学科数据，经过公示、数据核查后形成可比较的信息数据库，供高校之间进行对比，找到一流学科与非一流学科的差距。二是遴选依据服务。"双一流"建设高校及建设学科的认定遴选以学科为基础，以具有中国特色的学科评估为主要参考依据，重点考虑反映人才培养和学科水平的评价，同时综合考虑有关第三方评估的权威性、影响力及高校认可度，理性地采用第三方评估结果，并酌情参考国际评价，统筹考虑国家战略、行业区域急需、不可替代性等因素，论证形成一流大学及一流学科建设高校名单。三是声誉调查服务。每个学科邀请近百名同行或行业专家对参评单位进行学术声誉调查，为每所高校提供基于第三方的学科声誉质量服务。四是评估结果服务。学科评估结果首先发送至参评单位和参与声誉调查的专家，并在《中国研究生》杂志、学位与研究生教育中心网站、教育科研网和各大门户网站上公布，为高等教育的利益相关者选择、投资一流大学与一流学科提供参考。五是学科状态分析服务。学位中心利用评估结果和相关数据，为教育行政主管部门提供全方位、多元化的学科状况分析服务，作为"双一流"建设对象遴选及中后期考核的重要依据。对评估结果及关键数据进行分析、挖掘，为参评单位提供"学科分析报告"，帮助单位了解本学科发展状态，为学科改进提供参考，找到争创一流的着力点和突破口。六是绩效考核服务。在"双一流"建设中期与后期，国家将根据"双一流"建设高校的建设方案和自评报告，参考有影响力的第三方评价，对建设成效明显、实施有力、进展良好的高校，加大支持力度，反之，则提出警示并减小支持力度，从而破除封闭固化的做法，打破终身制，使"双一流"建设有进有出，促进高校之间的竞争。当然，除上述服务之外，学科评估还为政府施策、高校决策、学生与家长选择大学、用人单位录用高校毕业生等提供多元化的服务。

（三）学科评估为"双一流"建设提供多层级服务

学科评估服务是为高等教育利益相关者提供教育价值的一种手段，使高等教育利益相关者在不承担额外成本和风险的情况下获得所期望的结果。从管理服务的角度来讲,学科评估的理想不只是为高等教育利益相关者提供满意的服务,还旨在为"双一流"建设提供高品质的服务。按照服务对象的满意程度,可将服务"双一流"建设的学科评估分为四个层次与境界:一是基本的服务,即学科评估机构为高等教育利益相关者提供最基础、最起码的信息服务,如一个学科在评估中获得何种等级或位次,一所参评高校在学科评估中获得多少个 A 档学科、多少个 B 档学科,由于此类服务未经过评估数据挖掘和信息加工,评估信息购买方只能获得学科评估的大致情况,无法探知学科内核。二是满意的服务,即学科评估组织作为高等教育质量检测的代理机构,提供服务的态度友善,使得评估信息的购买者——家长、学生、高等学校、政府等利益相关者得到精神方面的满足,比如学生在挑一流大学、选一流专业时能借助学科排行榜进行有效甄别,避免错选、误选。三是超值的服务,即学科评估是具有附加值的服务,尤指那些可提供可不提供的信息服务,但是提供之后能够使高等教育利益相关者更加满意,有更大的收获感,比如学科评估机构不仅向学生提供学科评估排名信息,还向学生提供学科的师资、就业等信息,使学生在选择一流导师等方面有更详细的参考。四是难忘的服务,即客户根本就没有想得到的,远远超出其预料的服务,比如学科评估机构不但向参评高校提供学科优势与劣势的咨询服务,还提供特色发现服务,帮助参评高校找到比较优势,形成争创"双一流"的核心竞争力。四个层级的服务从低到高呈螺旋式上升的趋势,服务的水准线是满意的服务,超值的服务、难忘的服务作为优质的服务不但要满足客户物质上的需求,还要满足客户精神上的需求。在建设高等教育强国的背景下,"双一流"建设不但期待学科评估为其提供满意的服务,还期待得到超值的服务和难忘的服务,这是"双一流"建设的理想状态。

四 学科评估服务"双一流"建设的本体价值

建设世界一流大学与一流学科需要科学、有效的学科评估为其战略选择提供判断依据。[①] 定期展开学科评估是一般高校从非一流走向一流的

---

① 武建鑫、周光礼:《世界一流学科:"以评促建"何以可能——基于系统科学的分析》,《国家教育行政学院学报》2016 年第 11 期。

迫切要求，也是一流大学保持高质量、健康发展的内在要求。无论美国的哈佛、耶鲁，还是英国的牛津、剑桥，都通过主动参与学科建设方面的调查、分析、评议来诊断学校建设质量，并提出改进方向。在全面深化高等教育改革的背景下，学科评估服务"双一流"建设具有鲜明的时代价值，主要体现为以评促建、以评促改和以评促管。

（一）以评促建，筑起"双一流"建设的堤坝

学科评估的初衷与归宿就是通过评估促进高校学科建设与发展，助力一流学科的生长，借此促进一流大学与一流学科体系发展。从学科评估的根本目的来看，评估虽不是最终目的，更不是"以评逼建"，但它却是一个参考尺度。学科评估和其他外部评估一样，都是在一定参评对象、评估标准下对学科状态的呈现和评判，它在于帮助参评学科在相互比较中知己知彼，从而能够更迅速、准确地找到各学科在同类群体中的位置，树立标杆，有的放矢地建设，促进学科的长远发展。[①] 在"双一流"建设的关键时期，科学的学科评估有利于高校总结过去成功的经验与特色，展示教学、科研、社会服务、文化建设等方面所取得的成就与业绩，了解学科发展的现状与最新动态，分析现存的问题与不足，发现学科建设的优势与短板，从而凝聚力量，及时调整发展目标和发展规划，明确努力的方向和行动措施，为学科发展和学校发展创造更加良好的环境，达到监督学科发展水平提高的目的；助推高校扎实开展各项工作，把工作重心落实到学科建设上，更加合理地分配资源，优化学科结构和师资队伍，切实加强内涵建设，提升教育教学质量，通过打造一流师资队伍、产生一流科研成果、培养一流人才、形成一流影响，创建名副其实的"双一流"高校。

（二）以评促改，形成"双一流"建设的活力

学科评估的宗旨与目的在于通过评估促进高校展开内部管理改革和办学改革，不断追求卓越，树立一流办学理念，形成一流办学风格。"指导意见"提出："高校既要全面深化改革推进大学整体建设，也要强化内涵建设打造一流学科高峰，还要加快推进协同与组织保障，健全'双一

---

① 樊秀娣：《不搞排名的学科评估走向会怎样》，http://education. news. cn/2016－09/06/c_ 129271056. htm，2016 年 9 月 6 日。

流'建设管理制度体系和运行机制"①。没有学科评估的强力推进，高校内部管理体制改革就没有强大的活力，"双一流"建设就不会形成巨大的动能。从第四轮学科评估开始，学科评估紧紧围绕"双一流"建设，加强方案及制度改革，其作用和价值在于以一流为目标，用一流标准来衡量学科建设成效，推动高校深化内部管理体制改革，采用现代化管理手段，提高管理的信息化水平，逐步完善依法治校、民主管理的各项制度，建立科学民主的决策机制，健全大学的学术治理制度，探索制定大学章程，彰扬大学理念，努力形成与世界一流大学水平相适应的现代大学管理制度，推动高校回归理性、回归本位、回归初心、回归梦想，克服重外延轻内涵、重科研轻教学、重数量轻质量的不良倾向，为学校争创"双一流"提供内部动力。

（三）以评促管，增强"双一流"建设的动能

学科评估的本意与旨归乃通过委托第三方评估，建立政府与高校之间的"缓冲地带"，形成政府宏观管理、高校自主办学的管理体制，增强高等教育改革发展的动能，加快推进"双一流"建设。在全面深化高等教育管理体制改革的过程中，随着现代大学制度的逐步建立，政府依法对高等学校进行宏观管理和监督指导、高校面向社会依法自主办学的管理体制日渐形成。从高等教育管理体制改革的角度来说，学科评估是国家"依法治教"形势下"管办评分离"实践的体现，其宗旨十分明确，那就是要通过高等教育质量保障制度的发展来服务"双一流"建设。因此，立足高等教育管理理念革新，开展学科评估是教育主管部门转变职能、简政放权、优化服务、提高效能，深入落实"管办评分离"的现实需要，有助于形成以绩效为导向的学科建设资源配置机制，促使参评高校产生危机感，在学科建设上主动作为，提高学科建设资源的利用率，在一定程度上推动"双一流"建设。放眼高等教育管理体制改革，开展学科评估是教育主管部门强化目标管理，准确把握办学导向的需要，有助于明确国内学科实际发展水平与目标之间的差距，为"双一流"建设提供评判依据，为教育主管部门研究制定新的建设方案和政策提供参考，

---

① 教育部、财政部、国家发展改革委：《关于高等学校加快"双一流"建设的指导意见》，http：//www.gov.cn/xinwen/2018－08/27/content_5316809.htm，2018年8月27日。

提高学科管理的科学性。

第三节 学科评估服务"双一流"建设的
价值取向透视

学科评估价值取向是评估主体在面对或处理评估中的各种矛盾、冲突、关系时所持的基本价值立场、价值信念、价值态度以及所表现出来的价值倾向性。学科评估价值取向来源于评估主体的价值观,在决定、支配其价值选择上起着核心作用,也对其自身及主客体之间关系的发展变化产生了重大影响。在"双一流"建设语境中,确立合理的学科评估服务取向,其前提条件是树立正确的价值观,即对学科评估服务"双一流"建设有正确的总评价和总看法。学科评估服务"双一流"建设的价值取向集中在三个问题上:一是学科评估服务"双一流"建设的中心是什么?它决定着学科评估服务"双一流"建设的方向;二是学科评估服务"双一流"建设的内容是什么?它决定着学科评估能否与"双一流"建设实现良性对接;三是学科评估服务"双一流"建设的机制是什么?它决定着学科评估能否有效地为"双一流"建设提供高水平服务。基于这三个问题的探究,不妨从三个维度探析学科评估服务"双一流"建设的价值取向。

一 学科评估服务"双一流"建设的目的价值取向

学科评估是"双一流"建设的重要环节,"双一流"建设是学科评估功能的有效释放。"实施办法"提出,要"参考有影响力的第三方评价,对建设成效进行评价"[1]。以学科评估撬动"双一流"建设,提升中国高等教育发展水平,增强国家核心竞争力,实现高等教育可持续、高质量发展,是学科评估最直接、最重要的目的。

---

[1] 教育部、财政部、国家发展改革委:《统筹推进世界一流大学和一流学科建设实施办法(暂行)》,http://www.moe.gov.cn/srcsite/A22/moe_843/201701/t20170125_295701.html,2017年1月24日。

（一）用质量杠杆撬动管理顽石

质量是大学的"生命线"。学科评估是高等教育质量监测的重要方式，学科评估的本真目的在于从大学的实际出发，找出问题和不足，以便进行纠正和改进，为高等教育质量管理和"双一流"建设提供关键信息。在研究生教育质量管理改革中，学科评估正在打破传统的管理模式，成为一种精致的、复杂的管理工具而被世界各国广泛运用。从学科评估的社会影响来看，社会公众主要通过学科排名这一信号来判断大学的质量，只要有学科排名存在，人们就会依据学科排行榜上的位次来衡量大学的办学质量，进而决定投资方向，因而那些一流学科众多的名校，更容易获得一流的资源，形成学科评估的"马太效应"。从研究生教育质量管理的战略来看，当前中国研究生教育处于发展战略转型期，学科评估作为研究生教育质量保障的重要手段，"要发挥质量保障和提高的功能，既要保障基本的学位授予质量，达到国家统一的学位质量标准，还要起到提高研究生质量的作用，使研究生培养单位形成竞争意识和卓越理念"①。学科评估作为一种监测研究生教育质量的技术手段，更多地通过发挥其形成性、发展性和诊断性功能，对有关培养机构和学位点改善学科专业活动质量提供信息支持和保障作用，使其找到大学发展的原动力。从根本上说，学科评估作为一种质量管理活动而存在，评估不是为了证明学科的实力，而是为了不断改善学科现状。学科质量的监控以学科评估结果为依据，评估结果作为质量控制的反馈机制，为高校和学位点的质量改进提供决策依据，这是学科建设质量的动态管理过程，也是大学争创"双一流"必然会经历的过程。

（二）用绩效杠杆撬动资源配置

绩效是大学的"试金石"。学科评估是一项绩效反馈措施，评估的根本目的就是以绩效衡量学科建设成败。从资源配置的角度出发，学科评估的直接目的就是通过对高校学科建设投入与产出的衡量，对学科建设一定时期里的效益和业绩做出有价值的综合评判，以此检验学科建设成效和决定资源流向。"总体方案"提出，要"坚持以绩效为杠杆"的学科建设原则，"建立激励约束机制，鼓励公平竞争，强化目标管理，突出建

---

① 王战军、李明磊：《研究生质量评估：模型与框架》，《高等教育研究》2012年第3期。

设实效，构建完善中国特色的世界一流大学和一流学科评价体系，充分激发高校内生动力和发展活力，引导高等学校不断提升办学水平"①。以绩效为杠杆衡量学科建设成败，并由此决定资源配置，是国际通行的一种做法。强化绩效评估，是加强学科建设绩效管理的有效方式，有助于引入竞争机制，提高资源的利用效率，实现学科建设资源的合理配置与交流，促进学科结构的调整和办学效益的增强。以资源配置为杠杆，可以促使高校更加重视学科建设绩效，更加强调学科水平，为高校提升整体办学水平、综合实力和冲击一流提供动力；可以促使高校建立争创一流的奖惩管理机制，采取政策支持、经费扶持等措施，加快高绩效学科的发展，助其成长为一流学科。

（三）用市场杠杆撬动竞争难题

竞争是大学的"测温仪"。学科评估是以评促建、以评促管、以评促改的法则，其最终目的在于通过竞争促进高等教育发展。从高等教育适应社会需要的规律出发，开展学科评估的一个重要目的，就是通过市场竞争实现学科的优胜劣汰，使高校的学科设置、专业结构契合社会经济发展的需要，由此推动高等教育管理改革。中国已建成全球规模最大的高等教育体系，研究生数量不少。2015 年，中国共招收 64.51 万名研究生，在学研究生达 191.14 万人，当年毕业的研究生达到 55.15 万人②；2016 年，中国研究生招生、在学和毕业规模进一步扩大，分别达到 66.71 万人、198.11 万人和 56.39 万人，分别比上年增加 2.20 万人、6.96 万人和 1.24 万人。③ 在为数众多的研究生中，一部分人已成为中国劳动力市场的"高配版本"，展现出较强的创新能力；但与此同时，不少人却高不成低不就，高学历低能力，就业竞争力堪忧。造成这种尴尬局面的原因，除与学生自身素质有关外，在很大程度上缘于学科质量不高、学科方向与市场需求严重脱节。④ 为改变这种供需脱节的状况，2015 年，教育部制

---

① 国务院：《统筹推进世界一流大学和一流学科建设总体方案》，http：//www. gov. cn/zhengce/content/2015 - 11/05/content_ 10269. htm，2015 年 10 月 24 日。

② 中华人民共和国统计局，http：//data. stats. gov. cn/easyquery. htm？ cn = C01。

③ 中华人民共和国教育部：《2016 年全国教育事业发展统计公报》，http：//www. moe. edu. cn/jyb_ sjzl/sjzl_ fztjgb/201707/t20170710_ 309042. html，2018 年 1 月 3 日。

④ 余颖：《学科动态调整促高教提质》，《经济日报》2016 年 10 月 21 日第 15 版。

定《博士、硕士学位授权学科和专业学位授权类别动态调整办法》，首次开展全国范围内的学位授权点调整，建立"红牌"罚下或"黄牌"警告，"绿色通道"直接上场，授权点评估和动态调整双管齐下的机制，这对那些在"双一流"建设洪流中不思进取的大学敲响了警钟，有利于推动学位与研究生教育从外延式发展向内涵式发展转变，从高速增长向高质量发展转变，促进高校学科与专业设置适应产业发展需求，不断提升高等教育服务经济社会发展的能力和水平。

（四）用特色杠杆撬动异质发展

特色是大学的"定盘针"。一所没有特色的大学是没有质量、没有个性的大学，难以成为一流大学；一个没有特色的学科是没有生命力、没有竞争力的学科，不可能成为一流学科。如果说学科评估在"双一流"建设中大有作为，那么，其可贵之处便是通过评估促进学科走特色发展之路，促进大学走特色发展之路。"总体方案"在规划"双一流"建设蓝图时，强调从多维度、多层面引导大学与学科的特色发展，体现出鲜明的价值导向。"总体方案"提出："资金分配更多考虑办学质量特别是学科水平、办学特色等因素，重点向办学水平高、特色鲜明的学校倾斜，在公平竞争中体现扶优扶强扶特""充分激发高校争创一流、办出特色的动力和活力"[①]。从办学特色、学科特色方面着力，第一轮"双一流"遴选重点支持国家急需、特色鲜明、无可替代的学科。在"一流学科"评选中，一批行业特色鲜明的大学如西南石油大学、南京信息工程大学、天津中医药大学、南京中医药大学、中国药科大学、上海海洋大学、南京邮电大学等高校脱颖而出，入列一流学科建设高校；一批专业特色鲜明的高校如中国人民公安大学、中国传媒大学、中央音乐学院、中央美术学院、中央戏剧学院、上海音乐学院、上海体育学院从非"211""985"行列中跻身"双一流"队伍。相形之下，一些综合实力较强但由于办学特色不明或学科特色不强，则在第一轮评选中无缘"双一流"。激烈的竞争告诉我们，一所大学要实现基业长青、持续发展，就必须以特色立身，在国家需求、行业特点、现实基础、学科优势中找准定位，有

---

① 国务院：《统筹推进世界一流大学和一流学科建设总体方案》，http://www.gov.cn/zhengce/content/2015-11/05/content_10269.htm，2015年10月24日。

所为有所不为，多保护培育"小而精"的特色学科，不片面追求"大而全"的趋同发展，形成人无我有、人有我优、人优我特的比较优势，方能立于不败之地，成为货真价实的一流。

二　学科评估服务"双一流"建设的根本价值取向

公平与效率是人类社会实践的两种重要价值观，是高等教育改革发展的双重价值追求。公平与效率兼顾是以评促建、推动高等教育内涵式发展的核心价值取向，也是"双一流"建设在资源配置中必须面对的两种价值选择。每一个国家都期望建立一种科学合理的学科评估制度，每一个公民都期待享有公平而有效率的一流教育。在国家主张以评促建、加快推进"双一流"建设的过程中，公平与效率被人们赋予了新的时代含义和内容。学科评估在于通过系统、有效的科学评价，获得有关未来学科发展和世界一流大学与一流学科建设的重要依据，最终达到以评促建、提升高校办学效率、促进高等教育公平发展的目的。"总体方案"指出，创新财政支持方式，更加突出绩效导向，形成激励约束机制，在公平竞争中体现扶优扶强扶特，充分激发高校争创一流、办出特色的动力和活力。妥善处理"双一流"建设的公平与效率问题，是全面深化高等教育改革的强烈要求。充分发挥学科评估的诊断功能、监测功能和选拔功能，加快推进世界一流大学与一流学科体系建设，实现中国从高等教育大国向高等教育强国的转变，需要秉持公平与效率兼顾的价值取向。

（一）效率是一种价值尺度，公平是一种价值追求

公平与效率是人们追求的两大价值目标，也是加快"双一流"建设的根本动力。作为衡量高等教育资源利用的价值尺度，从国家对"双一流"建设的投入来看，效率表现为高等教育资源在高等教育机构的有效配置，没有冗余，没有虚耗；从高校创建"双一流"的角度来看，效率表现为各高校办学效能的充分发挥，没有资源闲置，没有资源浪费。公平作为高等教育的价值追求，可以理解为机会平等和资源分配均衡、合理之义，主要指"双一流"建设机会在不同层次类型高校的合理分布，不同层次类型的高校可以争创不同的一流；"双一流"建设资源在不同层次类型高校的合理配置，使不同层次类型的高校可以获得不同形式的支持。从辩证唯物主义的角度出发，公平与效率虽有冲突，但二者并不是对立的矛盾双方，而是相辅相成、相互促进的两种高等教育要素。效率决定公平，公平反作用于效率，一定历史时期的公平观念和公平状态总是和一定的效率水平相适应的。在一定条件下，公平本身就可以创造效率。① 没有效率的公平是低水平的公平，没有公平的效率则是无意义的效率。国家开展学科评估的重要目的就是以办学绩效为导向，根据评估结果决定对"双一流"建设对象的支持力度，以之促进高校之间公平竞争。可以说，没有效率就没有世界一流大学与一流学科的蓬勃发展，同样，没有公平也不会形成高等教育有序竞争的局面。以绩效为导向的学科评估是促进高校提高资源利用效率，推动形成公平竞争、有进有出、动态管理的"双一流"建设机制的重要手段，而公平竞争机制的形成又能反哺高等教育资源利用效率的提高，使各高校在对比和反思中找到建设"双一流"的出路。

（二）效率优先、兼顾公平是"双一流"建设的价值准则

公平和效率兼顾是高等教育健康、协调、可持续发展的一般规律，但在特定的历史阶段，要强调效率优先、兼顾公平。强调效率优先，实际上就是"双一流"建设要以评促建，鼓励和支持一部分高校通过"双一流"建设而成长为世界一流大学与一流学科，承认高校办学层次与办学水平的差异，合理拉开差距，创建不同层次、不同类型的一流，调动各方力量提高"双一流"建设的积极性，促进高等教育差异发展、高质量发展。强调兼顾公平，就是"双一流"建设既要尊重学科评估结果，又不囿于学科排名的限制，通过政策调控和制度创新，统筹考虑高等教育的区域布局、学科分布等，在追求卓越、世界一流理念的指导下，重点支持高等教育相对落后省区的高校加快发展，实现高等教育落后地区一流学科从无到有、从少到多的转变。效率优先与兼顾公平不是此消彼长的关系，而是互为补充、互为依托的关系。效率优先是增进公平的前提和条件，而增进公平是效率优先的归宿和目的，效率优先的结果是增进高等教育公平发展。《国家中长期教育改革和发展规划纲要（2010—2020）》（简称"规划纲要"）提出，加快建设一流大学和一流学科，实行绩效评估，进行动态管理。"双一流"建设是讲究效益、追求效率、强

---

① 吴邧：《论公平与效率的统一》，《求是》2005 年第 1 期。

调速度的事业，在教育资源稀缺的现实使教育公平的理想难以实现、极度匮乏的高等教育资源无法满足所有人教育需求的情形下，要合理分配和使用教育资源就必须考虑效率问题。① 坚持效率优先、兼顾公平是中国开展学科评估和"双一流"建设必须遵循的一个基本原则，必须坚守的价值追求。坚持效率优先会促进高等教育内涵式发展，缩小中国高校与世界一流大学的学科差距，提升高等教育水平和国家核心竞争力，为在更高层次上增进公平创造物质条件。在中国生产力发展还不够充分的条件下，国家对高等教育的投入相对有限，"双一流"建设只有立足学科评估结果，坚持"效率优先、兼顾公平"的价值取向，也就是将高水平、高质量放在首位②，才能切实解决高等教育资源稀缺问题，从而打破重点建设封闭、固化的僵局，形成开放竞争、能进能出、动态管理的新局面，让更多高校看到"双一流"建设的希望。

（三）强调效率优先旨在实现更高水平、更高质量的公平

效率优先的本质是强调教育资源配置的最佳组合，进而形成最优的产品组合，从而使有限的教育投入达到收益最大化的目的。从这种意义上讲，强调效率优先只是一种手段，实现更高层次的公平才是"双一流"建设的根本目的。体现在"双一流"建设的终极价值上，强调效率是必然的，但兼顾公平也是必要的。效率是高等教育充分发展的动力，是建设高等教育强国的支柱，而公平是高等教育均衡发展的条件，是建设社会主义和谐社会的基石，公平与效率的关系体现了充分发展和均衡发展的博弈。政府在把"双一流"建设纳入公共财政资助范围的基础上，通过重点优先策略对在学科评估中表现不俗的大学及学科增加财政投入，即通过对遴选出的世界一流大学及一流学科建设高校集中财力进行优先投入，引导高等教育差异化、内涵式发展，凸显的是效率至上的价值取向，但这种价值取向并不是不讲公平，而是强调通过效率的提高实现更高水平、更高质量的公平。一方面，"效率升华着公平的水准，推动着人类的公平状态和公平观念不断从低级走向高级"③，实现更高水平、更高

---

① 董泽芳：《高等教育公平与效率兼顾论》，《大学教育科学》2014 年第 1 期。
② 刘海峰：《"双一流"建设应注重效率兼顾公平》，《中国高等教育》2017 年第 19 期。
③ 马捷莎：《论公平与效率的统一》，《北京师范大学学报》（社会科学版）1995 年第 2 期。

质量的公平需要摒弃学科评估结果与"双一流"建设对象的一一对应逻辑，综合考虑各地经济基础、地域条件、办学历史等差异，为不同地区的高校创造公平竞争的条件和机会。因此，我们在推进"双一流"建设时，既要考虑高等教育水平较高地区高校的进一步发展，又要考虑如何帮助高等教育水平相对落后的西部地区高校，防止"马太效应"加剧。① 另一方面，实现更高水平、更高质量的公平需要通过"双一流"建设制度的调控，利用学科评估杠杆和各种保障机制，缩小"双一流"建设对象的资源获得差距，使"双一流"建设对象的办学资源和办学条件都有所改善，以实现"双一流"建设框架下的平等。

三 学科评估服务"双一流"建设的核心价值取向

积极开展学科评估，加快推进"双一流"建设，这是党中央、国务院在新的历史时期为加快高水平大学建设而做出的重大战略决策。当前中国重点大学制度建设存在"211 工程""985 工程"以及"优势学科创新平台"和"特色重点学科项目"等重点建设封闭固化、重复交叉、缺乏竞争的问题，影响到高水平大学的科学发展、持续发展、协调发展，迫切需要优化学科评估方案，加强资源整合，创新实施战略。中共中央和国务院推出的"双一流"方案既是一个高等教育深化改革的创新性政策②，又是一个高瞻远瞩的战略选择，它从建设目标、任务、方法等方面进行革故鼎新，破除制约世界一流大学与一流学科发展的制度藩篱，释放出强烈的创新激励信号。习近平同志强调把中国特色作为建设中国的世界一流大学的根本原则，对构建具有中国特色的学科评估体系来说有着非常重要的指导意义。创新学科评估制度，努力构建"中国特色、国际影响"的学科评估体系，用中国"尺子"促进高等教育内涵式发展，是学科评估服务"双一流"建设的重大历史使命。从学科评估服务"双一流"建设的任务来看，学科评估具有强烈的导向性，是"双一流"建设的"指南针"和"依波表"。因此，要建设中国特色的世界一流大学与一流学科体系，"双一流"建设评价既要在可比领域和具有显示度的指标

---

① 陈平原：《"双一流"建设应兼顾效率与公平》，http：//theory. people. cn. cn/n1/2017/0601/c40531 - 29310527. html，2017 年 6 月 1 日。

② 谢维和：《"双一流"政策的关键词分析》，《教育经济评论》2017 年第 4 期。

上借鉴国际通行的做法，又要建立具有中国特色的评价体系，即不能用所谓与国际接轨的统一标准，而放弃建立中国特色的评价体系。① 以学科评估推进"双一流"建设，必须坚持中国特色的价值取向。

（一）中国特色学科评估是一个内涵丰富的价值体系

中国特色的学科评估是中国高等教育改革实践的理论结晶，是中国特色高等教育研究的最新成果，不仅蕴含着丰富的教育思想，而且蕴藏着深刻的价值理念，是一个内涵丰富的价值体系。从根本上讲，中国特色的学科评估是中国高校学科评估显著区别于世界上其他国家学科评估的独特风格与形式，是由中国高等教育赖以产生和发展的特定的、具体的环境因素所决定的，是中国高等教育质量保证所独有的形态与样式。可以说，中国特色学科评估的形成，既是评估理论创新与评估认识提升的结果，又是评估实践创新与评估经验升华的结果。

以中国特色的学科评估推进"双一流"建设，就是要以党的教育方针为行动指南，以社会主义办学为根本方向，以加强党对高等教育的领导为改革动力，以"立德树人成效"为判定标准，以"质量、成效、特色、贡献"为价值导向，以"坚决破除五唯顽疾"为突破口，扎根中国大地，立足中国国情，遵循高等教育规律，遵循学科评估规律，遵循学科建设规律，积极发挥中国智慧，创造性地传承中华民族优秀传统文化和社会主义核心价值观，探索建立中国特色、中国风格、中国气派、国际影响的学科评估体系，形成有别于国外学科评估的中国标签，助力新时代高等教育内涵式发展，更好地为世界一流大学和一流学科建设服务、为建设高等教育强国服务、为全面建成小康社会和实现中国梦服务。这既是中国特色学科评估的基本界定，也是中国特色学科评估的核心内容。

（二）中国特色学科评估具有独特的价值取向与本质特征

中国特色是中国高校学科评估最本质的特征，是中国高校学科评估健康可持续发展的最大优势。将中国特色与学科评估融为一体，是新形势下学科评估服务"双一流"建设的新特性和新要求。深刻认识和理解中国特色的学科评估，需要从学理的角度出发，把握其本质属性与核心

---

① 刘尧：《以中国特色评价体系支持"双一流"建设》，《中国社会科学报》2017 年 12 月 28 日第 8 版。

要义。

第一，遵循学科建设规律。遵循学科发展规律、按学科生长规律办事，是建立健全中国特色学科评估制度的前提条件。规律是事物内部各要素之间的关系，是事物内在的、本质的必然联系。任何一个学科的发展都是内外关系的结合体，都具有内在的生成性与外在的给定性，都是内在的本质与外在的现实的统一。建立中国特色的学科评估制度，必须遵循学科赖以发展的内外部关系规律，既为知识的生成提供内在的动力与支撑，又为学科发展创造适宜的政策环境、和谐的文化环境和宽松的学术环境，而不能通过经济手段来干预高校学科建设，更不能通过行政手段来实现以评促建，否则会使学科评估流于形式，难以取得理想的效果。

第二，促进大学生态发展。坚持生态发展理念、构建大学发展的新生态，是不断完善中国特色学科评估体系的根本目标。大学的生态发展是在分类管理、分类建设的思想引导下，各高校分层定位、分类发展，形成各美其美、美美与共的局面。学科评估作为大学生态发展的动力机制，其宗旨不在于总结成绩，而在于通过分类评估、分类引导，促进不同层次、不同类型的高校发现办学特色，在自己所属的领域争创一流，形成高等院校高质量发展、分类发展的生态；学科评估的目的也不在于学科排名，而在于通过学科诊断，促进高校内部不同学科发现自身学科特色，形成高校内部各学科高水平发展、差异发展的生态。从分类建设"双一流"的角度出发，欲形成世界一流大学与一流学科成长发展的新生态，必先构建中国特色的学科评估体系。

第三，符合中国教育国情。扎根中国大地、立足中国国情，是打造中国特色学科评估品牌的根本要求。中国高等教育改革的巨大成功，一个重要原因就在于教育方针政策、教育改革方案等的制定与实施始终扎根中国大地、始终坚持实事求是、理论联系实际、一切从实际出发，在实践中不断探索符合中国国情的改革战略与举措。从中国高等教育发展的历史必然来说，中国国情不仅是形成评估话语的关键词汇，是讲好中国教育故事、传播好中国教育声音不可缺少的核心要素，而且是中国特色学科评估理论逻辑与现实逻辑有机统一的必然结论。学科评估要形成中国品牌、国际影响，要为"双一流"建设提供有价值的服务、为高等教育强国建设提供高质量的服务，必须立足中国国情，走中国道路，通过凝聚中国智慧和中国经验，形成中国品牌、国际影响。任何拿来主义的做法都只能是"削足适履"，在中国根本行不通。

第四，对接国际评估标准。中国特色的学科评估事关一流学科建设的全局性战略和长远性规划，可以说，没有中国特色的学科评估做保证，就没有一流学科在中国大地上的蓬勃发展。当然，强调中国特色不是关起门来开展学科评估，也不是闭门造车地进行一流学科建设。中国高校学科评估必须形成国际影响，建设一流学科必须在全球范围内寻找坐标系，不能"自说自话"，更不能"夜郎自大"。构建中国特色的学科评价体系，可以借鉴、参考美英等发达国家学科评估排名的成功经验，找准可比领域的坐标，提高共性指标上的国际水平，在具有显示度的指标上加快进入世界一流行列或前列，提升中国高等教育的国际影响力和知名度。

（三）坚持中国特色是以评促建的必然选择

建立健全中国特色的学科评估制度既是一个崇高的教育理想又是一个迫近的教育现实，既是评估理论创新的需要，也是评估实践创新的需要。在新形势下，随着"双一流"建设进程的深入推进，中国特色的学科评估日益成为高等教育改革发展的必然选择。

1. 建设教育强国的现实需要

逐步建立起适应经济社会发展需要的、具有中国特色的学科评估体系，是全面深化高等教育改革的重要内容和目标，也是建设教育强国的现实需要和长远大计。2014 年 5 月 4 日，习近平总书记在北京大学师生座谈会上讲话指出："我们要认真吸收世界上先进的办学治学经验，更要遵循教育规律，扎根中国大地办大学。"[①] 习近平总书记鲜明地提出要扎根中国大地办好中国大学，必须突出中国特色。党的十九大报告指出，要加快一流大学和一流学科建设，实现高等教育内涵式发展，进一步明确高等教育改革发展的重大方向和重要任务。学科评估既是学科建设的重要环节，又是学科建设的重要手段，具有很强的导向作用，不仅支配

---

① 习近平：《青年要自觉践行社会主义核心价值观——在北京大学师生座谈会上的讲话》，《中国高等教育》2014 年第 10 期。

着学科的发展方向，而且影响着"双一流"建设的价值取向。开展学科评估，必须立足中国大地，彰显中国特色、中国气派和中国风格，积极借鉴世界先进经验，紧紧围绕国家和高等教育重大需求，构建中国特色的学科评估体系，推动高等教育从高速增长转向高质量发展，加快"双一流"建设进程，早日建成教育强国。这是新时代高等教育改革发展的重要特征和使命，是研究生教育改革发展的价值导向和遵循，标志着中国学科建设和学科评估工作迈上新台阶，进入新征程。

2. 坚守中国自信的迫切要求

学科评估作为"双一流"建设之器，始终处于发展之中。学科评估既是一个与时俱进的科学理论体系，又是一个不断推陈出新的实践操作体系，还是一个继承与创新相统一、本土与外来相融合的规则体系。构建中国特色的学科评估体系是坚定中国特色社会主义道路自信、理论自信、制度自信和文化自信的迫切要求。自信是自尊之基、自立之本、自强之源，是中国高等教育屹立于世界的基石和根本；自信是一个政党、一个国家、一个民族站在最高峰的精神支柱，也是一所大学、一个院系、一个学科站在最高峰的灵魂所在。打造中国特色、中国风格、中国气派的学科评估体系，是中国高等教育蓬勃发展的必然结果，是学科评估发展到一定历史阶段的产物，是中国高校学科评估体系不断成熟的核心标志，是中国高等教育实力日益壮大的重要象征，也是坚定中国特色社会主义道路自信、理论自信、制度自信和文化自信的本质要求。进入 21 世纪以来，中国高等教育领域通过全面深化改革，已实现从外延式发展向内涵式发展的转变，在创建世界一流大学与一流学科方面取得显著成效。中国高水平大学在《美国新闻与世界报道》《泰晤士高等教育》及 QS 等主要国际排名榜上的位次整体前移、大幅提升，部分学科已经达到或者接近世界一流水平，标志着中国高等教育的底气越来越足、自信越来越强。在此前提下，社会各界对学科评估自主发展、本土发展、创新发展的要求越来越强烈，这就要求学科评估必须直面价值取向的冲突与共生问题，在融汇古今、贯通中西的基础上，努力形成自成一家的理论体系与评估框架，形成能切实反映当代中国高等教育气象、有效服务"双一流"建设、积极引领世界高等教育发展的中国高校学科评估范式，创造向世界解释中国高等教育改革、让世界更好地了解中国高等教育发展的原创性成果，在全球高等教育治理格局中展现中国智慧，显示中国力量。

3. 坚持正确方向的必然选择

方向决定道路，道路决定命运。坚持中国特色的社会主义方向，将高等教育的基本规律同中国国情相结合，用正确的政治观解决中国问题，是建设具有中国特色的学科评估体系的正确道路，是办好中国特色的一流大学的必然选择。1990 年 10 月，国家教委颁布的《普通高等学校教育评估暂行规定》明确地指出："普通高等学校教育评估应坚持社会主义办学方向，认真贯彻教育为社会主义建设服务、与生产劳动相结合、德智体全面发展的方针，始终把坚定正确的政治方向放在首位，以能否培养适应社会主义建设实际需要的社会主义建设者和接班人作为评价学校办学水平和教育质量的基本标准。"① 习近平总书记在全国高校思想政治工作会议上发表重要讲话强调，中国高等教育发展方向要同中国发展的现实目标和未来方向紧密联系在一起，为人民服务，为中国共产党治国理政服务，为巩固和发展中国特色社会主义制度服务，为改革开放和社会主义现代化建设服务。学科评估是"双一流"建设的"服务器"，是建设高等教育强国的"服务器"，是办人民满意教育的"服务器"，必须坚持正确的政治方向，通过建立中国化、有特色、多类型的评估体系，有力地推动"中国式好大学"的生长，引导研究生教育和学科建设坚持社会主义核心价值观，科学检视高校在"立德树人"、学生质量和毕业生发展质量等方面是否实现既定培养目标，回应社会对学科评估的新要求和新期待，更好地为高等教育改革发展服务。

4. 破解中国问题的重要实践

中国特色的学科评估体系根植于特定的土壤，是在实践中不断形成，并通过实践不断检验，通过潜移默化的理论发展和实践探索而不断丰富和完善的。开展学科评估旨在不断提高教育质量和办学水平，更好地为"中国式好大学"的发展服务，为建设高等教育强国服务。"中国式好大学"的成长，实质上就是世界一流大学的成长。因此，在中国高等教育情境中开展学科评估必然蕴含中国特色、反映中国特色、坚持中国特色。

---

① 国家教育委员会：《普通高等学校教育评估暂行规定》，http://www.moe.gov.cn/src-site/A02/s5911/moe_621/199010/t19901031_81932.html，1990 年 10 月 31 日。

坚持中国特色不仅是学科评估的立身之本、强身之基，也是扎根中国大地办世界一流大学与一流学科的根本途径。习近平总书记指出："办好中国的世界一流大学，必须有中国特色。没有特色，跟在他人后面亦步亦趋，依样画葫芦，是不可能办成功的。"① 习近平同志在要求北大等著名学府勿把中国名校办成第二个哈佛或剑桥时强调："世界上不会有第二个哈佛、牛津、斯坦福、麻省理工、剑桥，但会有第一个北大、清华、浙大、复旦、南大等中国著名学府。我们要认真吸收世界上先进的办学治学经验，更要遵循教育规律，扎根中国大地办大学。"② "指导意见"强调要以中国特色、世界一流为核心，着力构建中国特色的高等教育评估制度，推动建成一批中国特色社会主义标杆大学，确保实现"双一流"建设战略目标。中国大地上的一流大学之所以不能成为第二个哈佛或剑桥，乃因为中国的国情不同、教育体制不同和文化根基不同，扎根中国大地进行"双一流"建设必须观照中国国情、融入中国元素、体现中国特色，既不能照抄美国的抑或英国的办学模式，更不能照搬美国的抑或英国的评价标准。扎根中国大地办大学，必须高举中国旗帜，科学把握中国特色与世界意义的关系，建立具有中国特色的学科评估体系，用中国标准、中国模式推进"双一流"建设，为实现"两个一百年"奋斗目标和中华民族伟大复兴的中国梦注入动力，这是学科评估发展史上一次成功的、具有飞跃性质的体系化建构，必将为解决中国高等教育发展问题乃至全球高等教育发展问题做出中国的原创性贡献。

5. 打造中国品牌的根本方法

学科评估乃治教之术，也是话语之术。学科评估中国化既是一种打造中国品牌、发出中国声音、形成国际影响的话语自觉，更是一种表达中国智慧、传播中国经验的思想自觉，同时也是形成中国方案、解决中国问题、为"双一流"建设打造本土平台的制度自觉。恰如每个国家都有其独特的民族特性一样，中国高校学科评估必然具有强烈的民族性和独特的价值取向。推进学科评估的中国化，其核心价值取向就是立足国

① 习近平：《青年要自觉践行社会主义核心价值观——在北京大学师生座谈会上的讲话》，《中国高等教育》2014 年第 10 期。

② 习近平：《青年要自觉践行社会主义核心价值观——在北京大学师生座谈会上的讲话》，《中国高等教育》2014 年第 10 期。

情、面向世界，构建民族性、本土化的学科评估品牌，不断提升评估思想、评估制度、评估标准、评估方法、评估技术等的原创能力，增强学科评估的影响力和辐射力，这是破除西方评估迷信、打破西方思维定势、摆脱西方评估范式的价值诉求，也是厚植本土教育价值观的应然诉求。以《美国新闻与世界报道》《泰晤士高等教育》及 QS 等为代表的学科评估在西方高等教育世界具有较强的影响力，受到美英等国民众的追捧，但这些评估排名是源于西方文化、为西方一流大学发展代言的评估工具，带有强烈的西方文化色彩。如果用西方标准来衡量中国高校学科建设成效，不但会淹没全球高等教育评估发展所需要的多样性，也会变相地弱化中国高校学科评估的话语权。因此，中国高校学科评估必须从中国经验中寻找出路，强化学科评估的本土意识，立足于本土资源和中国立场，发扬中国风格与气派，发出中国声音与影响，突出中国特色和优势，突破之前各类高校建设工程的局限，突出扶优扶强和引领示范作用，以坚持高水平、鼓励高水平、支持高水平为高等教育管理体制机制创新的基本思路，引导和支持一批高水平大学和高水平学科走向世界一流，汇聚优质资源，培养一流人才，产出一流成果，在世界高等教育舞台上展示中国力量，把"双一流"建设引导到"中国品牌、世界一流"的建设道路、发展道路和创新道路上来，既善取又善弃，在借用"他山之石"的基础上，下功夫打造好自己的评估之"玉"，努力打造"中国特色、国际影响"的评估品牌。

第四节　学科评估服务"双一流"建设的理论基础阐释

学科评估服务"双一流"建设既是一个推动中国从高等教育大国向高等教育强国转变的实践命题，又是高等教育科学发展、快速发展、可持续发展的理论命题，需要从利益相关者理论、信息不对称理论和委托代理理论视角剖析学科评估及"双一流"建设所面临的理论问题，同时反过来指导学科评估及"双一流"建设实践。

一　从利益相关者理论看学科评估服务"双一流"建设

世界一流大学与一流学科建设离不开利益相关者的支持与推动，而利益相关者对世界一流大学建设的支持与推动又必须以尊重利益相关者对大学的诉求为前提。尊重利益相关者的需求，就意味着有必要让利益相关者成为大学办学质量的评价者。可以说，世界一流大学与一流学科建设是利益相关者的价值表达与大学自主建构相统一的过程，忽略任何一个利益方的价值主体作用，学科评估在"双一流"建设中的服务功能都不能得到合理发挥。

（一）利益相关者理论的核心观点

利益相关者理论是指企业的经营管理者为综合平衡各个利益相关者的利益要求而进行的管理活动。所谓利益相关者，是一个源于西方企业管理或公司治理的概念，主要是指能够影响组织行为、决策、政策、活动或目标的人或团体，或是受组织行为、决策、政策、活动或目标影响的人或团体。[①] 弗里曼（R. E. Freeman）认为，利益相关者是能够影响一个组织目标的实现，或者受到一个组织实现其目标过程影响的人。[②] 这里的"人"，既包括企业的股东、债权人、雇员、消费者、竞争者、地方社区等交易伙伴，又包括政府部门、本地居民、本地社区、媒体、环保主义等压力集团，甚至包括自然环境、人类后代等受到企业经营活动直接或间接影响的客体。同传统的股东至上主义相比较，利益相关者理论认为，任何一个公司的发展都离不开各利益相关者的投入或参与，任何利益相关者的叛离都有可能造成"双输"，因为企业追求的是利益相关者的整体利益，而不仅仅是某些主体的利益，这一理论主要包含以下观点：

第一，每一个利益相关者都与组织的生存和发展密切相关，但他们所起的作用各不相同，有的分担组织的风险，有的为组织的发展付出代价，有的对组织进行监督和制约，组织的决策必须根据实际情况来考虑他们的利益或接受他们的约束。

---

① 马廷奇：《大学利益相关者与高等教育评估制度创新》，《华中师范大学学报》（人文社会科学版）2009 年第 2 期。

② R. E. Freeman & W. M. Evan（1990），"Coporate Governance：A Satkeholder Interpretation," *Journal of Behvaioral Economics*，Vol. 19，No. 4，pp. 337 - 359.

第二，现代企业本质上是一个由利益相关者之间相互关系联结而成的契约体，企业的所有者除股东之外，还应包括债权人、管理者、员工等其他利益相关者；企业的经营活动要综合平衡各个利益相关者的利益要求，追求全体利益相关者的整体利益，而不仅仅是实现股东的利益最大化；公司治理的主体不能仅局限于股东，还应包括债权人、管理者、员工等其他利益相关者。①

第三，从组织行为的角度讲，企业是一种智力和管理专业化投资的制度安排，企业的生存和发展依赖于企业对各利益相关者利益要求回应的质量，而不仅仅取决于股东。分析组织中利益相关者的社会责任与行为，有助于提高人力资源管理的效益，减少组织的风险，提高组织运行效率。②

第四，利益相关者的出现，使企业的经营目标更加多元，除经济上的目标以外，企业还必须承担社会的、政治的责任，这使现代企业的发展不再成为"唯利是图"的工具。

（二）运用利益相关者理论分析学科评估的适切性

利益相关者理论从管理思想上阐述了绩效评价和管理是组织的中心，为分析以利益相关者为要素的高等教育组织改革奠定了基础，也为我们分析建设"双一流"背景下的学科评估提供了理论依据。

1. 高等学校是典型的利益相关者组织

高等学校具有利益相关者组织的典型特征，是一个名副其实的利益相关者组织。美国教育家德里克·博克（Derek Bok）指出，大学是一个利益相关者组织，有一张庞大而复杂的关系网把大学和社会上其他主要机构连接起来。③ 哈佛大学文理学院院长亨利·罗索夫斯基（Henry Rosovsky）在《美国校园文化——学生、教授、管理》一书中将大学利益相关者分为四个层次，即最重要群体、重要群体、部分拥有者和次要

---

① 饶燕婷：《利益相关者视野中高等教育质量保障多元主体探析》，《大学研究与评价》2009 年第 7—8 期。

② Samuel O. Idowu, Nicholas Capaldi, Liangrong Zu, Ananda Das Gupta（2013），*Encyclopedia of Corporate Social Responsibility*，Springer Heidelberg，New York，Dordrecht，London，pp. VIII - XVI.

③ ［美］德里克·博克：《走出象牙塔——现代大学的社会责任》，徐小洲、陈军译，浙江教育出版社 2001 年版，第 57 页。

群体。最重要群体是指教师、行政主管和学生;重要群体是指董事会、校友和捐赠者;部分拥有者包括政府和议会;次要群体是指市民、社区、媒体。罗索夫斯基认为,保障最重要利益相关者的利益,使他们保持合作的态度与行为,才有可能产生一流质量,因为教师质量是保持学校名望和地位的最重要因素。只有优秀的教师才能吸引优秀的学生,才能产生高质量的研究成果,才能获得外界最多的资助。① 张维迎认为,大学里的利益相关者包括校长、院长、教授,以及各级行政人员,也包括学生以及已毕业的校友,当然还包括我们这个社会本身(纳税人)。② 无论从高等教育改革发展还是从高等教育管理的角度而言,现代大学已非传统意义上"自己管理自己"的组织,也非计划经济时代只受政府单向式管理的机构,现代市场经济的发展,已经使大学组织成为不同利益相关者的"命运共同体"③。大学的利益相关者特性表明,从利益相关者理论的角度分析学科评估价值取向及其实现机制既是可行的,也是必要的。

2. 学科评估需要关注利益相关者的诉求

高等教育利益相关者的类型丰富,按照影响高等教育发展的重要程度,可以列出政府、高校管理人员、社区、教师、学生、家长、用人单位、合作的企事业单位、捐赠机构、社会中介组织、媒体、捐资人、银行等。从利益博弈的角度出发,每一个利益相关者都是高校学科发展的重要推动因素,也是"双一流"的建设者,各利益相关者或为高校学科发展提供政策,或投入资金,或赢得口碑,或招揽生源,高校学科评估不得不关注他们的利益诉求。与此同时,每一个利益相关者都可以被视为一个博弈方,或称利益博弈的参与者。在成员构成上,政府、高校、社会、家长、学生、雇主、校友、捐赠人等高等教育利益相关者是一个范围广泛、成分复杂、性质各异的群体,各自拥有不同的角色立场和价值取向。在学科评估活动中,各利益相关者关注自身在高等教育管理活动中的角色定位,看重不同利益相关者之间因利益诉求而形成的博弈关

---

① [美]亨利·罗索夫斯基:《美国校园文化——学生、教授、管理》,谢宗仙、周灵芝、马宝兰译,山东人民出版社1996年版,第22页。

② 张维迎:《大学的逻辑》,北京大学出版社2004年版,第19页。

③ 马廷奇:《大学利益相关者与高等教育评估制度创新》,《华中师范大学学报》(人文社会科学版)2009年第2期。

系。为了使自己的利益最大化或风险最小化，不论是高校内部利益相关者还是外部利益相关者，都希望参与大学质量管理，都希望了解高校学科建设成效，都希望高校的发展建立在质量基础之上。正是基于对高校质量的共同诉求，各博弈方可以通过合作的方式参与到学科评估活动中来，实现高等教育利益的共赢。

3. 求得各方利益平衡可以推动学科评估发展

高校学科评估是大学利益相关者实施的有计划、有组织、有系统的质量持续促进活动，这项活动的科学性与利益相关者的价值诉求紧密相关，也与学科评估本身的发展密切相关。2009 年 UNESCO 世界高等教育大会的行动纲领明确写道，在教育质量方面应多方听取各利益群体的意见，建立并加强高等教育质量保障体系和规章架构。[①] 在从高等教育大众化向高等教育普及化发展的过程中，由谁来保障学科质量已不再是一种单一主体的行为，而是需要各利益相关者的协同合作。在此期间，建立以共同利益、相互尊重和相互信任为基础的合作伙伴关系是学科评估过程中各利益相关者都得利的前提。为保证各合作方都通过评估获益，评估组织者必须就高校各利益相关者的责、权、利展开谈判与协商，以合作博弈的方式不断求同存异，在共同利益上达成共识。鉴于各利益相关者在学科评估中的利益诉求不同，责、权、利也不尽相同，评估活动的组织者要本着服务政府、服务高校、服务社会等利益相关者的原则，让他们参与到学科评估工作中来，寻求一种兼顾诸多利益相关者利益的平衡机制，以尽可能实现所有利益相关者的整体利益最大化，从而谋得各方参与学科评估的积极性和动力。

二　从信息不对称理论看学科评估服务"双一流"建设

学科评估作为一个质量战略，能否有效地为"双一流"建设提供有价值的服务，是信息博弈的结果。由于参与评估的各博弈方拥有的信息不对称，如果一个博弈方在评估中采取非法策略应对评估，就会导致评估结果出现偏差，影响到"双一流"建设的客观公正性。从信息不对称理论视角剖析学科评估服务"双一流"建设机制，对于提高评估结果的

---

① 徐爱萍：《基于主体协同的高等教育质量保障机制构建》，《江苏高教》2013 年第 3 期。

公信力,增强"双一流"建设的认可度,均具有重要的价值。

(一)信息不对称理论的核心观点

信息不对称是指在市场经济活动中,信息在相互对应的经济个体之间呈不均匀、不对称的分布状态,使交易产生不公平现象,即各类人员对有关信息的了解存在差异,有些人对某些事情的信息比另外一些人掌握得多一些,而有些人则掌握得少一些;掌握信息比较充分的人员,在市场交易中往往处于比较有利的地位,而信息贫乏的人员,则处于比较不利的地位。信息不对称理论的核心观点包括:

第一,买卖双方围绕信息的掌握程度发生一系列博弈:卖方比买方更了解有关商品的各种信息;掌握更多信息的博弈方可以通过向信息贫乏的博弈方传递可靠信息而在市场中获益;买卖双方中拥有信息较少的博弈方会努力从另一方获取信息;市场信号显示在一定程度上可以弥补信息不对称的问题;信息不对称是市场经济的一个弊病,有损交易的公平法则,要想减少信息不对称对市场所产生的危害,政府应在市场调节中发挥强有力的作用,使信息博弈达到纳什均衡。

第二,信息对于市场交易来说具有相当重要的作用,市场中的人因获得信息渠道不同、信息量的多寡而承担着不同的风险和收益。在市场竞争中,非对称信息问题的出现,可能会导致市场失灵,但政府和其他非市场因素的渗入,能在一定程度上改善竞争均衡状况。[1] 如果管理者比外部投资者有更好的信息披露,就会减少投资的风险,降低投资的成本。[2] 信息不对称会造成市场交易双方利益失衡,影响社会公平、公正的原则以及市场配置资源的效率。例如,在商品买卖中,买方对商品信息的了解总是不如卖方,因此,卖方总是可以凭借信息优势而获得商品价值以外的报酬。

第三,交易关系因为信息不对称而变成了委托代理关系,交易中拥有信息优势的一方为代理人,不具有信息优势的一方是委托人,交易双方实际上是在进行无休止的信息博弈。如果卖方不顾伦理道德,在商品

---

[1] John Eatwell, Murray Milgate (1987), Peter Newman, *Asymmetric Information*, Palgrave Macmillan UK, pp. 1 – 3.

[2] Sangkyun Park (1999), "Effects of Risk-Based Capital Requirements and Asymmetric Information on Banks' Portfolio Decision," *Journal of Regulatory Economics*, Vol. 16, No. 2, pp. 135 – 150.

交易中以次充优，就会导致"逆向选择"现象的发生，即劣质商品驱逐优质商品而占领市场，市场效率和经济效率会因此而降低。在销售市场、保险市场、信贷市场上，"逆向选择"的影响非常大，不但常出现"差的驱逐好的"现象，而且有时会使市场崩溃。

第四，消除或缓冲"逆向选择"现象，使竞争向着公平方向发展的根本途径是通过信息博弈达到均衡，即处于信息不对称环境下的双方如何达成一种社会契约，亦即双方如何达成均衡的问题，而较为理想的均衡合同是充分发挥市场信号的作用，由此建立约束与激励相容的调节机制。市场信号包括两个方面的内容：一是信号显示，即指占据信息优势的博弈方把自身的某些优秀特性或自己的某些优质物品显示出来，不被埋没，而通过某种方式向处于信息劣势的一方发出市场信号以表明自身与众不同或自己物品优质的行为。二是信号筛选，即在交易之前，处于信息劣势的博弈方首先以某种方式给出区分不同类型的市场信号以求获得自己所需要的信息，并且成本很低，借此来弥补或解决自己在交易中所处的信息劣势的状况。①

（二）信息不对称理论在学科评估中应用的适切性

按照信息不对称理论，随着社会的发展和环境的变化，社会分工越来越明显，行业专业化程度越来越高，信息不对称现象已渗透到社会生活的方方面面，不同行业的专业人员与非专业人员之间的信息差别越来越大，社会成员之间的信息分布越来越不对称。高校学科评估作为一种专业活动形式，广泛存在着信息不对称现象，有必要用信息不对称理论来分析。

1. 各利益主体的博弈可以从信息不对称的角度加以阐释

从学科评估的参与者来看，在现代大学里，广泛存在着以政府为主体的博弈方、以雇主为主体的博弈方、以家长和学生为主体的博弈方和以高校、教师为主体的博弈方。由于各利益主体所掌握的信息存在较大差异，学科评估围绕信息而形成许多博弈关系。就政府和高校的关系而言，在通常情况下，高校掌握着关于自身质量的最为准确、最为完整的信息，是信息博弈的优势方，但高校为了维护自身利益，为了在"双一

---

① 辛琳：《信息不对称理论研究》，《嘉兴学院学报》2001 年第 5 期。

流"建设中获得更多的资源和支持,很有可能向政府委托的第三方评估机构提供不真实的信息或隐瞒对自己不利的信息,于是造成学科评估结果失真。由此可以看到,那些位居排行榜首的学科,不一定是实力最强的学科,有的很可能是"假货""水货"或"冒牌货",而政府据此进行重点学科、一流学科、优势特色学科建设,就可能产生"逆向选择"现象,导致高等教育领域的非公平竞争。

2. "逆向选择"现象需要从信息不对称的角度加以分析

学科评估中各主体围绕利益展开的博弈,体现为信息博弈。从政府和其他利益相关者的关系而言,学位中心出售关于高校学科的质量、成效与特色的信息,高校、家长、学生购买信息服务,政府与高校、家长、学生之间构成一种买卖关系,但作为学科评估的委托方与代理方,政府与高校、家长、学生之间所掌握的学科质量信息极为不对称,学生、家长依据排行榜进行学科与专业选择,而到头来可能会发现"选择贵的"是一种错误的策略,同样会导致"逆向选择"现象的发生。在当今的大学里,那些入学一年即要转院、退学、转专业的现象大量存在,这就是学生"逆向选择"的结果。"逆向选择"的泛滥,影响到高等教育的有序竞争,导致高校为获得"双一流"建设的"门票"而采取非理性策略,包括学科评估中的数据造假、恶意挖人、合谋等。政府作为高等教育治理的核心主体,在学科评估中扮演着重要角色,可以通过制度设计和加强对评估方案运行的监督力度,使各博弈方由信息不对称到对称,从而解决"逆向选择"问题。

3. 破解"逆向选择"问题需要从信息不对称的角度加以探讨

学科评估的信息不对称问题不像商品买卖那样简单,因而解决起来更为复杂。一方面,参评高校及参评学科的信息对评估机构而言就好似一张"无知之幕",另一方面,参评高校及参评学科对其他竞争方的信息掌握同样处于"真空状态",这些都在一定程度上增加了问题解决的难度。评估机构根据国家要求、社会需要、国际高等教育发展形势等制定评估方案,但它并不能真实、准确地了解参评高校及学科的情况,不可避免地会导致评估结果出现偏差。政府参考评估结果进行"双一流"建设,同样会产生信息不对称问题。这在此前的"985工程"和"211工程"建设中已有先例,有的高校无论在办学实力还是学科评估中的成绩都不理想，但由于其在各项业务上与主管部门联系多，来往密切，因而能在评审中占据优势。这种"逆向选择"现象的发生，导致一些高校把精力转向"建立感情"而非集中精力加强学科内涵与特色建设，这显然不利于高校学科的持续、健康发展。高等教育市场上的信息不对称现象，仅靠高等教育的市场行为是无法自发改善的，需要政府进行行政干预，通过公共项目推动和财政转移支付等各种手段，对高等教育市场产生有效的影响。① 因此，在学科评估中，通过制度设计和政策驱动解决信息不对称问题是十分必要的。

三　从委托代理理论看学科评估服务"双一流"建设

学科评估服务"双一流"建设的本质，就是教育主管部门委托第三方评估机构对参评单位的办学信息进行评估，借此为国家的"双一流"建设提供参考。学科评估为"双一流"建设提供服务的机制，从实质上来说就是委托代理模式在高等教育管理实践中的发生机制。因此，从委托代理理论视角分析学科评估服务"双一流"建设的作用机制，可以更清晰地认识学科评估。

（一）委托代理理论的核心观点

委托代理理论起源于 20 世纪 30 年代，美国经济学家伯利（Burleigh）和米恩斯（Burns）研究发现，企业所有者兼经营者的做法存在着极大的弊端，于是提出"委托代理理论"，倡导所有权和经营权分离，企业所有者保留剩余索取权，而将经营权利让渡。在委托代理的经济常模下，制造商和分销商的关系被概念化为委托代理关系，双方被假定为完全由短期金融自利的零和博弈条件逻辑约束的动机。② 委托代理理论的核心观点认为：

第一，委托代理关系是一个或多个行为主体根据特定的契约指定和雇用另一类行为主体为其服务，同时授予受雇方一定的决策权利，

---

① 史秋衡、宁顺兰：《从信息不对称理论看高等教育中的行政干预》，《集美大学学报》2004 年第 6 期。

② Leslie J. Vermillion, Walfried M. Lassar, Robert D. Winsor（2002），"The Hunt-Vitell General Theory of Marketing Ethics：Can It Enhance our Understanding of Principal-Agent Relationships in Channels of Distribution?," *Journal of Business Ethics*, Vol. 41, No. 3, pp. 267 –285.

并根据其提供的服务数量和质量支付一定的报酬。这里的雇佣方就是委托人，被雇佣方就是代理人。从委托与代理的博弈关系上讲，委托人可以是个人，也可以是一组人，还可以是一个机构如公司。

第二，委托人与代理人基于信息而发生契约关系，但代理人与委托人所掌握的信息不同，或者委托人要发现代理人的行为所付出的代价是昂贵的，或者委托人对代理人行为的观察是费时耗力的。在这种情形下，委托人与代理人之间的博弈只能是确定合同的形式，委托人可以向代理人提供使委托人本金最大化的自身收益，但受信息不对称的制约，代理人自身收益最大化行为会影响其提取代理人的信息租金。① 在高度专业化的活动中，代理人由于具有相对信息优势而代表委托人的利益行使某些决策权，代理关系随之产生。

第三，委托代理关系的产生，一方面是生产力发展导致社会分工进一步细化，权利所有者由于知识、能力和精力所不能及而无法行使所有权利；另一方面是专业化分工产生一大批具有专业知识的代理人，他们更有精力、更有能力代理权利所有者行使好被委托的权利。在委托代理活动中，由于委托人与代理人的效用函数不一样，委托人追求自身利益的最大化，而代理人追求自己的工资津贴收入、奢侈消费和闲暇时间最大化，这必然导致两者的利益冲突。在缺乏有效的制度安排下，代理人的行为很可能会损害委托人的利益。

（二）委托代理理论在学科评估中的适切性

高等院校作为一种权利分散型组织，其参与学科评估是一种自愿行为，如果用管理的观点来看待，则必然强化高等教育管理的行政逻辑，淡化高校办学的自主权利。从政府让渡高等教育管理权、高校获得办学自主权的角度出发，委托代理模式不失为学科评估的理性选择。在这种意义上，从委托代理理论出发分析学科评估具有逻辑适切性。

1. 学科评估需要从委托代理的视角来审视

学科评估是一种高度专业化的活动，政府、高等学校及其他社会组

---

① J. J. Laffont, D. Martimort（2003），"The Theory of Incentives—The Principal - Agent Model," *Journal of Economics*, Vol. 80, No. 3, pp. 284 – 287.

织都无法凭一己之力对高校学科质量与建设成效进行客观评价，必须委托专业化的组织来开展，从而在高等教育管理主体、高等学校、评估机构之间建立起一种委托代理关系。从中国高校学科评估的运行来看，教育部委托学位中心组织、开展学科评估，教育部与学位中心就形成一种委托代理关系；学位中心又委托评估专家、用人单位、在校学生来开展各种专项评估，从而形成第二层委托代理关系。在这两层委托代理关系中，政府是第一层委托人，学位中心既是委托人又是代理人，评估专家、用人单位、在校学生则成为代理人。

2. 学科评估需要用委托代理的观点来看待

政府作为高等教育的举办者，为大学提供财产要素，而各大学在接受政府所提供财产要素的同时，必须接受政府的质量监督与绩效问责，这相当于双方必须达成一种默契：办学质量与绩效是双方的契约内容，如果大学的办学质量与绩效满足契约协定，那么政府就可以进行持续的财产投入，否则，政府就有权对大学进行质量与绩效问责。但是，政府自身不能对大学的办学质量与绩效进行评估，而是委托专业化的第三方机构来开展此项活动。这种委托代理契约实际上暗含着一个基本的设定：政府作为委托人，为第三方评估机构提供的服务付费；第三方评估机构作为代理人，为政府的付费负责。在欧美高等教育治理中，政府委托第三方评估机构对高校办学质量与绩效进行评估，并依据评估结果决定高等教育投入，就是典型的做法。

3. 学科评估需要用委托代理理论来分析

政府委托第三方评估机构开展高校学科评估，并适当参照评估结果进行"双一流"建设对象的遴选、淘汰与再遴选，是促进高校之间合理竞争、缓解大学与政府之间矛盾和建设现代大学制度的需要。"规划纲要"提出，要按照"管办评分离"的原则建设现代大学制度，"鼓励专门机构和社会中介机构对高校学科、专业、课程等的水平和质量进行评估"[①]。政府作为"双一流"建设的投资主体、管理主体，将办学权交给高校，将评价权委托给社会，这有利于建立政府依法办学、高校自主管

---

① 国家中长期教育改革和发展规划纲要工作小组办公室：《国家中长期教育改革发展规划纲要（2010—2020）》，http://www.moe.gov.cn/srcsite/A01/s7048/201007/t20100729_171904.html，2010年7月29日。

理、各方实施民主监督、社会有效参与的现代大学制度，构建政府、学校、社会之间的新型关系。与此同时，政府委托第三方评估机构对高校学科建设成效进行评估，并按照绩效评价结果进行"双一流"建设对象的遴选、淘汰及补充，用以监测高校的产出，可以更好地了解经济学视角下大学的行为表现。在行为合同的框架下，政府投资数量与观察行为相挂钩，可以减少大学目标与政府目标之间的冲突①，缓解政府管得过多和高校权利过少的矛盾。

---

① 左海云：《基于委托—代理理论的校长激励策略》，《河北师范大学学报》（教育科学版）2010 年第 7 期。

第二章

"双一流"建设进程中学科评估的
价值取向变迁

　　变迁是学科评估事业发展进化的自然现象，是"双一流"建设背景下学科评估按其内在规律不断发生和发展的必然趋势。学科评估的价值取向变迁既是教育制度变迁的重要形式，又是社会制度变迁的重要内容；既是学科评估发展的动力，又是学科评估发展的表现；既是教育制度强制的结果，又是社会需求诱致的反映。学科评估的价值取向变迁必然导致学科评估的价值取向冲突，这是学科评估发展进化的基本规律。在新中国成立70年里，在改革开放40年中，学科评估价值取向的每一次变迁，都是中国高等教育改革取得显著成就的一个印证与缩影；学科评估事业的每一次发展，都是中国高等教育改革交响乐中不可或缺的音符。从2002年启动第一轮学科评估，把评估作为高等教育质量的保证机制，到第二轮、第三轮学科评估，把学科评估作为学科建设、高等教育质量管理、高等教育改革的举措，再到第四轮、第五轮学科评估，把学科建设成效作为"双一流"建设的重要参考和建设高等教育强国的重要动力……在改革长河的拐弯处，高等教育发展选择的是一种更加理智、更加科学的质量战略：以学科为基石，通过评估保证学科质量，以此推进"双一流"建设和高等教育强国建设……改革长河中的每一朵浪花都折射出中国高等教育改革发展的波澜，让人们感受到高等教育事业发展的厚重、深沉与广袤。

第一节　顺应"双一流"建设：学科评估价值取向变迁的脉络

学科评估与"双一流"建设并不是相伴而生的，但二者始终处于互动之中。"双一流"建设为学科评估创造了发展的空间，学科评估为"双一流"建设提供了有价值的参考。尽管"双一流"建设在中国仅有一个短暂的历史，但它对学科评估却有着深广的影响。从 1981 年中国三级学位制度建立到 2020 年开展第五轮学科评估，在"双一流"建设战略的引导和驱动下，学科评估价值取向发生了重大变迁，从最初隐性服务"双一流"建设，到渐次显性服务"双一流"建设，再到服务"双一流"建设的价值取向不断被强化，大致经历了以下阶段与过程。

一　工具主义价值取向初见端倪

学科评估在产生之初，并不关涉"双一流"建设，不过是人们为了达到保证研究生教育质量的目的而设计的工具。高等教育界秉持这种价值取向，是由当时中国研究生教育的现状决定的。1978 年，中国恢复研究生招生，高校学科建设走上发展的快车道，研究生教育质量同时成为人们关注的焦点问题，迫切需要一种制度性的工具来保证研究生教育质量和学位授予质量。1980 年 2 月 12 日，全国人民代表大会常务委员会审议通过《中华人民共和国学位条例》，这是第一部关于学科建设的法律，标志着中国学科建设进入法制化进程。1981 年 5 月 20 日，国务院颁布《中华人民共和国学位条件暂行实施办法》，明确规定学士、硕士、博士三级学位授予标准，中国学位制度正式成立，迎来学科发展的春天。各高校在学科建设中不仅注重学科点数量建设，而且意识到质量建设的重要性，一些高校在这一时期提出建设世界一流的目标。因应研究生教育快速发展的潮流，1985 年 5 月 27 日，《中共中央关于教育体制改革的决定》颁布，明确提出"要改进和完善研究生培养制度，并且根据同行评议、择优扶植的原则，有计划地建设一批重点学科"①。这可视为中国以学科评估服务"双一流"建设的开端，其核心思想是提升高等教育质量、促进高等教育大发展。1986 年，国务院学位委员会根据发展战略与重大需求，开展以择优为准则的重点学科评估，将学术水平、科研成果、师资力量、在国内外地位和声誉突出的学科，评定为国家重点学科，开启重点学科评估的先河。

　　回顾这一历史时期的学科评估，其服务"双一流"建设的价值取向有两个特点：第一，在高等教育管理工具主义者看来，学科评估就是国家和政府管理高等教育的工具，除此之外，学科评估别无其他功用；至于学科评估为"双一流"建设服务，则是一种附属功能。第二，强调评估仅仅是保证高等教育质量的工具，评估除了工具之外什么都不是；评估为"双一流"建设服务的功能，则蕴含于高等教育质量保证之中。尽管这种价值取向比较单一，但学科评估的质量意识已初见端倪，学科评估服务"双一流"建设的倾向已初步显现。

二　多元主义价值取向成为主调

　　随着学科评估制度的变迁发展，至 21 世纪初期，学科评估理论与实践已到了一个较丰富的境界，学科评估已不再囿于实现某种特定的职能，不再限于达成某个特定的目标，不再停留于服务某项特定的需要，总体上体现出服务一流大学与一流学科建设的价值倾向。2002 年，学位中心依据国务院学位委员会和教育部颁布的《学位授予与人才培养学科目录》，按照自愿参评的方式与原则，对除军事学门类以外的具有研究生培养和学位授予资格的一级学科进行整体性水平评估，拉开了第一轮学科评估的序幕。第一轮学科评估于 2002—2004 年分三批完成，每次评估一批一级学科。第一轮评估的价值取向是在强调国际可比性原则、指标体系优化原则和非线性排序原则的基础上，试图通过对一级学科进行整体性水平评估以衡量中国有哪些高校、哪些学科达到或接近世界一流水平或具有世界影响。第二轮评估于 2006—2008 年分两批完成，其指标体系

---

　　① 教育部：《中共中央关于教育体制改革的决定》，http：//www. moe. gov. cn/jyb_ sjzl/moe_ 177/tnull_ 2482. html，1985 年 5 月 27 日。

没有多大变化，但价值取向却是倾向于服务社会需求和促使学位授予单位进行质量改善，主要体现在两个方面：一是对评估结果及揭示学科发展状态的数据进行挖掘与分析，为参评单位提供《学科评估分析报告》，帮助参评单位了解学科发展的优势与不足、分析学科发展的内在规律、合理进行学科布局与规划；二是向社会公布评估结果，使社会各界享有对高校学科水平和发展情况信息的知情权，为学生选报学科、挑选专业提供参考。第三轮评估于2010—2012年在95个一级学科中进行（不含军事学门类），由于此轮评估是在高等教育大众化及研究生规模急速增长的背景下进行的，其价值取向发生一些明显的变化：一是更加强调内涵发展，即学科评估倾向于促使参评单位进行学科诊断，加强内涵建设，不断提高研究生培养质量和学位授予质量；二是更加突出建设成效，即学科评估倾向于通过对一定时期内学科建设情况的检测，帮助高校进行反思与改进，同时促进学生、家长、用人单位等高等教育利益相关者更好地了解高校学科建设现状。

纵观前三轮学科评估的发展趋向，学科评估在不同的历史时期有不同的价值倾向性，或强调学科质量的国际可比性，或突出学科质量的内部保障，或观照学科质量的内涵建设，具有多元化的特征，但整体体现为服务社会需求、服务学校发展、服务学科建设，这种价值取向是在选优评估、重点学科评估等基础上发展起来的，在服务"双一流"建设方面既有较强的继承性又有较强的创造性。

三 服务为本价值取向日渐显现

学科评估价值取向变迁与国家经济政治制度变迁是一脉相承的。随着中国特色社会主义进入新阶段，学科评估的价值取向发生了重要转变，日益强调把国家、社会和人民的高等教育利益放在第一位，坚持以服务为本，围绕高等教育质量保证和内涵发展问题，突出学科评估为国家服务、为高校服务、为社会服务的理念，努力遵循评估信息采集来源于群众、评估监督依靠群众、质量保证为了群众的思想，切实让社会公众感受到评估的益处。"总体方案"提出，"双一流"建设要以中国特色、世界一流为核心，加快建成一流大学与一流学科体系。强调以中国特色的学科评估推进"双一流"建设，在本质上就是要求学科评估立足中国国情，坚持正确的政治方向，坚持服务国家需求，坚持弘扬中国文化，引导高校把"四个服务"作为改革发展的出发点和归宿，把建设世界一流大学与一流学科作为根本目标和终极价值，摒弃简单套用国外排名的价值准则。为在学科评估实践中体现出中国特色，2016 年 4 月 22 日，学位中心发布的《全国第四轮学科评估邀请函》提出，学科评估要围绕国务院《关于统筹推进世界一流大学和一流学科建设方案》，服务国家教育改革战略，服务学科与研究生教育改革发展和高水平大学、高水平学科建设。基于提供高品质服务的价值理念，第四轮学科评估以推进国家"双一流"建设战略为宗旨，坚持"质量、成效、特色、分类"导向，按照"人才为先、质量为要、中国特色、国际影响"的思路完善评估指标体系，创新评估方法，树立评估品牌。经过多方努力，学科评估初步建立起人才培养质量评价的中国标准，在服务高校发展、服务高等教育质量保证、服务"双一流"建设和国家政策决策方面起到了重要作用。

自第四轮学科评估开展以来，教育主管部门及教育评估机构以建设具有中国特色的世界一流大学与一流学科为根本目标，以学科评估为基点，致力于打造具有中国特色的学科评估体系，多措并举构建"双一流"服务机制，引导、鼓励高校重视优势学科、特色学科建设，有效与"双一流"建设对接，用另一种形式实现"中国梦"。一是立足中国高校实际，通过改革人才培养质量标准、优化师资队伍评价方法、创新学术论文评价方法、突出社会服务贡献评价和强化分类评估，构建中国高等教育内涵式发展的学科评估体系；二是结合中国高校学科发展现况，采用主观与客观评价相结合方法、创立"归属度"认定成果方法、采用绑定参评方法、使用国际同行评价方法，建立具有本土特色的学科评估办法；三是围绕"以评促建"目标，通过"分档"公布评估结果、提供"学科优秀率"、公布学科建设整体情况、提供学科大数据分析服务，形成自成一家的学科评估结果发布及应用模式。① 在第四轮学科评估结束之际，《中国之声》对中国高校学科评估"分档"情况进行了报道②，人民网、

---

① 黄宝印、林梦泉、任超、陈燕：《努力构建中国特色、国际影响的学科评估体系》，《中国高等教育》2018 年第 1 期。

② 《我国首次为高校学科评估"分档"》，央广网，http：//china. cnr. cn/news/20171229/t20171229_ 524080304. shtml，2017 年 12 月 29 日。

新华社和科学网对第四轮学科评估结果情况进行了报道①，表明学科评估的公信力和影响力逐步提升，学科评估的服务功能得到彰显。

四 特色发展价值取向得到强化

中国特色是学科评估坚守理论自信、文化自信、道路自信和制度自信的集中体现。建立健全中国特色的学科评估体系、引导高校办出特色，创建世界一流大学与一流学科体系，是中国高等教育改革发展的不懈追求。伴随着中国进入特色社会主义建设新时代，学科评估价值取向日益从移植、模仿转向具有中国特色的自主创新。2020 年 10 月 13 日，中共中央、国务院印发《深化新时代教育评价改革总体方案》指出："教育评价事关教育发展方向，有什么样的评价指挥棒，就有什么样的办学导向。"② 完善和发展中国特色学科评估制度，同建设现代化教育强国、推进高等教育治理体系和治理能力现代化是相辅相成的。完善和发展中国特色学科评估制度是深化新时代教育评价改革的重要内容，是建设中国特色、世界一流大学与学科的根本保障，也是推进高等教育治理体系和治理能力现代化的重要举措。

顺应高等教育蓬勃发展的时代潮流，立足"双一流"建设的现实需要，中国高等教育改革着力打造现代化、科学化、特色化的学科评估体系。2020 年 11 月 3 日，教育部发布的《第五轮学科评估工作方案》明确提出：

> 以习近平新时代中国特色社会主义思想为指导，深入贯彻中共中央、国务院《深化新时代教育评价改革总体方案》精神，落实立德树人根本任务，遵循教育规律，扭转不科学的评价导向，加快建立中国特色、世界水平的教育评价体系，提升中国学科建设水平和

---

① 《全国第四轮学科评估结果出炉》，新华社，http://www.cdgdc.edu.cn/xwyyjsjyxx/xk-pgjg/mtjj/283500.shtml，2017 年 12 月 27 日；《高校学科哪家强？第四轮学科评估结果出炉》，人民网，http://www.cdgdc.edu.cn/xwyyjsjyxx/xkpgjg/mtjj/283597.shtml，2017 年 12 月 28 日；《全国第四轮学科评估结果出炉》，科学网，http://www.cdgdc.edu.cn/xwyyjsjyxx/xkpgjg/mtjj/283600.shtml，2017 年 12 月 30 日。

② 中共中央、国务院：《深化新时代教育评价改革总体方案》，http://www.gov.cn/zhengce/2020-10/13/content_5551032.htm，2020 年 10 月 13 日。

人才培养质量，推动实现高等教育内涵式发展。①

可以看出，从第五轮学科评估开始，教育主管部门已十分明确地将评估指导思想集中于"中国特色"。这是落实中共中央、国务院《深化新时代教育评价改革总体方案》的具体体现，对于中国特色学科评估制度建设具有深远意义。

在改革思路上，《第五轮学科评估工作方案》强调，要"立足中国国情和学科发展实际，借鉴国外有益经验，构建中国特色评价体系，创新评价方法，树立中国标准，特别是哲学社会科学更加凸显中国风格和中国气派"②。为深入破解"双一流"建设过程中高校人才评价、职称评审的"唯学历、唯职称、唯论文、唯帽子"等顽瘴痼疾，第五轮学科评估坚持问题导向，针对当前中国高等教育评价指挥棒方面存在的根本问题，以根除"五唯"顽疾为突破口，按照"先行先试、重点突破、系统治理、整体提升"的原则，大胆改革评价体系，力图扭转不科学的评价导向。比如，《第五轮学科评估工作方案》对师资队伍的评价，要求不唯"学历"和"职称"，没有设置人才"帽子"指标，避免采取以学术头衔评价学术水平的片面做法，而是采用"队伍总体结构与代表性教师相结合"的方法评价教师队伍质量，引导高校优化师资队伍结构，强化师资队伍内涵建设，这对推动高校解决"挖人才""抢帽子"的恶性竞争具有重要指导作用。

从深化学科评估的改革来看，在贯彻落实破"五唯"的背景下，第五轮学科评估坚持守正创新，着力完善立德树人机制，致力于扭转不科学的评价导向，强化学科评估的科学性、专业性、客观性，加快建立中国特色、世界水平的评估体系，使学科评估呈现出三个突出特点：一是指导思想聚焦中国特色，以习近平新时代中国特色社会主义思想为指导，聚焦中国特色和世界一流，开创中国高等教育高质量发展的新局面；二是基本思路体现出中国特色，强调学科评估要体现民族性、原创性、时

---

① 中华人民共和国教育部：《第五轮学科评估工作方案》，http：//www. moe. gov. cn/jyb_xwfb/moe_ 1946/fj_ 2020/202011/t20201102_ 497819. html，2020 年 11 月 3 日。

② 中华人民共和国教育部：《第五轮学科评估工作方案》，http：//www. moe. gov. cn/jyb_xwfb/moe_ 1946/fj_ 2020/202011/t20201102_ 497819. html，2020 年 11 月 3 日。

代性,为如何构建中国特色学科评估体系谋发展、找答案;三是指标设计反映中国特色,围绕"培养社会主义建设者和可靠接班人"这一总目标,多维设置评价指标,充分体现学科评估的诊断和促进功能。整体而言,学科评估的中国元素更加丰富,本土特色更加明显,中国特色的学科评估体系正在形成。

第二节 对接"双一流"建设:学科评估
价值取向变迁的表征

学科评估价值取向的变迁既是研究生教育改革发展战略调整的"风向标",也是社会需求变化的"试金石"。《第五轮学科评估工作方案》指出,要"加快建立中国特色、世界水平的教育评价体系,提升中国学科建设水平和人才培养质量,推动实现高等教育内涵式发展"①。在全面深化高等教育改革和建设高等教育强国的进程中,学科评估以习近平新时代中国特色社会主义思想为行动纲领,以服务"双一流"建设为改革动力,按照"质量、成效、特色、分类"的指导原则,遵循"人才为先、质量为要、中国特色、国际影响"的价值导向,不断进行理念更新与体系完善,在建立中国标准、中国模式等方面取得重要进展,标志着学科评估价值取向发生了根本性变化,正在逐步形成中国化的评估品牌,日益走近国际高等教育评估的舞台中央。

一 坚持思想引领,展现中国自信

思想是行动的指南,指引着行动的方向。先进的评估思想对于打造一流的评估管理体系、汇聚一流的评估专家队伍、形成权威性的评估结论起着基础性的作用,对于学科评估高举中国旗帜、走中国道路起着方向性的作用,是学科评估突出中国特色、显示中国自信的"定海神针"。

习近平同志在庆祝中国共产党成立 95 周年大会上的讲话指出,"要

---

① 中华人民共和国教育部:《第五轮学科评估工作方案》,http://www.moe.gov.cn/jyb_xwfb/moe_1946/fj_2020/202011/t20201102_497819.html,2020 年 11 月 3 日。

坚持中国特色社会主义道路自信、理论自信、制度自信、文化自信"①。"四个自信"是中国特色社会主义的重大理论创新，是实现中华民族伟大复兴中国梦的精神动力，是引领学科评估自主发展、特色发展的行动纲领，也是"双一流"建设通往光明的精神支撑。坚守中国自信既可以使评估思想更加解放，也可以使评估道路越走越宽阔；如果评估思想缺少中国自信，评估行动就会远离"双一流"建设的实践，走进崇洋媚外、盲目模仿的狭窄"胡同"。从根本上讲，学科评估与"双一流"建设相适应，必须先是评估思想上的适应；提升学科评估服务"双一流"建设的品质，必须筑牢中国自信的思想根基。

在新形势下，学科评估以习近平新时代中国特色社会主义思想为行动指南，以中国特色、世界一流为核心，以高等教育内涵式发展为主线，以立德树人为根本，深入推进具有中国特色的学科评估思想体系建设，使学科评估日渐具有中国风格和中国气派。从第一轮学科评估到第五轮学科评估，评估思想中国化的特征主要表现在四个方面：一是坚持多样性与实践性相结合的评估思想，既充分吸收《美国新闻与世界报道》学科排名、《英国泰晤士高等教育》学科排名及德国 CHE 学科排名的成功经验，又把学科评估的基本原理同"双一流"建设的实际情况、具体要求结合起来，走适合中国自己的发展道路；二是坚持历史性和社会性相结合的评估思想，把学科评估改革发展与高等教育强国战略的历史进程及全面深化高等教育改革的现状结合起来，把学科评估的初衷与"双一流"建设的旨归结合起来，提升人们对学科评估的认知与理解；三是坚持继承性与创造性相结合的评估思想，在对传统的高等教育评估体系进行合理加工、适当取舍的基础上，通过创新形成一种既超越传统又融汇古今、能适应"双一流"建设需要的学科评估体系；四是坚持反思性与前瞻性相结合的评估思想，以问题为导向，针对中国高校学科建设与发展所面临的难点和焦点问题，积极探索、久久为功，并依据新的知识信息对学科评估未来发展及其与"双一流"建设的关系做出预见性判断。

二 明确评估目的，回应教育理想

学科评估目的是学科评估实践活动的依据，贯穿于学科评估活动的

---

① 习近平：《在庆祝中国共产党成立 95 周年大会上的讲话》，《先锋队》2016 年第 22 期。

全过程。科学合理的目的可以使学科评估少走弯路,顺利地达到理想境界;反之,没有明确的目的,学科评估不但会伤及自身,还会有损"双一流"建设。从学科评估目的的价值理性来看,中国高校学科评估不只是学科水平的反映,也不只是一种排名活动,而是对"双一流"建设目标及其中国教育理想的积极回应。可以说,学科评估目的本身即蕴含着中国教育理想的成分,是中国理想的重要体现。

细言之,在国家强调办人民满意教育的背景下,学科评估摒弃国内民间排名的营利性动机,摒弃《美国新闻与世界报道》《英国泰晤士高等教育》及 QS 等学科排名的商业性目的,回应中国高等教育的理想与本质追求,以保证高等教育质量、推动高等教育内涵发展为价值取向,秉持人民满意的价值理念,以推进"双一流"建设为根本宗旨,围绕国务院《统筹推进世界一流大学和一流学科建设总体方案》,以及国务院学位委员会、教育部关于全面深化研究生教育综合改革,全面提高研究生教育质量的有关要求,服务国家教育改革战略,服务学科与研究生教育改革发展和高水平大学、高水平学科建设,取得了显著成效。第一,学科评估为政府了解中国高校学科建设成就,客观遴选、考核"双一流"建设对象提供了有价值的决策服务,使遴选出来的"双一流"建设名单得到社会的普遍认可;第二,学科评估为高校了解自己的学科实力和水平,发现自己的特色和优势,同时找到不足和"短板",促进学科内涵建设,提高研究生培养和学位授予质量,找到创建一流的突破口提供了有效的咨询服务,形成各高校积极争创"双一流"的生动局面;第三,学科评估为正在准备高考、报考研究生的学生选报学校、学科和社会人才流动提供了客观的学科水平信息服务,得到家长、学生等高等教育利益相关者的充分肯定;第四,学科评估面向国际宣传中国高等教育改革发展成就,展示了中国高校学科建设成果,吸引了高水平的国际学生,增强了中国高校对学科评估理论与标准的话语权,提升了中国学科评估的国际影响。

一言以蔽之,学科评估通过回应人民满意的教育理想,迈出了中国化的坚实步伐,在服务"双一流"建设方面起着举足轻重的作用,得到政府、高校、家长、学生、雇主等高等教育利益相关者的普遍认同,受到国际的赞誉,学科评估在服务国家、服务高校、服务社会、服务国际等方面的满意度不断提高，使学科评估的参与率持续上升。从第一轮学科评估到第四轮学科评估，参评单位和参评学科呈持续增长趋势，其中参评单位从 229 个增加到 513 个，参评学科从 1366 个增加到 7449 个；第四轮学科评估在 95 个一级学科范围内展开（不含军事学门类等 16 个学科），比第三轮增长 76%，全国高校具有博士学位授予权的学科有 94% 申请参评①，其中作物学、矿业工程、林业工程等 26 个学科博士授权点的参评率达到 100%，表明越来越多的高校和研究生培养机构开始接受并认可学科评估活动，在"双一流"建设政策的驱动下显示出前所未有的评建热情。

三　聚焦制度变革，体现自主创新

学科评估实质上是一种制度安排，其创新发展、自主发展是建设教育强国之道，是建设现代大学制度之道，是推动高校学科建设和"双一流"建设的内生动力。制度创新是学科评估的灵魂，是学科评估事业可持续发展的内核。没有评估制度创新，评估理论创新、评估方法创新和评估技术创新就无从依附；只有形成学科评估的制度创新机制，评估理论创新、评估方法创新和评估技术创新才有合适的土壤。

"规划纲要"提出，要按照"管办评分离"的原则建设现代大学制度，建立中国特色的教育评价模式。中共中央、国务院印发的《深化新时代教育评价改革总体方案》进一步提出，要建设"富有时代特征、彰显中国特色、体现世界水平的教育评价体系"②。为把新时代教育评价改革思想落到实处，提高政府管理效能，激发高校办学活力，调动社会力量发展高等教育的积极性，打破行政性评估"一言堂"的消极模式，形成政府决策、高校执行和社会监督相互协调、相互配合的教育管理高效闭环和高等教育治理结构，达到高等教育质量监控的最佳效果，支撑学科建设和研究生教育健康快速发展，教育主管部门按照"管办评分离"的原则，委托具有第三方性质的学位中心按照教育部和国务院学位委员

---

① 黄宝印、林梦泉、任超、陈燕：《努力构建中国特色、国际影响的学科评估体系》，《中国高等教育》2018 年第 1 期。

② 中共中央、国务院：《深化新时代教育评价改革总体方案》，http：//www.moe.gov.cn/jyb_xxgk/moe_1777/moe_1778/202010/t20201013_494381.html，2020 年 10 月 13 日。

会颁布的《学位授予和人才培养学科目录》，对具有研究生培养和学位授予资格的一级学科进行整体水平评估，着力构建"中国式"学科评估的委托代理制度。

从这一制度的运行来看，政府作为高等教育的管理主体，将评价权委托给第三方机构，就是要由专业化的机构做专业的事，提高评估结果的权威性。学科评估由政府部门委托学位中心进行，政府部门与学位中心就形成了一种委托代理关系：政府部门作为委托方，将评估权交给学位中心，变直接管理为间接管理，变微观管理为宏观管理，可以从烦琐的事务中解放出来，更好地致力于改革大计的探索；学位中心作为代理方，由于拥有独立的裁量权，既不受行政力量的强制又不受高等教育利益的诱惑与左右，因而能有效规避《美国新闻与世界报道》《英国泰晤士高等教育》等学科排名的商业性质，秉持客观中立的立场开展评估，从而在政府和高校之间建立一个"缓冲地带"，缓解政府与高校之间、高校与高校之间因"双一流"建设资源分配而产生的矛盾。

委托代理制度的有机运行，意味着具有中国特色的"政府、高校、社会"共同参与的高等教育评价体系正在形成，同时还意味着中国高等教育管理制度已实现从注重"管理"到注重"管理和办学"，再到注重"管理、办学和评价"的变迁，同时也意味着学科评估制度正在从"管办评一体"到"管办评分离"，再到"管办评合力"的变迁。

四 强化主体价值，折射以人为本

中国特色学科评估作为一个理论与实践有机融合的过程，是学科评估中国化的过程，也是一个集思广益、群策群力的社会过程，贯通学科评估的始终。实现学科评估中国化，就是要在中国特色社会主义理论的启迪下、在国家教育方针政策的引领下、在教育主管部门的指导下、在高等教育评估理论与实践工作者的努力下、在社会各界的推动下，通过发挥人的主体性和创造性，形成集体智慧，引导学科评估与中国特色社会主义建设相适应，这是学科评估中国化的主体性特征。

党的十七大以来，学科评估始终坚持以科学发展观为引领，把实现好、维护好、发展好人民群众的高等教育作为评估工作的出发点和落脚点，尊重人的主体地位，发挥人的首创精神，保障人的各项权益，走以人为本的评估道路，努力做到学科评估没有"看客"，让每一个高等教育利益相关者都是"主角"。体现在评估主体的选择上，学科评估以实现人的充分发展、尊重人的主体地位和价值判断、满足人的不同需求为准绳，在评估过程中广泛征求国内高校、专家学者、学生、用人单位等高等教育利益相关者的意见，体现以人为本、多元参与、综合评价的价值取向，致力于打造学科评估的中国方案。

第一，信息填报以高校为本——由参评单位填报师资队伍质量、专任教师、学生国际交流、优秀在校生、优秀毕业生、学术论文质量、专著出版、科研项目、社会服务贡献等材料与状态数据，让参评单位有充分展示自身优势与特色的机会。

第二，内部评价以学生为本——通过开展在校生满意度调查，以邮件的形式向在校生发放调查问卷，让在校生对学科设置、导师指导、教师授课等信息进行评价，从学生角度考察研究生导师的指导质量，有效获知在校研究生的满意度信息，赋予学生价值表达的权利，建立研究生教育质量评价与高等教育管理体制改革之间的内部联系。

第三，外部评价以雇主为本——通过开展用人单位满意度调查，向用人单位联系人发放网络调查问卷，由用人单位对高校毕业生进行满意度评价，跟踪学生毕业后的职业发展状况，将研究生教育质量的评价活动扩展到高等教育系统以外，关注高校培养学生的社会认可度和学用契合度，体现顾客至上的价值追求。

第四，同行评价以专家为本——邀请同行专家开展评议并确定各项评估指标的权重，协同行业人士对学科声誉、学术道德、社会贡献与就业质量等进行主观评价，体现以专家和业内人士为中心的价值取向。

可以肯定地说，学科评估是多元利益相关者共同参与的结果，整个评估既回应政府、高校、社会等高等教育利益相关者的价值诉求，又凝聚产、学、研、用、管等方面的智慧，广泛收集社会各方信息，是人本主义精神在学科评估中的理论创新与实践应用，是中国智慧的结晶。

五　优化指标体系，融入本土元素

构建本土取向的评估指标，是学科评估中国化的核心内容。学科评估立足中国高等教育大众化、普及化情境，回应社会各界对高质量高等教育的殷切期待,按照"双一流"建设和研究生教育综合改革的新要求,坚持注重"质量、成效、特色、分类"导向,即更加重视人才培养质量、科学研究成效、学科特色发展和多元分类评价,对评估指标体系进行调整和优化,致力于打造学科评估指标体系的"升级版",使评估指标设计更具系统性和科学性,更加符合中国国情,更具有中国特色。相较于前四轮评估,第五轮评估指标体系在体现中国特色方面有三大亮点:

一是把人才培养质量放在首位,引导高校实现内涵发展。学位中心通过系统调研凝聚各方共识,不断优化和完善评估指标体系,构建"思想政治教育成效""培养过程质量""在校生质量""毕业生质量"四维度评价体系。高度重视思想政治教育,重点考察"三全育人"综合改革情况及成效;加强人才培养过程质量评价,重点考察教材体系、课程体系、教学体系、国际交流等方面的情况,突出科学研究等对人才培养的支撑作用;加强在学质量与毕业质量相结合的学生质量评价,突出学生"德智体美劳"全方位代表性成果,注重学生参与度和贡献度;毕业质量坚持整体就业质量和职业发展质量相结合,注重用人单位评价[①],全面反映学科建设和一流人才培养的内涵与特征,呈现关注质量评价、重视内涵建设、聚焦持续发展的特征。

二是把学科建设成效作为考察重点,引导高校注重成果。第五轮学科评估以破"五唯"为价值导向,通过降低"条件资源类"指标(如研究生规模、教师数量、重点实验室数量)所占的份额,提高成果、成效类指标(如教学成果、研究生教育成果、科研成果等)所占的比重,突出学科内涵建设的成果与成效。在教师评价方面,不唯学历和职称,不设置人才"帽子"指标,避免片面以学术头衔评价学术水平的做法;在科研水平评价方面,不唯论文和奖项,设置"代表性学术著作""专利转化""新药研发"等指标,进行多维度科研成效评价;在学术论文评价方面,聚焦标志性学术成果,不将 SCI、ESI 相关指标作为直接判断依据,规定代表作中必须包含一定比例的中国期刊论文,突出标志性学术成果

---

① 教育部:《第五轮学科评估工作方案》,http://www.moe.gov.cn/jyb_xwfb/moe_1946/fj_2020/202011/t20201102_497819.html,2020 年 11 月 3 日。

的创新质量和学术贡献。①

三是把高校分类发展摆在突出位置，引导高校办出特色。学位中心根据中国高等教育类型多样、层次多元、结构复杂的特点，将学科评估一级指标体系由第三轮的七类拓展至第四轮的九类，按人文（哲学、文学、历史学门类）、社科（经济学、法学、教育学门类）、理工门类、农学门类、医学门类、管理学门类（含统计学学科）、艺术学门类、建筑学门类和体育学学科分类设计指标体系，同时为体现学科特色，同一门类中不同学科之间的一级指标体系也各有不同，体现出分类评估、分类引导、特色发展、差异发展的思想。

这些改进是学科评估主动适应高等教育发展新常态的表现，较好地呈现出学科评估尊重学科建设规律和"双一流"建设规律的特点，使学科评估的指标内涵界定更加科学和清晰，同时也使学科评估指标体系设计更加符合中国高等教育实际。

六 完善评估标准，强调因情而适

学科评估标准是人们在学科评估活动中应用于评估对象的价值尺度和界限，是评估方案的核心内容，是人们价值认识的反映，它表明人们在"双一流"建设过程中重视什么、忽视什么，对评估主客体及高等教育利益相关者都具有重要作用。对学科评估主体——评估工作的领导者、组织者和实施者来说，它是实施评估的依据和准绳；对学科评估客体——参评单位来说，它是学科建设的凭据和法则；对政府、社会、媒体、校友、家长、用人单位等利益相关者来说，它是"双一流"建设的根据和准则。因此，学科评估中国化，必须把评估标准中国化作为重要内容。

自"双一流"建设方案启动以来，学位中心以能够客观、真实地反映中国高等教育的特点和状况，能够客观、全面地反映学科评估与世界一流大学及一流学科建设之间的内在关系为价值准则，研制、打造适应中国高等教育改革发展所需要的中国式学科评估标准。

---

① 教育部：《第五轮学科评估工作方案》，http：//www.moe.gov.cn/jyb_ xwfb/moe_ 1946/fj_ 2020/202011/t20201102_ 497819.html，2020 年 11 月 3 日。

一是打造中国式学科质量评价标准。学位中心从第四轮评估开始，摒弃前三轮评估"以规模论英雄"、以数量多寡分高低的价值取向，创造性地采用多维质量标准衡量高校学科建设水平，通过师资队伍质量、课程教学质量、导师指导质量、学位论文质量、学术论文质量等评价标准创新，创建具有中国特色的学科评估体系。

二是打造中国式学术论文评价标准。学位中心按照教育部、科技部等五部委关于"扶持优秀中文期刊"精神，着力构建充分体现质量导向的学术论文评价标准，首创"质量与数量、客观与主观、国内与国外"三结合的论文评价方法，专门设置中文类期刊指标，克服唯论文数量和国外期刊的评价导向。从第四轮学科评估开始，除少数学科外，学科评估不再统计发表论文总数，取而代之的是同行对"代表性论文"进行评议。同时强调对中外期刊论文的综合评价，突出中国期刊在评价中的重要作用，规定代表性论文中必须有一定比例的中国期刊论文，以此提高中国期刊的学术影响力，鼓励学者将优秀成果优先在中国期刊上发表。第五轮学科评估则采用"计量评价与专家评价相结合""中国期刊与国外期刊相结合"的"代表作评价"方法，淡化论文收录数和引用率，不将SCI、ESI相关指标作为直接判断依据，而是强调学术成果的创新性和学术贡献。

三是打造中国式师资队伍评价标准。第四轮学科评估对师资队伍评价标准进行了颠覆性改革，将评价方式由以往的"客观数据评价"改为"基于客观数据的专家主观评价"，着重考察学科的"代表性骨干教师"和科研团队，克服以单纯的学术头衔评价学术水平的片面性，比如"长江学者""千人计划""杰青"等头衔，不会自动换算成分值，而是由专家综合考虑教师水平、队伍结构、国际影响程度等进行评价，有效抑制了高校之间"抢帽子""比牌子""砸票子"等无序竞争现象。第五轮学科评估把师德师风作为评价教师的第一标准，采用"队伍总体结构与代表性教师相结合"的方法评价教师队伍质量，重视青年教师队伍情况，同时加强教师以教书育人为首要职责的评价，把教授为本科生上课和指导研究生情况作为重要观测点。

七　精选评估方法，彰显适时达变

采用适切性的评估方法，是学科评估中国化的关键之举。瑞士心理学家卡尔·荣格（Carl Gustav Jung）说："适用于一切的生活处方并不存在。"同理，适用于一切国度的学科评估方法也不存在。学科评估只有借助于适合中国国情的方法，才能纠正缺陷，少走弯路，提高评估结果的适用性和权威性。在全面深化高等教育改革的过程中，学科评估以适应"双一流"建设需要为价值导向，谋求更高质量、更加科学的发展，在建立评估方法的中国范式方面取得了重要突破。

一是采取定量评估与定性评估相结合的方法，既对状态数据进行客观评价，按生师比、国家级教学成果奖项数量、全国优秀博士论文入选与提名论文数、在校生获高级别奖项数、国家级科研项目数、国家与省部级科研奖励数及指标设计权重进行赋分，又邀请同行专家对在校生质量、毕业生发展质量进行主观评价，并在"学科声誉"一级指标下增设"社会服务贡献"指标，采用"代表性案例"指标来考察学科对国家、区域经济社会发展所做出的贡献①，还采用"计量评价与专家评价相结合""中国期刊与国外期刊相结合"的"代表作评价"方法，充分运用基于定量数据和客观证据的专家融合评价方法，构建代表性成果专家评价与高水平成果定量评价相结合的评价模式②，克服国外学科评估主要依据公共数据进行的片面性，体现出中国高校学科评估的全面性和整体性。

二是采取"归属度认定成果"与"绑定式参评"相结合的方法，既允许将跨学科成果依据内涵归属按比例拆分到相应学科，鼓励交叉学科协同合作，形成跨学科成果评价的理论依据和实施方法，合理解决跨学科成果评价纷争难题；又规定"同一学科门类中，各单位具有'博士一级'、'博士二级'或'硕士一级'授权的学科要参评需同时参评，不参评则都不参评"，以此扼制校内相近、相邻或相关学科材料的不合理整合，有效避免高校在评估中因追求获利机会最大化而滥用参评规则，解决参评单位在开展评价工作中普遍存在的材料拼凑问题，克服盲目扩点、"摊大饼"式的学科建设倾向，形成高校公平竞争、理性发展的格局。

三是采用形成性评价与终结性评价相结合的方法，"充分运用基于定

---

① 王立生：《打造中国特色、世界一流的教育评估品牌》，《世界教育信息》2017 年第8 期。

② 教育部：《第五轮学科评估工作方案》，http://www.moe.gov.cn/jyb_ xwfb/moe_ 1946/fj_ 2020/202011/t20201102_ 497819.html，2020 年 11 月 3 日。

量数据和客观证据的专家融合评价方法,坚持代表性成果专家评价与高水平成果定量评价相结合"[1],既对一定时期内高校学科建设所达成的结果与效果进行恰当的评价,又采用全程审核的核查方法,通过数据标准检查、证明材料核查、公共数据比对、重复数据筛查、重点数据抽查和材料信息网上公示等举措,确保评估数据的真实、可靠。

八 规范评估程序,促进公平公正

设置公平公正的评估程序,是学科评估中国化的根本保证。清朝何启云:"公与平者,即国之基址也。"公平公正作为一种美德,是社会主义和谐社会的重要特征之一,是学科评估中国化的本质追求,不仅应在学科评估思想与制度中得到体现,而且应以人们看得见的形式加以实现。为提高学科评估的公信力,为政府遴选"双一流"建设对象、高校争创"双一流"和社会支持"双一流"建设提供客观信息,学位中心在第四轮学科评估中通过优化程序设计,增强评估程序的严谨性、规范性和透明性,以此提高学科评估的公平性。

(一)严把材料报送关口

学位中心要求各参评单位登录学科评估系统,如实填写《学科评估简况表》和《在校生与用人单位联系信息表》,并按要求上传相关证明材料,学位中心则对参评高校的填报信息进行审核,确保填报信息的客观性和准确性,为各高校公平参评形成一个良好的开端。

(二)严控材料核实流程

为确保评估过程的公平公正,为高校公平地争创"双一流"提供准确信息,学位中心按三个步骤进行材料核实:一是数据核实——学位中心组织专人、采取多种方式对参评单位所填报信息的准确性与真实性进行核查,主要包括:按照信息采集标准对申报材料进行逻辑检查和形式审查,确保填报数据的规范性;开发专门软件系统,对多单位、多学科重复填报的信息进行筛查,杜绝数据重复;利用公共信息库对填报信息进行数据真实性比对,防止弄虚作假。二是公示与异议——在确保信息

---

① 教育部:《第五轮学科评估工作方案》,http://www.moe.gov.cn/jyb_ xwfb/moe_ 1946/fj_ 2020/202011/t20201102_ 497819.html,2020年11月3日。

安全的前提下，对各参评单位的部分信息在参评单位范围内进行网上公示，接受各方监督和异议。三是问题反馈与处理——学位中心将数据核查结果与公示异议问题加以汇总后，反馈至相关单位。各单位需对反馈问题进行核实确认，并提供证明材料。对于无法提供证明材料者，学位中心直接对参评数据进行删除或按规范进行修改，保证评估工作的严肃性。

（三）规范主观评价环节

学位中心通过优化问卷调查、专家评议、学科声誉调查和指标权重调查等环节，保证主观评价的公平公正。首先，学位中心根据各学科提供的在校生和毕业生工作单位联系人信息，直接邀请他们进行网络问卷调查，有效规避参评学科以非公平形式组织学生与雇主参与评价；其次，学位中心在综合考虑专家结构与分布合理的前提下，邀请各学科同行专家对师资队伍质量、优秀在校生、优秀毕业生、学术论文质量以及社会服务与特色贡献进行评价，邀请学科同行专家和行业企业专家对学科声誉进行评价；最后，学位中心根据上轮评估指标权重，结合同行专家意见，形成最终权重。

（四）严保结果统计关节

学位中心根据客观数据分析与主观评价结果，按指标权重进行"精确计算"，形成客观公正的评估结果，有效根绝国外大学评价的"金钱榜"和"人情榜"。

九　创新结果发布，厚植生态文化

形成生态和谐的评估结果，是学科评估中国化的重要战略。评估结果一经公布，必然牵动着高校、学科、教师、学生、家长等众多敏感的神经。合理的公布方式，可以促进高校之间公平竞争，形成良好的竞争生态；可以促进学科之间交叉渗透，形成良好的学科生态；可以促进教师之间相互交流，形成良好的学术生态。第四轮学科评估以促进高校之间、学科之间良性竞争为宗旨，通过创新评估结果的发布方式、提高评估结果使用价值等方式，着力培育质量文化，构建宁静和谐、公平竞争、积极向上的高等教育生态。

一是采用百分位"分档"方式公布评估结果，既不公布得分也不公布名次，既淡化单位间的精细分数差异和名次排列又保证较强的区分度。其具体的发布方式是，学位中心采用按百分位分档的方式，根据"学科整体水平得分"的位次百分位，将前70%的学科分为9档公布：前2%（或前2名）为A+，2%—5%为A（不含2%，下同），5%—10%为A－，10%—20%为B+，20%—30%为B，30%—40%为B－，40%—50%为C+，50%—60%为C，60%—70%为C－。如此公布评估结果，可以有效体现学科建设水平的实际变化，满足社会对高等教育质量的知情需求，同时又淡化了分数和名次，有利于引导高校将注意力从关注具体分数的"短视之举"转移到学科建设的"长远大计"上，从关注学科排名转移到学科内涵建设上①，形成高校公平争创"双一流"的竞争生态。

二是向参评高校提供"学科优秀率"指数，即A类学科数占全校博士硕士授权学科数的比例，帮助参评高校发现学科布局存在的问题，警示"摊大饼"式学科发展倾向，引导高校调整学科结构、优化学科布局，既关注某些强势学科的发展，又关注学校整体学科的发展态势，构筑更加有利于一流大学建设的学科发展机制，形成"高峰学科""高原学科"和"平原学科"错落有致、协调发展的良好生态。

三是以打造学科评估的中国品牌和国际影响为价值追求，着力向社会公布中国高校学科发展整体成果，向社会展现中国高校学科建设的显著进展，此举既有利于向世界展示中国学科建设的显著成就，也有利于进一步增强中国学科发展模式、发展建设成就的高度自信，激励高校更有信心、更有决心地投身于高等教育强国建设的伟大事业中，在自己所属的领域办出特色，成为特定领域、特定行业、特定专业中的一流。

十　引入市场模式，关照用户需求

构建用户导向的评估模式，是学科评估中国化的有效途径。随着社会主义市场经济体制的建立和日臻完善，高等教育领域的买方市场日益

---

① 解德渤、李枭鹰：《中国特色学科评估体系的优化路径——基于第四轮学科评估若干问题的分析》，《厦门大学学报》（哲学社会科学版）2019年第1期。

形成，并且越来越巩固，越来越高级化和全面化，高校学科评估逐渐形成按市场模式运行的体制机制。按照市场有机运行的观点，学科评估要拥有永久性用户，形成具有活力的买方市场，只有提高用户的满意度和忠诚度，才能赢得用户的口碑，获得用户的支持。从这种意义上说，学科评估中国化，既不能简单套用行政管理模式也不能简单复制别国模式，而是要在中国特色社会主义市场经济场域中理性地认识自己、发展自己，有效掌握中国高等教育市场上的用户和资源，坚持中国的评估中国办，坚持把中国高校学科评估办出特色、办出品牌。从提高用户满意度的价值立场出发，学位中心根据参评单位和"双一流"建设有关部门的需求，着力对评估信息和数据进行分析整理和深度挖掘，通过打造高品质、个性化、有针对性的评估运营模式，为各用户提供后期有偿分析服务。

一是提供参评学科分析报告，形成学科水平各重要指标的"体检报告"，帮助参评单位从纵向比较中了解一定时期内学科建设成效与问题，发现自身优势与劣势，探寻学科发展的规律和趋势，更好地认识过去与把握未来，找到一流学科建设的方向和方法。

二是为参评单位提供整体分析报告，使各参评单位可以从横向比较中了解各学科之间的差异和发展态势，明察各学科之间的联系及其形成差异的原因，从而在更大范围内揭示出高校内部各学科协同发展、交叉发展的普遍性规律，避免认识上的局限与狭隘，引导高校把准备评估、参与评估和分析评估结果等全过程变成学校摸清学科家底，规范学科建设管理，谋划学科发展，促进学科内涵建设的过程，构建学科整体发展方略，找到争创"双一流"的出路。

三是向省级教育行政部门提供全方位、多元化的"地区学科发展水平报告"，比如北京、上海、天津、广东、广西等省市区有关部门通过与学位中心进行积极沟通，形成合作协调，学位中心为这些省市区高校的学科建设提供绩效评价服务，各省市区可以根据本地学科建设和研究生教育发展现状，按照"总体方案"所提出的"总体规划，分级支持"和"地方高校开展'双一流'建设，由各地结合实际推进"的措施，制定契合国家"双一流"建设工程的未来规划，出台本地的"双一流"建设方案，形成各地积极争创"双一流"建设的良好局面。

四是根据需求向中央政府有关部门提供分析服务，教育部、财政部、国家发展改革委等部门可以据此出台"双一流"建设的政策措施，制定符合中国国情的财政支持机制、中期及末期考核机制、滚动建设机制，形成"双一流"建设有进有出的良性循环。

第三节 服务"双一流"建设：学科评估价值取向变迁的动因

从 2002 年中国开展学科评估以来，到第五轮学科评估结束，在建设"双一流"力量的强劲推动下，学科评估的价值取向已发生显著变化，有了较大发展，即出现由传统评估价值取向向现代评估价值取向的嬗变，由二元对立的评估价值取向向二元融合的评估价值取向的嬗变。其嬗变的因果机制可以概括为以下几个方面。

一 理念更新是先导

学科评估理念是评估组织者对学科及其评估所持的最基本的、最本质的理性认识，它左右着评估组织者对学科评估中一些基本问题的看法，对学科评估具有导向、调节和评鉴功能。评估理念统率和指导评估活动，引导学科评估的方向，影响学科评估的实施及最终的成效。[1] 学科评估为"双一流"建设服务，是一种在评估理念指导下的高等教育实践活动，其科学合理性是在评估经验积累和总结分析的基础上才逐步形成的。从某种意义上说，学科评估理念的更新和发展是评估体系建立、修正和完善的必由之路，是"双一流"建设对象遴选、考核趋向合理化的前提条件。可以说，没有评估理念的更新与发展，就无法形成健全完善的评估体系；没有健全完善的评估体系，"双一流"建设的成败就没有科学的参照依据和标准。

构建世界一流大学与学科体系，必先在思想上有卓越的品质追求，这种卓越性源自教育观念的不懈追求，是推动高等教育卓越发展的内在

---

[1] 王兵、程永元、黄红富：《学科评估技术与理论的辩证思考》，《学位与研究生教育》2005 年第 11 期。

力量。丁学良教授将这种力量概括为"软的力量"，认为大学的教育观念是这种软力量的发源地。① 教育实践证明，卓越的教育观念使"大象也能跳舞"，哈佛大学、耶鲁大学、斯坦福大学即是在追求卓越中成就世界一流的；缺少对卓越的追求，曾经杰出的大学也会变得平庸，柏林大学在近代走向衰落就是最好的例证。在新形势下中国高等教育正面临着国际竞争的新挑战、市场经济的新要求、外部环境的新考验、家长学生的新选择，这些都对高等教育的卓越发展形成长期复杂的影响。不少高校在改革的洪流中意识不到裹足不前的危险性，习惯于用规模扩张的老办法，走粗放经营的老路子，走不出"低质发展"的窘境。办学观念滞后的危险性、办学思路僵化的危险性、办学目标脱离社会的危险性和创新能力严重不足的危险性，尖锐地摆在所有高校面前。卓越作为全面深化高等教育改革的一种价值追求，首先在于思想和精神的崇高与远大。② 欲求卓越，使高等教育从低质发展走向优质发展、特质发展，从平凡走向非凡，必须彻底解放思想，转变发展观念，拓宽发展思路。

从第四轮学科评估开始，及至第五轮学科评估结束，为更好地为"双一流"建设提供高质量的服务，学科评估秉持更加客观、更是公平、更趋合理的理念，致力于评估体系的改造。为保证评估材料真实可靠、评估结果科学公正，学位中心按照《全国第四轮学科评估邀请函》（学位中心〔2016〕42 号）既定的工作程序，通过"数据逻辑检查""填写标准核查""证明材料核查""公共信息比对""重复数据筛查"及"重点数据抽查"等方式，结合信息公示期间有关单位提出的异议，将各单位评估材料中发现的异议信息填报数据不规范、未按要求提供证明材料、填报数据与公共信息不一致、数据重复填写且未按要求划分比例、被有关单位异议等类别，引导不同利益相关者从不同角度反映问题。待各单位的异议形成后，学位中心通过网上公示，并下发《关于第四轮学科评估异议信息反馈与处理的函》（学位中心〔2017〕3 号）、《关于补充第四轮学科评估在校生和用人单位联系人信息的函》（学位中心〔2017〕4 号），分别对学科反馈的异议信息进行分类，提出处理意见，要求各参评

---

① 丁学良：《什么是世界一流大学？》，北京大学出版社 2004 年版，第 31 页。
② 林新宏：《现代大学该如何追求卓越》，http：//news. sciencenet. cn/sbhtmlnews/2012/1/253486. shtm，2012 年 1 月 16 日。

单位按要求处理。在第五轮学科评估中，学位中心则按照《第五轮学科评估工作方案》开展上述工作。这些做法有助于教育行政部门、评估组织者及参评单位更深刻地理解和认识评估，形成对学科评估的再评估，不断从理念层面考虑评估体系的改善，为形成具有中国特色的学科评估体系奠定理论基础和实践基础。

二 深化改革是根本

全面深化改革是学科评估事业持续、规范、有序发展的根本大计，是提高政府管理效能、充分凝聚各方力量发展高等教育的重要方法，也是落实和扩大高校办学自主权、推动高等教育自主发展和加快"双一流"建设进程的关键所在。自政府提出建设高等教育强国的目标以来，中国高等教育制度改革不断深化，高校办学自主权日益扩大，政府、高校、社会之间的关系逐步理顺，但政府管理高等教育还存在职能越位、缺位、易位现象，高校自主发展、自我约束机制尚不健全，社会参与高等教育治理和质量评价还不充分，高等教育低效、低质发展问题还比较突出。党的十八届三中全会通过的《中共中央关于全面深化改革若干重大问题的决定》提出，"深入推进管办评分离"，厘清政府、高校、社会之间的权责关系，形成政府依法管理、高校依法自主办学、社会广泛参与的格局，为学科评估制度创新和高校发展战略转移指明了方向，也为"双一流"建设铺平了道路，使学科评估为"双一流"建设服务有了较好的制度基础。

为保证学科评估为"双一流"建设提供高效率的服务，学位中心自第四轮评估启动开始，就对评估的组织方式、指标设计、结果公布等进行全面深化改革，使评估工作信度更高、效度更强。从服务"双一流"建设的角度来看，第四轮评估有几项值得充分肯定的改革：一是改革评估组织方式，广泛吸纳多方意见。学位中心在专项研究之基础上，先后在16个省市召开18场调研会，听取200余所高校800余名专家、校长及40余位省市教育厅代表的意见、建议。之后又集中开展专题咨询，听取100多位专家的意见、建议，以及全国"两会""代表委员"和社会人士的意见。二是改革评估方案，优化评估指标体系。第四轮学科评估力图打造学科评估的"中国标准"，构建"培养过程质量""在校生质量"

"毕业生质量"三维度的人才培养质量评价标准;采用"代表性骨干教师"和"师资队伍结构"相结合的方法评价师资队伍;尝试用中国期刊评价学科的学术水平;首次单独设置"社会服务贡献"指标。三是改革评估结果公布方式,按"分档"原则公布结果。第四轮评估弱化学科排名,首次采用"分档"方式公布评估结果,不公布得分、不公布名次,不强调单位间精细分数差异和名次前后,而是按照"精准计算、分档呈现"的原则,根据"学科整体水平得分"的位次百分位,将前70%的学科分为9档进行公布。改革后的评估体系对"双一流"建设起到了很好的服务作用,学科评估结果与"双一流"建设高校名单具有很高的相关性。在137所"双一流建设高校"中,有135所参加了第四轮学科评估,仅西藏大学和外交学院未申请参评,参评率为99%。在459个"双一流"建设学科中,有429个学科参加了本轮评估,参评率为93.5%。"双一流建设高校"包揽第四轮学科评估A+学科。在第四轮学科评估的210个A+学科中,有207个A+学科来自"双一流建设高校",占比达99%,其中145个A+学科来自"一流大学"建设高校,占比为69%。① 从第四轮学科评估改革中可以看出,重视评估体系建设,加强评估制度创新,深化评估机制改革,以更加有效地激励人们行为的评估制度、以更加完善规范的评估体系推进高校学科建设、改革和发展,既是教育行政部门加强和改善对高等教育进行宏观管理和指导的重要举措,也为高校不断明确办学指导思想、提高管理水平、改进学科质量、提升办学效益、努力争创"双一流"提供了不竭动力。

三　文化塑造是核心

塑造良好的评估文化既是高校学科评估努力的方向,也是高等教育利益相关者追求的价值目标。所谓评估文化,是指参与评估的所有成员在评估活动过程中形成的共同的价值观念与行为规范的总和,包括物质文化、精神文化、观念文化、制度文化与环境文化等。从高等教育质量管理的角度来讲,"评估就是一个文化过程,文化的核心是价值问题。评

---

① 《"双一流建设高校"包揽第四轮学科评估A+学科》,http://blog. sciencenet. cn/blog - 2903646 – 1105220. html, 2018 年 3 月 22 日。

估文化的基本依托也是评估的价值观念"①。学科评估是一种教育现象，但究其本质是一种文化现象。学科评估文化的发展变化过程，实际上反映的是评估价值取向发展变化的过程。② 从第一轮学科评估到第五轮学科评估，中国一直致力于学科评估文化建设，这是高校学科评估价值取向变迁发展的一个重要动因，也是"双一流"建设的重要动因。为全面贯彻落实以质量为核心的改革精神，引导参评单位树立注重质量的良好氛围，形成学科评估中的质量文化意识和办学绩效意识，促进高等学校自觉将工作重心下移到学科建设绩效、质量和特色上来，第四轮评估全面改革排名性评估的一般做法，采用多项代表性指标代替总量指标，同时对规模指标设置数量上限，克服单纯追求规模的倾向，在"比总量"和"比人均"之间找到"比质量"的平衡点，让参评高校、参评学科及社会各界对质量文化和绩效文化有更具体的理解，对培养一流人才、形成一流成果有深刻的领会。同时，学科评估更加注重在学培养质量与毕业后发展质量相结合的评价机制，引入用人单位对"学生毕业后质量跟踪评价"、全国博士学位论文抽检情况指标，促进社会各界对毕业生质量和学位论文质量的关注，在打造评估文化方面起到了很好的作用。经过 20 余年的评估实践，中国高校学科评估在服务"双一流"建设中发挥着越来越重要的作用，已从"不满的冬天"走向"阳光的春天"，从官僚主义走向官民协调、从"形式主义"走向实质性评估、从多元冲突走向渐趋和谐，归根到底是健康向上的评估文化发展的结果。可以说，评估文化是学科评估发展所依托的坚实平台。没有先进的评估文化的积极引领，没有人民精神世界的极大丰富，"双一流"建设就不会创造出丰硕的成果。

四 扩大开放是动力

开放发展是借力国外优质、特质资源建设高质量高等教育体系和推进"双一流"建设的必由之路，也是学科评估必须坚持的价值取向。在全球化、信息化不断发展，跨越国界的高等教育活动与交流日渐增多的

---

① 艾光辉：《高等教育评估呼唤文化的引领——论高等教育评估文化的建构》，《新疆财经学院学报》2006 年第 1 期。

② 张继平：《反思与重塑：再论高等教育评估的价值取向》，华中师范大学出版社 2016 年版，第 32—33 页。

背景下，高等教育国际化、学科评估国际化已成为一个不以人的意志为转移的客观存在。《第五轮学科评估工作方案》提出要"立足中国国情和学科发展实际，借鉴国外有益经验，构建中国特色评价体系"①。通过借鉴国际性评估的成果及经验，促进高等教育机构开展多层次、宽领域的国际交流与合作，统筹国内外两种资源，吸纳国外优良的教育资源、成功的教育经验和先进的办学模式，是提升高等教育质量、扩充高质量高等教育容量、加快"双一流"建设进程的必然选择。国务院印发的《统筹推进世界一流大学和一流学科建设总体方案》提出：

> 到2020年，若干所大学和一批学科进入世界一流行列，若干学科进入世界一流学科前列；到2030年，更多的大学和学科进入世界一流行列，若干所大学进入世界一流大学前列，一批学科进入世界一流学科前列；到本世纪中叶，一流大学和一流学科的数量和实力进入世界前列，基本建成高等教育强国。②

为实现这一目标，中国高等教育通过扩大开放和对外交流合作，加快"引进来"与"走出去"的步伐，多方汇聚办学资源，提升办学实力。在"引进来"方面，国家通过多种形式引进和利用国外优质、特质高等教育资源，促进国外高质量高等教育本土化，包括吸引国外知名大学、教育和科研机构以及企业合作设立教育教学、实训、研究机构或项目，鼓励高校开展多种形式的国际交流与合作，办好若干所示范性中外合作高校和一批中外合作办学项目；吸引更多世界一流的专家学者来国内高校从事教学、科研和管理工作，有计划地引进海外高端人才和学术团队，提高高等学校聘任外籍教师的比例；吸引国外优质课程教材资源，鼓励引进国外优秀教材，提高高校教学质量。在"走出去"方面，国家通过坚持"支持留学、鼓励回国"的方针，加强出国留学工作，一方面通过创新和完善公派留学机制，选拔更多优秀学生进入国外高水平大学和研

---

① 教育部：《第五轮学科评估工作方案》，http：//www.moe.gov.cn/jyb_ xwfb/moe_ 1946/fj_ 2020/202011/t20201102_ 497819.html，2020年11月3日。

② 国务院：《统筹推进世界一流大学和一流学科建设总体方案》，http：//www.gov.cn/zhengce/content/2015 - 11/05/content_ 10269.htm，2015年10月24日。

究机构学习,另一方面通过加强对自费出国留学的政策引导,加大对自费留学生的资助和奖励力度,培养科技、教育、经济、文化等领域的领军人物,为实施科教兴国、人才强国战略和建设创新型国家培养高素质国际化人才。这些战略举措的推行,在更高层次、更大范围内丰富了"双一流"建设成果。

五　特色发展是关键

坚持中国特色、走中国道路是中国高校学科评估健康、可持续发展的关键因素,也是学科评估价值取向获得变迁发展十分重要的动力机制之一。从中国的国情来看,高等教育层次类型复杂,结构多样,不同层次与类型的高校所承担的职责不同,创建一流的标准和彰显特色的方式也应不同。一流的部属重点大学在于培养高质量的学术型人才,一流的地方本科院校在于培养高质量的应用型人才,一流的高职高专在于培养高质量的技能型人才,这是高等学校按规律办学、展现个性特色的本质要求。遗憾的是,由于学科评估体系单一化,加之评估理论研究滞后、政策引导不到位,全国高等学校出现分类不清、定位不明、发展方向趋同的现象。① 一般本科院校罔顾自身特色而向部属重点大学看齐,高职高专忽视自身个性而盲目追求学术化,不仅产生"千校一面""千人一面"的现象,也使众多高校失去追求一流的勇气。

推动高等教育从同质发展向特质发展的转变,必须建立适合中国国情的高等教育分类评价体系,促进不同层次与类型的高校展现个性、办出特色、提高水平。2017 年 1 月,教育部、财政部、国家发展改革委印发的《关于统筹推进世界一流大学和一流学科建设实施办法的通知(暂行)》指出,坚持以学科为基础,着力打造学科领域高峰。支持一批接近或达到世界先进水平的学科,加强建设关系到国家安全和重大利益的学科,鼓励发展新兴学科、交叉学科,布局一批国家急需、支撑产业转型升级和区域发展的学科,积极建设具有中国特色、中国风格、中国气派的哲学社会科学体系,着力解决经济社会中的重大战略问题,提升国家

---

① 潘懋元、董立平:《关于高等学校分类、定位、特色发展的探讨》,《教育研究》2009 年第 2 期。

自主创新能力和核心竞争力。在建设高等教育强国的新征程上，中国高校学科评估以中国特色社会主义道路自信、理论自信、制度自信、文化自信为引领，以努力构建中国特色、国际影响的学科评估制度为使命，以积极促进高等教育内涵发展为根本遵循，积极探索学科评估的中国道路、中国模式，努力提高学科评估的公正力、引领力、影响力、国际竞争力，力争在以下方面取得重要进展。一是扎根中国大地，确立学科评估为社会主义现代化建设服务的指导思想。学科评估始终把坚持正确的政治方向作为根本出发点，引导研究生教育和高校学科建设坚持社会主义核心价值观，避免学科评估走错路、弯路。二是立足高校实际，着力建立符合"中国标准"的学科评估体系。学科评估结合高校办学的核心要素，经广泛深入调研、凝聚各方共识，坚持继承与创新、改革与发展的原则，强调以人才培养为核心，以科学研究、社会服务与文化传承创新、师资队伍建设为支撑，构建以"师资队伍与资源""人才培养质量""科学研究水平""社会服务与学科声誉"四个一级指标为框架的评估指标体系。三是着力打造中国特色、国际影响的学科品牌，建立有利于促进中国高等教育内涵式发展的评估办法。学科评估通过采用主观与客观评价相结合的方法，全面测度学科建设成效；建立"归属度"认定成果方法，评价跨学科成果；采用"绑定参评"方法，引导高校优化学科布局；采用国际同行评价方法，打造中国特色学科评估的国际影响。历史证明，只有牢牢把握中国特色社会主义的时代特征，坚持学科评估服务国家和地区重大战略需求的学科建设的根本导向，坚持以一流为目标，构建中国特色、国际影响的学科评估体系，引导高校树立教育自信，才能不断增强中国高等教育综合实力和国际竞争力，建成世界一流大学与一流学科体系。

第三章

学科评估服务"双一流"建设的
价值取向冲突

变迁必然导致冲突，而冲突是事物发展的根本动力。"伴随着经济社会的发展，新学科不断生成，社会和学校的培养目标发生种种转变，并引发人类不同历史发展时期能力培养方向的变迁"①，以及办学定位的变迁。高校人才培养目标与办学定位的变迁要求学科评估具备与之相适应的体系，否则就会导致评估初衷与结局、过程与结果、主体与客体、方法与手段的二元背离。从第四轮学科评估开始，随着"双一流"建设的推进，政府、高校和社会等利益相关者对高等教育的质量信息显示出前所未有的关心，但参评单位以"应考"心态对待评估，使评估组织者所获信息与高校学科质量实际信息不对称，导致评估的真实性、客观性受到质疑，政府委托其下设机构来组织评估工作使评估的中立性、权威性受到挑战，以及学科评估体系盲目移植国际标准使评估的本土性、适应性大打折扣……种种迹象表明，学科评估的理想与现实之间仍然存在一条深深的鸿沟。

为从理论与实践层面深入剖析学科评估价值取向冲突的表现及其成因，本书借助学校、学院、学科、同行及研究生群体等方面的力量，以第四轮和第五轮学科评估为背景，采用实证的方法收集材料：一是在国内高校进行访谈调研，以实地访谈为主，并辅以 Email、QQ、微信、钉钉、腾讯会议等方式，广泛了解高等教育利益相关者对学科评估的态度和价值观，访谈对象包括高校领导、二级学院负责人、职能部门主管、

---

① 万作芳：《适应社会变迁的能力发展历程：课程的视角》，《教育研究》2015 年第 10 期。

教师、学科材料填报人、研究生管理人员及研究生代表等与学科建设紧密相关的人，这些人是高校学科评估的经历者、见证者、参与者、研究者，请他们发表对学科评估的看法，从不同的侧面展示学科评估的成绩，发现学科评估的实际问题，获取第一手资料；二是对学位中心发布的评估数据和国家发布的"双一流"建设信息进行深度挖掘，并借助相关研究文献和数据进行定量分析；三是借助学校、研究生院、学科建设与规划办公室等的力量，收集有关参评单位的学科评估材料填报信息，获得原始资料；四是和曾经参与学科评估的在校生、用人单位有关领导进行交谈，获取相关调查信息；五是通过收集杂志、报刊、网络、媒体发表的关于学科评估的信息，进行定性分析。经整体分析发现，中国高校学科评估在构建"中国特色、国际影响"的评估体系方面取得了重要进展，在服务"双一流"建设方面取得了不可忽视的成效，但依然存在显而易见的价值取向冲突。

第一节　学科评估服务"双一流"建设的
目的价值取向冲突

学科评估是一个零和博弈，政府、高校、社会等不同的高等教育利益主体有着不同的价值追求，会基于不同的目的和利益诉求来看待中国的"双一流"建设，并依据不同的价值准则审视"中国式"学科评估。然而，不同的高等教育利益相关者所掌握的信息是不同的，而且是不对称的。因此，在高等教育利益博弈中，学科评估必然遭遇众口难调的问题，导致一流大学与一流学科在评建实践中因高等教育利益主体之间的价值认识、价值理念、价值目标、价值标准等差异而产生观念的交锋与碰撞、目的的冲突与矛盾及行为的对抗与分离。"双一流"建设中的价值冲突是不同高等教育利益相关者之间利益博弈和矛盾凸显的基本方式，是学科评估问题表现的特殊形式。

一　质量监测与资源争夺的冲突
学科评估作为一种质量监测手段，其本意是促使高校加强学科内涵建设，将精力集中于高等教育质量保证上，使高等教育发展模式从高速增长转向高质量发展。学位中心在发布学科评估邀请函时也明确提出，学位中心坚持"自愿申请参加，免收参评费用"的原则开展学科评估工作。各单位只要有一个及以上二级学科具有博士或硕士学位授予权（即具有研究生培养和学位授予资格），均可申请参加该一级学科的评估。这相当于告诉各学位授予单位，只要学位授予单位能自觉保证研究生教育质量，也可以不参加评估。学科评估从表面上看是遵循大学自治的逻辑，为高校教育质量保证创造宽松的环境，让高等院校成为自身质量的"看护人"。但在"双一流"建设语境中，政府又通过或明或暗的要求敦促各学位授予单位参加评估。在第四轮学科评估中，学位中心在发出《全国第四轮学科评估邀请函》时就明确提出，学科评估要围绕国务院发布的"双一流"建设方案，特别是李克强总理2016年4月在高等教育改革创新座谈会上关于一流大学和一流学科建设的指示精神，服务国家教育改革战略。各学位授予单位在接到这样的通知后，都会对评估结果产生非理性的"绝对化"解读，即参与评估的各博弈方似乎都认为，评估结果将直接与"双一流"建设相挂钩，而且学科排名相差一二，国家投入可能"失之毫厘谬以千里"。尽管教育主管部门在第五轮学科评估中主张将评估结果与"双一流"建设剥离，但在参评单位看来，没有好的评估结果，就没有入围"双一流"建设名单的机会，而且这种认识已很难改变。

　　某大学校长在总结该校在第四轮学科评估中争创"双一流"的成功经验及动员各学科负责人如何做好第五轮学科评估工作时说："学校进'双一流'建设名单是一个样，不进'双一流'名单则是另一个样。进入'双一流'建设名单，就意味着学校会得到国家和政府的更多财政支持，加快学校的发展，在较短的时期内赶上并超越同类高校；没进'双一流'建设名单，就意味着失去千载难逢的发展机会，在原地踏步甚至很快落后于竞争对手。凭什么进入'双一流'建设名单呢？学科评估就是最好的突破口。现在各高校对一流建设都盯得很紧，你怎样证明你有潜力通过一流学科建设促成一流大学建设呢？我想，学科评估结果就是有力的证明"。

　　基于对学科评估功能的过度解读，各参评高校敏感的神经被深深拨动，工作重心不得不围绕评估起舞，并把争取"好"的评估结果作为捞取资源的资本和占尽"双一流"遴选上风的屏障，想方设法在评估中获得上位，随之出现一些非理性竞争现象，有的高校内部学科间为争夺资源而"交战开火"，有的学校"大刀阔斧"关停并转那些无望进入前茅的学科，而那些学科基础不牢、特色不明、优势不彰的高校，更是通过恶意挖人、裁撤拼凑、弄虚作假等手段来应对评估，使评估界漫延着一股不正之风。

对于学科评估目的与结果的南辕北辙，学术界历来有诸多诟病。为让高等教育界沉潜下来认真思考和改进学科评估的方法、方式，更好地推进学科评估为"双一流"建设服务。2016 年 11 月，《探索与争鸣》编辑部特别邀请一批学者围绕第四轮学科评估实施过程中的问题及对策展开对话，就评估问题进行深入探讨。[1]

复旦大学熊庆年认为，学科评估的初衷和实际效果之间存在较大偏差。现行的学科评估几乎把所有高校、所有院系都调动起来了，虽然名义上是自愿参评，但实际效果则是不管高校愿不愿意，都得参与其中，与"自愿参评"的原则相去甚远。之所以会形成这样的局面，因为各高校都明白，未来政府对"双一流"建设的投入将与评估结果挂钩。为了获得好的评估排名，不少高校采取"丢车保帅"的策略，围绕某些优势学科或者方向，归并整合成果与材料，结果造成一些严重的矛盾与冲突。比如，在高校内部，哪个学科上，哪个学科下，哪个学科被合并到其他学科，在很大程度上是利益权衡和算计的结果，一时间高校内部各学科之间、各院系之间竞争激烈，出现不少学科分裂、院系分裂的现象。如果高校围绕功利的目的去进行评估，破坏学科建设的稳定性，将对高等教育产生难以挽回的影响。联系到一流学科建设，究竟什么是一流学科，大家现在越来越糊涂了，难道把学科"捆绑"起来就是一流学科吗？

中国人民大学秦惠民对评估的功利主义目的价值取向同样颇有微词，他说："由于评估结果不仅影响学校声誉，而且有可能与资源

---

[1]　陈学飞等：《中国式学科评估：问题与对策》，《探索与争鸣》2016 年第 9 期。

分配挂钩,'应付'好学科评估就成了高校学科建设的头等大事。高校为了能评出好名次,绞尽脑汁、想尽办法,不惜对学科进行关停并转、整合取舍,甚至不择手段、削足适履,无所不用其极。这样评出来的结果,纵然有好名次甚至资源获取上的优势,但对于高校和学科的长远发展又有什么正面的积极意义呢"?

北京大学施晓光从一流学科建设与评估的辩证关系来看待学科评估,他认为,开展学科评估实际上是构建一套关于学科建设质量与绩效的预警机制,但评估不是目的,更不能把评估作为目标来追求。政府运用学科评估来推进一流学科建设,要考虑如何发挥评估的杠杆作用,合理调整资源配置,达到以评促建、以评促改的目的。同时,评估者和被评者也应该对评估工作和学科发展规律予以充分的认识和尊重,即对学科自身发展的逻辑有一个清醒的认识,否则就会把评估当作目的,产生急功近利的行为。(采访调研材料)

各参评高校在评估中忽视质量保证的本真目的,转而将评估结果作为争夺资源的手段,最根本的原因就是为利益所惑、为资源所诱。在全球性高等教育竞争日趋激烈的情形下,高等教育内涵发展已成为"双一流"建设的必然趋势,如果高等教育机构不能正视现实,为谋取利益和获得资源而在评估中为各利益相关方提供虚假信息,不只是对自身发展不负责任,也会损及家长、学生、雇主等利益相关者的合法利益,伤害民众的感情,这样遴选出来的"双一流"建设对象,即使被冠以"重点""名牌"等头衔,也不可能取得可持续发展的成效,更不可能形成民众普遍赞誉的口碑。更重要的是,如果高校在学科评估上放弃对质量的本真追求,"双一流"建设可能会成为新一轮资源大战的"导火索",也将是新一轮恶性竞争的开端。若不采取切实有效的措施加以治理,不难预见,各高校之间、高校内部各学科之间为获得更多资源而打得头破血流的惨象将不断上演。

二　强化绩效与有序竞争的冲突

"双一流"建设的核心是以改革为发展动力,通过强化绩效激励,打破身份固化的僵局,激发高校有序竞争,促进高校提升办学效率、提高办学质量。但从"985""211"两个工程建设来看,其初衷是集中优势资源，重点建设一批办学质量高的大学和学术水平卓越的学科，使其尽快达到世界一流水平，而在具体建设过程中，存在着"985 工程""211 工程"和"优势特色学科"建设效率欠佳的问题。对教育部直属的 72 所高校办学效率的评价表明，中国高校平均办学效率为 70.24%，相对于国际上世界一流大学而言偏低。① 而"985"大学作为"所谓的研究型大学，在科研效率上并未达到一个令人满意的水平，自然科学研究效率和社会科学研究效率的整体水平都比较低"②。高校办学效率不高的根源在于"211""985"工程建设缺乏相应的退出与激励机制，"211""985"身份头衔事实上被严重固化，一旦获得"211"或者"985"称号，就相当于进了"保险箱"，导致不少高校不思进取，甘于平庸，这不仅对大量非"211""985"高校构成明显的身份歧视，也严重妨碍不同高校之间的平等自由竞争。"双一流"建设在考虑到这些问题后，着力改善绩效建设途径，突出高校办学的"有效性"，使高校办学有效于学科建设、有效于社会需求、有效于人才培养、有效于人才成长，使问题得到一定程度的改善，但并没有从根本上加以解决，高校之间的竞争还存在一定的无序现象。从第一轮"双一流"建设对象的遴选认定来看，国家根据"双一流"建设高校的建设方案和自评报告，参考有影响力的第三方评价，将一流大学分为 A、B 两类，那些办学效益良好的"985 工程"高校，被划入 A 类；一些办学效率不彰、在学科评估中表现欠佳的"985 工程"高校如湖南大学、东北大学和西北农林科技大学，虽然落入 B 类，但依然在"双一流"建设高校之列，并没有因建设效率低下而被淘汰出局；一些在学科评估中表现不够突出、办学绩效不够理想的"985"工程大学如重庆大学，没有一个 A + 学科，但依然被选入 A 类；一些在学科评估中表现优异、办学绩效很高的"211"工程大学如东北师范大学，有 4 个 A + 学科，却无缘 A 类；一些在学科评估中表现优异、办学效率很高的非"211""985"工程高校如河南大学、宁波大学虽然有机会进入"双一流"建设之列，但数量却较为稀少。

----

① 袁卫、李沐雨、荣耀华：《2011 年教育部直属 72 所高校办学效率研究——基于 DEA 模型》，《中国高教研究》2013 年第 11 期。

② 罗杭、郭珍：《2012 年中国"985"大学效率评价——基于 DEA - Tobit 模型的教学—科研效率评价与结构—环境影响分析》，《高等教育研究》2014 年第 12 期。

对于"双一流"建设既强调建设绩效但又不依据绩效评价结果进行遴选认定的价值冲突，厦门大学刘海峰认为，北京大学、清华大学等少数大学，"双一流"建设学科数量众多，"一流学科"遴选认定与学科评估及大学整体建设可以较好地协调起来，共同推进。但在有的高校，遴选认定的"一流学科"不一定都是评估中排位较好的学科，也不一定是该大学的优势学科。之所以会如此，原因是"山外青山楼外楼，强中更有强中手"，全国还有比这所高校更强的学科。但"双一流"建设的名额有限，按照遴选认定标准无法将所有质量高、绩效好的学科都纳入建设范畴，由此导致"双一流"建设名单与高校优势学科实情不一致的情况。[①]

各参评高校、参评学科对这种遴选规则早已司空见惯，这在一定程度上影响了各学位授予单位的参评态度。各高校及其学科依据自己的办学层次，在初步估量自己的办学绩效与实力后，再决定是否参与竞争以及采取何种策略参与竞争，由此导致参评率的类型差异，这主要表现在三方面：

一是参评高校的类别差异。从高校参评情况来看，办学层次越高，入围"双一流"的把握越大，因而参与评估的热情就越高。全国 42 所"一流大学"建设高校均参与评估，参评率达到 100%；在 95 所"一流学科"建设高校中有 93 所参评，参评率达到 97.89%；全国共有博士学位授权高校 342 所，参评 320 所，参评率达 93.57%；全国共有硕士学位授权高校 207 所，参评 171 所，参评率达 82.61%（见表 3-1）。

二是参评学科的类别差异。从学科参评情况来看，在第四轮学科评估中，全国高校（含军队院校）具有博士授权的学科共 3132 个，参评 2972 个，参评率 94.89%。其中，"一流学科"、博士授权高校学科、硕士授权高校学科的参评率分别为 97.73%、94.89%、67.04%（见表 3-2），这种排序说明，学科层次越高，入围"双一流"的希望越大，参评的热情就越高。

---

① 刘海峰：《"双一流"建设方案与学校发展规划》，《中国科学报》2017 年 9 月 26 日第 5 版。

表 3－1　　　　　　　　　各类高校参评情况统计

类别（所）	全国参评情况		
	全国数（所）	参评数（所）	参评率（%）
"一流大学"建设高校	42	42	100
"一流学科"建设高校	95	93	97.89
博士授权高校	342	320	93.57
硕士授权高校	207	171	82.61

注：1. "硕士授权高校"中不含"博士授权高校"；2. "一流学科"建设高校不包括"一流大学"建设高校。下同。

资料来源：根据教育部学位与研究生教育发展中心发布的第四轮学科评估结果及《高校学科整体分析报告》整理而成。下同。

表 3－2　　　　　　　　　各类学科参评情况统计

类别	全国高校参评情况		
	学科数（个）	参评数（个）	参评率（%）
"一流学科"	396	387	97.73
博士授权高校	3132	2972	94.89
硕士授权高校	6478	4343	67.04

注："一流学科"是指教育部、财政部、国家发展改革委于 2017 年 9 月公布的"双一流"建设学科名单中与《学位授予和人才培养学科目录》一致且非高校"自定"的一级学科；相关"学科数"仅在 95 个评估学科及参评高校范围内统计。下同。

三是高校学科参评的类别差异。从高校学科平均参评率来看，全国高校符合参评条件的学科共有 9969 个，其中有 7335 个参评，参评率为 73.58%。其中"一流大学"建设高校、"一流学科"建设高校、博士授权高校、硕士授权高校的全国平均参评率分别为 83.81%、75.49%、76.82%、72.5%（见表 3－3）。不同层次、不同类型的高校参与学科评估的平均水平差异同样说明，学校本身的层次在很大程度上决定其能否入围"双一流"，学科评估结果好不好、建设绩效优不优则是次要参考。

表 3 - 3　　　　　　　　　　各类高校参评学科统计

类别	全国平均情况		
	学科数（个）	参评数（个）	参评率（%）
"一流大学"建设高校	45.7	38.3	83.81
"一流学科"建设高校	25.7	19.4	75.49
博士授权高校	23.3	17.9	76.82
硕士授权高校	8	5.8	72.50

无论出于何种原由，可以肯定的是，学科评估与"双一流"建设之间还没有形成无缝对接机制，学科评估在信息传递和反馈上强化绩效有余而有序竞争不足，在督促一流大学建设高校加快改革、加快发展方面还没有发挥出其本体功能，入选 A 类的高校也没有形成不断追求卓越、敢于自我超越的理念，而落入 B 类的高校也没有形成正视差距、奋起直追的心态，那些非"211"工程高校能否在"双一流"建设中形成良好的绩效理念还是个问号。因此，"双一流"建设的步子有必要迈得更大些、更快些。

三　市场机制与政府监管的冲突

中国高校学科评估备受社会各界诟病的，当数政府对学科评估工作的管控。由行政力量主导学科评估，按照行政逻辑进行"双一流"建设，必然导致市场机制失灵，形成利益固化的格局。事实上，从第一轮评估开始到第五轮评估结束，人们对政府力量渗透到评估中的担忧始终没有得到排解。人们之所以对政府力量监管下的评估感到担忧，是因为在争先进入"双一流"名单的背后，充斥着人们对"双一流"仍有可能成为一种利益固化机制的担心。虽然克服利益固化机制是学科评估服务"双一流"建设的基本初衷，但要破除利益固化机制，使"双一流"建设按照市场逻辑运行却不容易。因为在以行政力量为主导的高等教育管理体制中，传统的利益固化机制是与重点建设思维联系在一起的，无论从"211""985"工程还是其他重点建设来看，其结果都是强者越来越强，弱者越来越弱，这显然有违市场竞争之道。何况，"双一流"建设具有强大的"标签效应"，其中不仅隐藏着巨大的利益，而且潜藏着巨大的声望资源，这对于大学发展的影响是巨大的。当一所高校被贴上"双一流"的标签后，人们就会以相同的印象来评价这所高校及其毕业生，这就是所谓的"标签效应"。院校标签具有很强的定性导向作用，往往使人们的行为向"标签"所喻示的方向发展。在信息不对称的高等教育场域中，"院校身价"作为一种标签而发挥着作用，用人单位、家长、学生、校友、媒体、捐赠人等高等教育利益相关者往往按标签索序，想当然地认为教育水平同生产率呈正相关，盲目相信"双一流"高校毕业生拥有更强的个人能力、更高的知识水平和更好的发展前景，进而歧视甚至将非"双一流"高校毕业生拒斥在就业的高墙之外，造成高等教育领域"鲶鱼效应"的缺失，形成劳动力市场上的非公平竞争。

一位年近退休的校长强调，由政府主导的办学评价，对高等教育市场上的社会排名也会产生重要影响。从学科评估来看，如果大学的学科评价好了，政府就会跟进投入（大额资金），社会评价也因此相应提高，于是就形成院校标签的"马太效应"。在资源竞争白热化的情形下，大学必须对照指标把业绩反馈上去，才能实现名利双收。当然人才培养对于每所大学都很重要，但其效果有滞后性。①

在中国高等教育领域，需不需要"鲶鱼效应"呢？答案恐怕不言自明，因为现有的"985"工程高校中根本没有一所民办高校，而且按既有的高等教育管理体制，短期内也不太可能有民办高校入列国家重点建设范畴。这种状况使一流大学建设过于依赖政府和体制的力量，无法实现真正的市场竞争。用举国体制推动北大清华等一批高校在某些评价指标上赶美超英，实现建成"世界一流大学"的宏伟目标，实质上是用输血而非高校自身造血来推进一流大学建设，这种做法必然会因资源过度集中、牺牲其他高校合理资源而产生两大问题：一是胜之不武，过分依赖举国体制；二是破坏公平，难以产生应有的文化价值。由于没有活跃多元的竞争体制，建设高校所

---

① 王务均：《论学术锦标赛及其育人转型——一个组织分析的链条》，《教育发展研究》2019 年第 3 期。

取得的成就往往是不健康的，有违公平和创新等更为重要的价值。进而言之，没有"鲶鱼效应"带来的竞争压力，这种活跃和多元的竞争基本不太可能产生。①

社会各界呼唤"双一流"建设取得好的绩效，期待高等教育的"鲶鱼效应"能得到有效发挥，因而对于部分高校在学科评估中表现不够理想的现状，有比较激进的批评之声，需要我们用理性的态度来看待。

近年来社会上对"985"工程高校批评的声音有点多，第四轮学科评估结果出炉后，网络上讨论最热烈的对象可能是南京大学。在此前的"211""985"工程建设中，南京大学是国家政策支持下的中国一流大学，但第四轮学科评估以来，国家参照中国高校学科评估结果及国际上具有权威性的学科排名来遴选"双一流"建设学科，南京大学的风光不再。由于南京大学在第四轮学科评估中结果不尽如人意，不但理学陨落，而且人文社科平淡，只有3个学科获评A＋，仅排国内高校第17名，社会上对所谓的"985"工程大学一片哗然声。②

毋庸讳言，"985""211"工程的实施无疑形成了一批"政策受惠者"，但从整体上看，则更多的是为中国高等教育改革做出了巨大的贡献，使中国高校进军世界一流有了底气。"双一流"建设意味着国家重点建设的重新洗牌，一些"双一流"建设成效不彰的高校，自然会在评估中暴露出问题。社会各界迫切希望建成"双一流"的心情可以理解，但在具体实施时要具体对待，不能因为某些高校拥有"985""211"身份就应得到政策的偏爱，而是要基于高校的建设绩效与问题，既要注重"鲶鱼效应"又要强调公平竞争。

在市场经济条件下，学科评估本应按市场规则运行，而中国高校学

---

① 陈先哲：《建设世界一流大学需要"鲶鱼效应"》，《光明日报》2015年9月1日第13版。

② 《最新学科评估出来了，双一流，你们还好吗？》，https：//www.yidianzixun.com/article/0I2yJ6QC？ appid＝mibrowser&ref＝browser_ news&s＝mb，2018年1月3日。

科评估制度的制定，往往是国家利益较强，社会性、公共性较差，评估理念缺乏对利益相关者的价值观照，评价指标忽视公共性，政府垄断社会和市场的权力，使评估成为国家化的产物，这与办人民满意教育的宗旨背道而行，违背纳税人的意志，导致高校办学定位的扭曲和变形，使高校改革与发展出现偏差。学科评估是"双一流"建设的一扇窗口，如果没有一个良性的市场机制，政府和高校之间就无法保持一臂之距，导致政府对高校管得过多，统得过死，怎么能使大学按自治的逻辑开展学科与专业建设、形成办学风格与特色呢？如果政府直接参与高校学科评估，会不会使社会中介机构失去独立发展能力？如果真的这样，就可能与学科评估的初衷渐行渐远，就可能与"双一流"建设目标渐行渐远。

四　特色办学与趋同发展的冲突

学科是"双一流"建设的基础。学科评估的目的就是促进高校对学科建设的内涵和任务有清晰认识和准确把握，在尊重规律、强化优势、突出特色的前提下办好办出一流学科。习近平总书记指出："办好中国的世界一流大学，必须有中国特色。"教育部前部长陈宝生强调："双一流"的定性是"中国特色、世界一流"，标准是中国特色和世界一流的有机融合。"指导意见"提出，"双一流"建设要突出学科优势与特色，对于国内领先、具有国际前沿高水平的学科，要加快培育国际领军人才和团队，实现重大突破，抢占未来制高点，率先冲击和引领世界一流；对于国内前列、有一定国际影响力的学科，要围绕主干领域方向，强化特色，扩大优势，打造新的学科高峰，加快进入世界一流行列。在有中国特色的领域、方向上，要立足解决重大理论、实践问题，积极打造具有中国特色、中国风格、中国气派的一流学科和一流教材，加快构建中国特色哲学社会科学学科体系、学术体系、话语体系、教材体系，不断提升国际影响力和话语权。[①] 在学科评估实践中，不少高校为追求简单的学科评估排名，还存在几个模糊认识，导致"双一流"建设步入误区：一是基础与前沿不明确，一些建设高校误将办学基础较好的学科等同于前沿学科，

---

　　① 教育部、财政部、国家发展改革委：《关于高等学校加快"双一流"建设的指导意见》，http：//www.gov.cn/xinwen/2018－08/27/content_5316809.htm，2018 年 8 月 27 日。

盲目模仿同类高校的学科建设机制，并以提高这些学科的排名为建设目标，导致一流学科建设缺乏特色；二是优势与特色不对应，一些高校把学科特色简单等同于学校特色或中国传统特有的学科特色，以学科评估排位论一流，忽视差异化创新性发展，导致一流学科建设步入"我有人亦有"的窘境；三是特色与一般不区分，一些高校把一流学科和一般学科混为一谈，在学科评估中"眉毛胡子一把抓"，对全校所有学科进行"地毯式"扫描，导致学科群内部、不同学科群之间无法培育学科交叉点和新的增长点，错位发展艰难。

华南师范大学陈先哲认为，中国早年因"建设世界一流大学"而启动的"985"工程使一批大学在国际性大学排行榜上的名次不断攀升，但这些排名攀升在很大程度上是数量和规模堆积的结果，其在内涵上与世界一流大学相比还存在较大差距。更关键的是，中国的大学在制度创新、精神文化创新等软指标上更缺乏突出的贡献，也即"中国特色"不够明显。仅有硬指标上的迅猛提升，没有软指标上的独特贡献，世界一流大学版图上也难有中国大学的地位。[1]

学科评估对中国高等教育特色发展究竟有哪些影响？学术界历来有不同的声音，对学科评估唱赞歌的人数众多，但对学科评估发出的批评声音也不少。

在全国政协委员、华东理工大学蓝闻波看来，"学科排名确实会影响国家对高校学科建设的力度，最直观的就是经费的多少。排名越靠前，得到的经费自然多一些，除此之外，还会影响高校招生质量，种种因素加起来，高校十分关注排名"。学科评估怎样才能有效促使学科建设和高等教育发展？蓝闻波认为，学科评估要更好地完善分类评价体系，引导学校根据自身定位和发展目标办出特色，不能"眉毛胡子一把抓"。他说："随着'双一流'建设不断推进，一流学科建设是高校的主要着力点。学科评估应当鼓励高校特色学科

---

① 陈先哲：《建设世界一流大学需要"鲶鱼效应"》，《光明日报》2015 年 9 月 1 日第 13 版。

发展，如果政府部门管得太细，设立统一的标准，容易造成‘千校一面’，特色和优势就无从谈起。"①

没有分类评价、分类建设、分类发展的高等教育管理体系，众多高校对学科排名产生非理性追求，专业性、行业性高校忽视专业特色和行业特色，模仿综合性大学的学科建设模式，贪多求全，趋同发展，盲目迎合社会需求而开设热门学科和专业，导致学科基础不牢，质量不高，绩效不彰；综合性高校忽视学科之间的交叉融合，学科各自为政的现象较为普遍，同时部分学科过于陈旧，学科结构不合理，学科缺乏个性，优势不强。统一性评估最终导致"千所学校一个样、千个学生一个样"，学校办学目的与人才培养模式背道而驰，严重脱离社会需要。究其根源，学科评估与"双一流"建设之间还没有形成良好的融通机制，学科评估还没有形成以办学特色、学科特色为核心的评价体系，使得各参评单位在应对评估时"胸无成竹"，只能"摸着石头过河"，无法集中精力发现特色，打造特色，形成特色。学科评估如果在促进高校特色办学方面毫无裨益，其价值就会大打折扣。

第二节　学科评估服务"双一流"建设的根本价值取向冲突

公平与效率是"双一流"建设在资源配置上所遇到的两个基本问题。从学科评估的角度出发，如果说好的评估结果和"双一流"建设的上佳表现有直接联系，那便是效率原则在发挥作用；如果说不好的评估结果也能得到"双一流"建设政策的眷顾，那便是公平取向在引导价值选择。这里的"好的评估结果"，主要指一个学科位居排行榜高位，或者一所高校拥有多个顶尖学科。具体到第四轮学科评估方面，评估按照"分档"方式，依据"学科整体水平得分"的位次百分比，将前70%的学科分9

---

① 《不以学科评估榜单"论英雄"：学科建设要如何走》，http://www.yidianzixun.com/article/0IWKNEWq，2018年3月10日。

档公布：前2%（或前2名）为A＋，2%—5%为A（不含2%，下同），5%—10%为A－，10%—20%为B＋，20%—30%为B，30%—40%为B－，40%—50%为C＋，50%—60%为C，60%—70%为C－。按照"分档"排名规则，一个学科进入A档（包括A＋、A、A－）就意味着这个学科的水平居全国前10%，被视为有建设世界一流、冲击世界顶尖的潜质，因而被视为"好的评估结果"；而是否按A档学科所拥有的数量或所占有的份额确定"双一流"建设学科的多寡，则是公平与效率博弈的结果。在实践中，由于人们强调效率优先而往往忽视公平，或对公平重视不够，导致"双一流"建设出现重效率轻公平的价值倾向。根据第四轮学科评估结果，全国共有460所高校（不含科研院所）的5112个学科获得分档排名，其中位居排行榜前10%的A档学科有710个，包括A＋类学科210个、A类学科156个、A－类学科344个，在效率优先原则的指导下，这些学科的非均衡分布导致"双一流"建设学科分布的区域差异、省区差异、校际差异和学科差异，造成不同程度的公平缺失。

一　区域差异与公平发展的矛盾

区域差异是指学科评估结果中的A档学科和"双一流"建设学科在四大地区（东部地区、中部地区、西部地区和东北地区）的不同分布。一流大学与一流学科的形成既是历史积淀的结果，也是国家政策支持和社会力量作用的结果。在相当长的历史时期里，为了建设世界一流大学，中国高等教育资源的配置主要关注效率，即对教育质量的有效促进，由此导致四大地区的高等教育发展不均，办学水平悬殊。高等教育发展水平与经济发展水平呈现出与典型的东、中、西阶梯分布相一致的特征，东部发达地区高校的办学水平、办学实力遥遥领先中西部地区高校成为不争的事实，东部高校在一流大学和顶尖学科建设方面具有非常明显的优势。

第四轮学科评估结果显示：东部地区（包括北京、天津、河北、上海、江苏、浙江、福建、山东、广东、海南10省市）在高等教育发展上处于优势地位，高等教育发展水平高，学科建设成效显著，有A档学科总数487个，占68.59%，A档学科数量是其他三个地区总数的2.18倍；中部地区（包括山西、安徽、江西、河南、湖北、湖南6省）次之，有

A档学科101个，占14.23%；西部地区（包括内蒙古、广西、重庆、四川、贵州、云南、西藏、陕西、甘肃、青海、宁夏、新疆12省、自治区、直辖市）和东北地区（包括辽宁、吉林、黑龙江3省）的学科建设成效不够明显，分别有A档学科66个、56个，各占A档学科总数的9.3%、7.89%。如果说学科评估结果对"双一流"建设有决策参考价值，那么A档学科分布的地区差异，必然造成"双一流"建设学科分布的地区差异，而事实也是如此。2017年9月20日，教育部、财政部和国家发展改革委发布《世界一流大学和一流学科建设高校及建设学科名单》，东部地区、中部地区、西部地区和东北地区分别有"双一流"建设学科317个、60个、48个和28个，各占69.98%、13.25%、10.60%、6.18%（见图3-1）；分别有"双一流"建设高校80所、18所、28所、11所，各占58.39%、13.14%、20.44%、8.03%。"双一流"建设学科及建设高校分布的地区差异和学科评估结果分布的地区差异如出一辙，具有典型的东部强、中西部弱的特征。

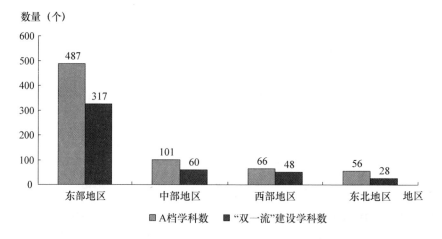

图3-1　学科评估结果及"双一流"建设学科分布的区域差异

说明：A档学科（包括A+、A、A-）均指一级学科。下同。

资料来源：A档学科数据根据教育部学位与研究生教育发展中心第四轮学科评估结果整理而成；"双一流"建设学科数据根据教育部、财政部和国家发展改革委发布的《世界一流大学和一流学科建设高校及建设学科名单》整理而成。下同。

客观上的地理条件、经济水平、办学历史等的差异是造成高等教育发展地区不公平的重要原因，也是学科评估中 A 档学科地区分布不均的必然现象，但"双一流"建设的唯效率导向使得人们在高等教育资源配置方案及政策制定上过分倚重评估结果，并把区域差异合理化作为一种谋取地区教育利益的手段，显然有违对教育公平的追求。不容置疑，在社会主义市场经济发展不充分的条件下，坚持效率优先的原则，集中人力、物力和财力，办好一批世界一流学科，基于此建成一批世界一流大学，以便早出人才、多出人才、出好人才，是建设教育强国的应然追求。但由此而形成的优质高等教育在区域分布上的失衡，以及区域高等教育差距的进一步扩大，必然严重影响教育公平乃至社会公平。

二 省际差异与公平发展的矛盾

省际差异是指学科评估结果中的 A 档学科和"双一流"建设学科在不同省市区的差异分布。公平与效率一直是困扰各省市区高等教育均衡发展、协调发展的问题，在以往的重点学科建设中备受关注，在当前的"双一流"建设中依然是个棘手的难题。从效率优先的原则出发，承认并按差异原则对待省市区间学科发展不平衡的客观事实，是集中优势资源创建世界一流学科和一流大学的必然要求；从兼顾公平的角度出发，如果因为建设"双一流"而进一步拉大省市区间的高等教育差异，则会造成高等教育公平缺失，阻碍社会和谐发展。政府虽然力图通过宏观调控手段和有效的政策倾斜来促进一流学科、一流大学分布的省区均衡，但理论层面的推动并不意味着实践层面的充实，省际高等教育差距依然明显。

从第四轮学科评估结果来看，不同省市区在 A 档学科的占有上存在很大差异，政治中心、经济中心和文化中心往往是顶尖学科的集散地。在学科排行榜上，A 档学科总数位居前五的分别为北京、上海、江苏、湖北和浙江，分别有 A 档学科 185 个、91 个、80 个、52 个、44 个，各占 A 档学科总数的 26.06%、12.82%、11.27%、7.32%、6.20%；天津、广东、陕西、四川、湖南、黑龙江拥有 A 档学科数均超过 20 个，分别有 31 个、31 个、27 个、27 个、25 个、23 个，各占 4.37%、4.37%、3.80%、3.80%、3.52%、3.24%；拥有 11—20 个 A 档学科的省份是吉林、安徽、辽宁、山东、福建，分别有 A 档学科 18 个、16 个、15 个、

13 个、11 个，各占 2.54%、2.25%、2.11%、1.83%、1.55%；拥有 1—10 个 A 档学科的省市分别是重庆、河南、江西、云南、甘肃、河北，各有 A 档学科 8 个、4 个、4 个、2 个、2 个、1 个，各占 1.13%、0.56%、0.56%、0.28%、0.28%、0.14%；山西、海南、贵州、广西、青海、内蒙古、宁夏、新疆、西藏等省区在第四轮学科评估中无 A 档学科。

不同省市区在 A 档学科占有上的差异，必然导致"双一流"建设学科分布的省际差异。从"双一流"建设学科的省市区分布来看，位居前五的依然是北京、上海、江苏、湖北、浙江，分别有"双一流"建设学科 161 个、57 个、43 个、29 个、20 个，各占 34.62%、12.66%、9.25%、6.24%、4.3%；从第 6—13 名，广东、陕西、四川、安徽、天津、湖南、吉林、黑龙江的排位稍有变化，各省市均拥有 11—20 个"双一流"建设学科，分别为 18 个、17 个、14 个、13 个、12 个、12 个、12 个、11 个，分别占 3.87%、3.66%、3.23%、2.8%、2.58%、2.58%、2.58%、2.37%；有 2—10 个"双一流"建设学科的省市是福建、山东、辽宁、重庆、河南、甘肃、云南，各省市分别有 6 个、6 个、5 个、4 个、4 个、4 个、2 个"双一流"建设学科，各占 1.29%、1.29%、1.08%、0.85%、0.85%、0.85%、0.43%；江西、河北、山西、海南、贵州、广西、青海、内蒙古、宁夏、新疆、西藏各有一个"双一流"建设学科，均占 0.22%（见图 3-2）。

"双一流"建设学科分布与省市区经济发展、政治地位、文化影响具有比较一致的特征。北京作为全国的政治中心和文化中心，是"双一流"建设学科最密集的地方；地处经济中心圈的上海、江苏、浙江、天津、广东及中部比较发达的湖北、湖南，都是"双一流"建设学科较为集中的地方；地处经济欠发达地区的贵州、广西、青海、内蒙古、宁夏、新疆、西藏等省区则是"双一流"建设学科稀少的地方。"双一流"建设对象在不同省市区的差异分布在很大程度上体现了效率优先的原则，昭示着以绩效为导向的学科评估对"双一流"建设的价值定向作用。从提高办学效益的角度考虑，学科评估偏重于绩效评价，而国家以评价结果来衡量学科水平和配置战略资源，是应对资源短缺不得已而为之的方法。由于这种评价方法及其结果强调"一流"与"非一流"的分层，突出

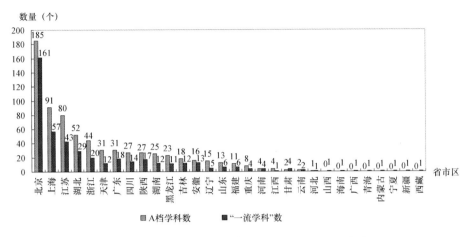

图 3－2　学科评估结果及"双一流"建设学科分布的省市区差异

"双一流"建设政策的生产性，重视一流学科在不同省市区的差异性分布和非对称性发展，因而在"双一流"建设中被认为是最有效的。从兼顾公平的角度来看，"双一流"建设对象的遴选突破学科评估结果排名，在无 A 档学科的山西、海南、贵州、广西、青海、内蒙古、宁夏、新疆、西藏等省区设立一个建设学科，并在每个省区设立一所建设高校，从整体布局上看体现的是教育公平的价值取向。不过，从缩小省区差距、促进高等教育均衡发展来看，在 A 档学科缺少的省区，通常只遴选一个建设学科、一所建设高校，具有典型的点缀意味，"双一流"建设的主力军群居在北京、上海、江苏、天津等地，体现的是效率至上的价值取向，这种价值取向在很大程度上延续了"211""985"工程的区域布局，缺少实质性的突破。

三　校际差异与公平发展的矛盾

校际差异是指学科评估结果中的 A 档学科和"双一流"建设学科在不同层次类型高校的差异分布。让不同层次类型的高校都看到冲击一流的希望，是"双一流"建设的"乌托邦"。虽然以评促建是形成竞争机制、打开博弈空间、突破僵化格局的一种方法，彰显的是效率优先的价值观，但不同层次类型的高校在学科评估中表现迥异，因而在"双一流"建设中的获益情况也大相径庭，高等教育的公平性不可避免地受到损害。

"双一流"建设的主要受益者还是那些办学实力突出的"985""211"工程高校，一般地方本科院校则相形见绌。

从第四轮学科评估的结果来看，高校之间的学科实力存在巨大差异。一方面，同一层次类型的高校之间存在很大差距，即使同属于国家重点建设的"985""211"工程高校，其间仍然存在很大差距。从 A＋学科的分布来看，位于前 20 的均为"985""211"工程高校，但不同高校在 A＋学科的数量占有上有很大差异。北京大学和清华大学居于学科"金字塔"的顶端，以 21 个 A＋一级学科并列领跑，是第三名中国人民大学的 2.33 倍，是并列第十七名南京大学、哈尔滨工业大学、华中农业大学、中南大学的 7 倍，落差巨大。另一方面，不同层次类型的高校之间差距更大，"985""211"工程高校占据顶尖学科的大半壁江山，一般本科院校在逐鹿 A 档学科方面则显得势单力薄。如果按 A＋学科数的多少进行高低排名，前 20 名全被"211""985"工程高校垄断，处于前 20 位的高校共有 A＋学科 132 个、A 档学科 398 个，分别占 A＋学科总数和 A 档学科总数的 62.86%、56.06%（见图 3 - 3）。一般地方本科院校虽然在评估中有学科问津 A 档，但总体数量屈指可数，"985""211"工程高校群体和一般地方本科院校群体的差距不言而喻。

不同层次类型的高校在学科评估中的不同表现，必然导致它们在"双一流"建设中的获益差异。立足效率优先的视角，学科评估结果是"双一流"建设的重要依据，那些在学科评估中表现优异的高校，自然有更多学科入围"双一流"建设名单。反观兼顾公平的原则，学科评估结果只是"双一流"建设的重要参考，而不是唯一的依据，教育部在遴选"双一流"建设学科时，并未完全将 A 档学科纳入"双一流"建设范畴，于是就出现了部分高校 A 档学科数量和一流学科建设数量不对应的情况，有的大学获得了公平优惠，"双一流"建设学科数大于 A 档学科数，如北京大学在第四轮学科评估中有 35 个 A 档学科，但有 41 个"双一流"建设学科；有的大学获得不偏不倚的待遇，A 档学科数和"双一流"建设学科数恰好相等，如中国人民大学、中国农业大学分别有 A 档学科 14 个、9 个，"双一流"建设学科数也刚好为 14 个、9 个；有的大学则获得不同程度的公平折扣，"双一流"建设学科数低于 A 档学科数，如清华大学、上海交通大学、北京师范大学、浙江大学、中国科学技术大学分别

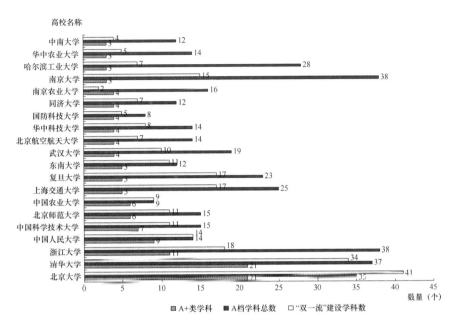

图 3 - 3 学科评估结果及"双一流"建设学科分布的校际差异

有 A 档学科 37 个、25 个、15 个、38 个、15 个,但"双一流"建设学科数分别为 34 个、17 个、11 个、18 个、11 个。

对于学科评估结果与"双一流"建设名单的信息不对称,有人将学科评估结果与"双一流"建设学科名单进行对比,既有理性批判与质疑,也有简单非议与诘难。例如,对于"机械及航空航天和制造工程"学科的遴选,历来以航空航天为骄傲的西北工业大学和北京航空航天大学,在第四轮学科评估中"航空宇航科学与技术"学科评估结果为 A +,但两所大学双双落选"双一流"建设学科名单,入围该学科名单的却是在该领域并不见长的北京大学和复旦大学,有报道甚至用"家祭无忘告乃翁"的字眼与表述来表达对遴选结果的质疑与批评。又如,对于"新闻传播学"的遴选,复旦大学的"新闻传播学"被公认为是在社会各界具有很深底蕴和取得杰出成绩的优势学科,此轮学科评估结果为 A,却未能入围第一轮"双一流"建设学科,高等教育界同样充满批评的声音。类似的情况其实还有许多，不得不让人质疑：学科评估结果与"双一流"建设学科名单似乎不是"遥相呼应"与"相得益彰"，反而变成"相互抬杠"和"彼此拆台"？①

　　"双一流"建设既是一项质量工程又是一项民生工程，既要注重效率又要兼顾公平。不同层次类型的高校同台竞技，本身就是一种非公平竞争。在同一评估框架下，那些国家重点建设的"985""211"工程高校无疑会有更好的表现，也必然有更多学科入围"双一流"建设范畴，但这种遴选机制是否能有效推进"双一流"建设呢？从"985""211"两个工程的建设来看，其初衷是集中优势资源，重点建设一批办学质量高的大学和学术水平卓越的学科，使其尽快达到世界一流水平，但在具体建设过程中，存在着"985""211"工程和"优势特色学科"重复交叉、效率欠佳的问题。高校办学效率不高的原因及影响是多方面的，一方面是重复建设导致资源分配不公平，"985""211"工程高校既是一流大学的建设对象，又是"优势特色学科"建设的对象，国家重复投资、重复建设，对非"985""211"工程高校严重不公平。另一方面是重点建设的大学与学科平庸导致更大的不公平，比如在"985"工程高校建设方面，政府采取一种平均主义的公平观，在资源分配上强调见者有份，将大饼摊薄到众多"985"工程高校，使每所高校所获得的资源相对有限，无法集中优势力量创建一流，造成不少"985"工程高校有其名而无其实，一些"985"工程高校不但远离世界一流，甚至还不及一些优秀的一般本科院校。与此同时，"985"工程高校在学科建设中又效法政府的做法，实行一种平均主义的资源分配策略，将大饼进一步摊薄到各个学科，最终导致人人有份，人人平庸。在第四轮学科评估结束之后，入选"双一流"建设高校名单的外交学院、中国人民公安大学、河南大学、成都理工大学、成都中医药大学、宁波大学、南京邮电大学等高校均无 A 档学科，但并不妨碍其在其他排行榜上的优异表现，如果换一种竞技规则，这些学校会不会有卓越的表现呢？

---

　　① 周继良、张金龙：《学科评估与一流学科建设的制度平衡》，《高教发展与评估》2018 年第 6 期。

四　学科差异与公平发展的矛盾

学科差异是指"双一流"建设学科在不同学科门类上的差异分布。不同的学科不仅在知识属性、研究范式、学科文化和成果形式等方面存在明显差异①，而且在性质上存在很大差异：自然科学运用因果律或数学概念从外部解释事物；文化科学或人文科学通过探究目的和手段从内部解释事物。② 因此，基于学科差异的分类评估、分类建设一流是推动高等教育按规律发展和高校公平竞争的前提。然而，在以强调绩效责任、以提高管理效率为取向的大学评价中，评价的最优战略是效率和效益的最大化，因而学科差异无法得到应有的尊重，"双一流"建设具有明显的重"热门学科"而轻"冷门学科"、重"大学科"而轻"小学科"、重自然科学而轻人文社会科学、重优势学科而轻劣势学科、重传统学科而轻新兴学科的价值倾向，导致不同学科之间的非公平竞争。

（一）"热门学科"与"冷门学科"竞赛

学科评估是中国高等教育场域的一场"奥运会"，每所高校都希望派出的选手在竞赛中有上佳表现。然而，由于不同学科所属的领域存在很大差别，其中"双一流"建设中的冷热程度悬殊。在第四轮学科评估中，学位中心将95门学科划归3个领域：核心领域，包括材料科学与工程、化学、生物学等10个学科；重点领域，包括信息与通信工程、基础医学、土木工程等29个学科；普通领域，包括安全科学与工程、建筑学、生物医学工程等56个学科（见表3-4）。整体而言，一个学科所属的领域与其在学科评估及"双一流"建设中的"热门度"呈正相关，即不同学科在学科评估中所取得的成绩及其入选"双一流"的情况被社会各界的关注程度与该学科所属的领域紧密相关。体现在"双一流"建设实践中，核心领域、重点领域学科的社会影响大、受公众关注程度高，而普通领域的学科普遍存在吸引力不强、受社会欢迎程度不高的问题。这种因学科本身所属领域而产生的"冷热不均"现象，是学科竞争中"明星效应"作用的结果。如果把"双一流"评选比作一场"奥运会"，把

①　顾建民：《学科差异与学术评价》，《高等教育研究》2006年第2期。
②　［德］卡尔·雅斯贝尔斯：《大学之理念》，邱立波译，上海世纪出版集团2007年版，第124页。

表3-4　　　　　　　　　　　不同学科按所属领域的分布

所属领域	学科数量	学科名称
核心领域	10	材料科学与工程、化学、生物学、数学、计算机科学与技术、生态学、机械工程、环境科学与工程、控制科学与工程、化学工程与技术
重点领域	29	信息与通信工程、基础医学、土木工程、临床医学、力学、统计学、物理学、药学、电气工程、矿业工程、地质学、中医学、法学、马克思主义理论、政治学、管理科学与工程、中国语言文学、外国语言文学、应用经济学、电子科学与技术、软件工程、哲学、地质资源与地质工程、风景园林学、工商管理、中国史、口腔医学、交通运输工程、作物学
普通领域	56	安全科学与工程、动力工程及热物理、建筑学、生物医学工程、石油与天然气工程、农林经济管理、图书情报与档案管理、理论经济学、大气科学、地理学、地球物理学、世界史、中医学、戏剧与影视学、畜牧学、植物保护、音乐与舞蹈学、民族学、社会学、兵器科学与技术、测绘科学与技术、城乡规划学、船舶与海洋工程、纺织科学与工程、林业工程、农业工程、轻工技术与工程、食品科学与工程、水利工程、冶金工程、仪器科学与技术、公共管理、教育学、体育学、心理学、海洋科学、科学技术史、天文学、系统科学、考古学、草学、林学、农业资源与环境、兽医学、水产、园艺学、新闻与传播学、公共卫生与预防医学、护理学、中西医结合、美术学、设计学、艺术学理论等

　　资料来源：杨家福《三评双一流：数据透视、遴选标准和人才贡献》，https：//zhuanlan.zhihu.com/p/30012516，2017年10月11日。

　　学科比作"比赛项目"，把学科评估比作"比赛规则"，把参评高校比作"比赛选手"，把入选"双一流"比作获得"观众关注"，各学科入选"双一流"的概率与其是不是热门领域，成绩最好的"参赛选手"是不是超级明星，"核心选手"是不是明星紧密相关。对于大热门核心领域的学科，只要取得"奥运会"参赛资格就会受到"观众关注"；对于热门的重点领域的学科，则需要进到决赛，才会受到"观众关注"；而对于普通领域的学科，只有成为冠亚季军才会受到"观众关注"①。不容置疑，按学科性质将学科划归不同的门类，可以促进科学研究的专门化，有效克服人类认知的局限性，但如果仅凭学科属性就决定其属于核心领域、重点领域还是普通领域，必然导致不同学科因冷热差异而在公众影响、吸引优质生源、获得社会支持等方面形成差异，人为地造成不同学科的非公平发展。

（二）"大学科"与"小学科"角逐

按照参评对象的多寡，可以将参评学科分为"大学科"和"小学科"。这里"大"与"小"都是相对的，比如有100所高校参评的学科相对于有20所高校参评的学科可谓"大"，但有100所高校参评的学校相对于200所高校参评的学科则可称为"小"。在官方的文件中并没有"大学科"与"小学科"之说，这种说法是在"双一流"建设背景下，高等教育利益相关者戴着有色眼镜看问题的产物。从参与第四轮学科评估的95个学科来看，各学科之间规模差异悬殊：最大的学科有240所高校参评，最小的学科仅有8所高校参评，两者落差高达30倍；工商管理、计算机科学与技术和马克思主义理论参评高校数量均超过230所，是典型的"巨型学科"；机械工程、管理科学与工程、数学、材料科学与工程等学科的参评高校数量超过100所，属于"大学科"；矿业工程、草学、航空宇航科学与技术等学科的参评高校数量在20—30所，属于"小学科"；天文学、石油与天然气工程、系统科学、兵器科学与技术、地球物理学、林业工程和大气科学几个学科参评高校数量均不足15所，属于典型的"袖珍学科"（见表3-5）。在"双一流"建设对象的遴选中，教育主管部门、财政部门等高等教育利益相关者基于国民经济和社会发展的实际需要，对"大学科"重视有余，而对"小学科"则关注不够。从第一轮"双一流"遴选结果来看，共有108门学科，累计465次入选一流学科建设。其中材料科学与工程入选次数最多，有30所学校入选，另外化学（25所）、生物学（16所）、计算机科学与技术（14所）、数学（14所）、生态学（10所）、机械工程（10所）等大学科均达到或超过10所高校入

①　杨家福：《三评双一流：数据透视、遴选标准和人才贡献》，https：//zhuanlan.zhihu.com/p/30012516，2017年10月11日。

选；而公安学、会计与金融、经济学和计量经济学、社会政策与管理等8个"小学科"仅入选1次，平均每门学科入选4.3次。① 分析表明，学科规模的大小与其入选次数的多少呈正相关：学科规模越大，入选"双一流"的频率越高；学科规模越小，入选"双一流"的频率越低。这种按学科规模遴选"双一流"建设对象的原则，实质上是对"小学科"的歧视与偏见，于无形中抬高了那些所谓的"大学科"的地位，使其滋生出"娇骄"二气，甚至产生"大学科沙文主义"情绪，"小学科"由此沦为不幸之地，被边缘化。倘若任凭这种不公平的学科建设取向畸形发展，势必影响高等教育的学科生态，造成学科之间的非公平竞争。

表3-5　　　　　　　　　第四轮学科评估各学科参评数量

名称	数量	名称	数量	名称	数量
工商管理	240	哲学	84	农林经济管理	39
计算机科学与技术	238	中国史	82	图书情报与档案管理	39
马克思主义理论	231	新闻传播学	81	地质资源与地质工程	38
机械工程	189	光学工程	80	农业工程	37
管理科学与工程	187	力学	80	中医学	37
数学	182	食品科学与工程	79	园艺学	36
材料科学与工程	172	基础医学	78	考古学	36
软件工程	165	体育学	78	植物保护	35
外国语言文学	163	政治学	76	测绘科学与技术	34
控制科学与工程	162	仪器科学与技术	73	农业资源与环境	34
生物学	161	生物医学工程	70	民族学	31
环境科学与工程	155	音乐与舞蹈学	69	林学	30
应用经济学	155	社会学	65	矿业工程	28
化学	150	地理学	60	草学	26
中国语言文学	148	护理学	59	航空宇航科学与技术	25
法学	144	世界史	58	轻工技术与工程	24
化学工程与技术	144	风景园林学	56	海洋科学	22
公共管理	143	公共卫生与预防医学	54	地质学	22

---

① 杨家福：《三评双一流：数据透视、遴选标准和人才贡献》，https://zhuanlan.zhihu.com/p/30012516，2017年10月11日。

续表

名称	数量	名称	数量	名称	数量
信息与通信工程	137	建筑学	54	科学技术史	21
土木工程	134	中西医结合	54	冶金工程	20
物理学	127	交通运输工程	52	核科学与技术	20
统计学	120	安全科学与工程	52	水产	19
电子科学与技术	106	城乡规划学	51	船舶与海洋工程	18
药学	104	心理学	51	纺织科学与工程	17
教育学	101	戏剧与影视学	51	大气科学	14
生态学	100	艺术学理论	50	兵器科学与技术	13
设计学	94	水利工程	49	地球物理学	13
美术学	93	畜牧学	44	林业工程	13
理论经济学	90	中药学	43	系统科学	12
临床医学	86	作物学	42	石油与天然气工程	10
动力工程及工程热物理	84	兽医学	41	天文学	8
电气工程	84	口腔医学	39		

资料来源:《第四轮学科评估参评率分析:博士授权学科参评率接近95%》,http://blog.sciencenet.cn/blog-2903646-1105218.html,2018年3月22日。

(三) 自然科学与人文社会科学博弈

学位中心在评估指标体系的设计上,有关自然科学学科的指标设计相对完善,而有关人文社会科学学科的指标设计则相对不足。[①] 这还只是冰山一角,更为重要的是,国家在遴选"双一流"建设学科方面具有典型的自然科学取向,有损教育公平。

从第四轮学科评估的结果来看,评估按照人文社会科学、理学、工学、农学、医学、管理学、艺术学等学科门类公布评估结果。从 A 档学科总数的高低排序来看,工学、人文社会科学、理学、管理学、医学、农学、艺术学分别有 A 档学科 243 个、138 个、74 个、62 个、54 个、33

---

① 朱允卫、易开刚:《对进一步完善我国一级学科评估的若干思考》,《科研管理》2006 年第 1 期。

个、33 个，各占 38.15%、21.66%、11.62%、9.73%、8.48%、5.18%、5.18%。从评估结果的分布来看，人文社会科学学科在 A 档学科数量上有较高的排位，如果依据评估结果按照比例公平的原则遴选"双一流"建设学科，即按 A 档学科所占的比例遴选"双一流"建设学科，不仅有利于强化绩效意识，而且对自然科学与人文社会科学的发展都是公平的。比例公平是最大的公平，正如亚里士多德所指出的，"公正就是比例，不公正就是违反了比例，出现了多或少"[1]。"双一流"建设只有坚持比例公平，才能实现真正意义上的公平。

　　然而事与愿违，从"双一流"建设学科门类分布差异中可以发现，自然科学是国家重点建设的对象，在"双一流"建设中占绝对优势。从"双一流"建设学科的总量上看，理学、工学、农学和医学共有"双一流"建设学科 352 个，人文社会科学、管理学和艺术学共有"双一流"建设学科 97 个，前者是后者的 3.63 倍。从"双一流"建设学科所占的比例来看，工学、理学、人文社会科学、医学、农学、管理学、艺术学各占 40.98%、22.72%、14.48%、9.35%、5.34%、4.23%、2.90%，自然科学所占的总比例达到 78.39%，人文社会学科扮演着点缀的角色。从比例公平的逻辑出发，理学、医学、工学、农学在"双一流"遴选中的公平程度[2]分别为 1.95、1.10、1.07、1.03，均大于 1，表明这些学科门类获得了公平优惠待遇；人文社会科学、管理学、艺术学的公平程度分别为、0.67、0.43、0.56，均小于 1（见图 3-4），表明这些学科门类受到不公平对待。"双一流"建设学科在学科大类上的非均衡分布不仅象征着学科分层与分化，而且象征着大学对学科发展的科学主义和人文主义的不同价值追求。

　　"双一流"建设中的厚此薄彼，在提升管理效率的同时，也可能损害学科的公平发展，影响到人文社会学科教师从事知识创造和创新的积极性，阻碍人文社会学科的繁荣发展。在"双一流"建设中充分考虑学科差异会使学科评估工作复杂化，有时甚至会落到举步维艰的地步，但是，

---

[1]　苗力田：《亚里士多德全集》（第八卷），中国人民大学出版社 1994 年版，第 96 页。

[2]　公平程度（X）=（"双一流"建设学科所占比例/A 档学科总数所占比例）×100%。如果 X=1，则表示不偏不倚；如果 X>1，则表示获得公平优惠待遇；如果 X<1，则表示受到不公平对待。

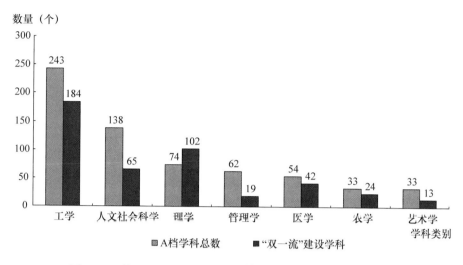

图 3-4　学科评估结果及"双一流"建设学科分布的学科差异

说明:《世界一流大学和一流学科建设高校及建设学科名单》中共有 465 个建设学科,其所列的学科与第四轮学科评估列出的一级学科不对应,故不统计在内,包括机械及航空航天和制造工程(2 个)、现代语言学(3 个)、语言学(2 个)、商业与管理(1 个)、社会政策与管理(1 个)、电子电气工程(1 个)、公安学(1 个)、工程(1 个)、经济学与计量经济学(1 个)、会计与金融(1 个)、统计学与运筹学(1 个)、艺术与设计(1 个)。

学科评估的最终目的是促进学科繁荣而不仅仅是提高管理效率,所以,让每个学科都得到公平发展是必要的。

（四）新兴学科与传统学科比拼

学科知识的传承、传播和生产贯穿于学科发展的始终,随着社会的发展而发展,由此使得学科评估不仅是一个社会的范畴,也是一个历史的范畴。按照学科历史的长短,可以将学科分为"传统学科"与"新兴学科"。传统学科有着悠久的历史,比如医学,自欧洲中世纪大学产生以来,医学就在大学落地生根,萨莱诺大学和帕多瓦大学是 11—13 世纪欧洲最有名的医学院,它们受经院哲学影响很小,在推动欧洲社会进步的过程中也推动了医学的大发展;又如物理学,自 1609—1618 年德国科学家开普勒根据天文观测得出"开普勒三定律"及 1638 年意大利科学家伽利略出版《两种新科学》一书,迄今已有 400 年左右的历史。对于传统学科,西方学科排名已形成一套成熟的评估理论、规范的评估方法和先进的评估技术，中国高校学科评估通过借鉴西方学科评估方法与技术，可以形成科学化的评估体系。相比之下，新兴学科往往是因应科学技术和经济社会发展的需要而设置的，必然具有一定的滞后性，比如高分子材料学科就是在高分子科学和技术迅速发展的背景下，由德国著名科学家斯托丁格尔（Staudinger）于20世纪20年代提出来的。在现代科技飞速发展情形下产生的新材料、新能源、新工艺等学科，其历史更为短暂，中西方学科评估尚未对其形成科学的评价体系，这些学科只能参加传统学科的排名，由于发展历史短、学科体量小等原因，用传统学科的标准评价新兴学科，新兴学科很难有机会进入前列，也就无法参与"双一流"竞争，得不到资金和资源的支持，在很大程度上阻碍了新兴学科和交叉学科的发展。①

（五）优势学科与劣势学科对垒

"优势学科"与"劣势学科"均是相对性的概念，优势学科通常是指一所高校内某个学科与其他学科相比较，其综合实力或某个重要单项指标处于优势地位的学科，反之则为劣势学科。从学科评估的角度来讲，优势学科主要是指那些排名靠前的学科，劣势学科则指那些排名靠后的学科。在建设"双一流"高校的背景下，优势学科成为社会各界关注的焦点，是由新闻媒体、商业组织、出版机构等多种高等教育利益相关者共同推动而实现的。从优势学科与劣势学科的形成机制来看，学科评估将学术共同体所看重的学术声望与学科地位分割成加权的师资队伍与资源、科学研究水平、人才培养质量、学科声誉等指标，尽管这些指标不一定能全面反映学科建设成效与发展水平，也不一定能客观地反映学科地位的优劣，但是基于这些指标的评估排名在给高校和学科带来资源与声誉的同时，也给高校和学科带来巨大的压力。从政策支持的角度来看，"双一流"建设坚持扶优、扶强的导向，使评估结果传递出这样一些非预期的信息：评估排名高的学科将有更多的机会入选"双一流"建设，从而获得更多的资源，享受更优惠的政策；评估排名低的学科则会失去入选"双一流"建设的机会，面临发展难题。不仅如此，这些非对称信息

---

① 张磊、吴素华：《中国特色"双一流"建设评价体系的构建》，《北京教育》（高教）2018年第7—8期。

的直接作用就是能够将其转化为提高学术声誉、扩大社会影响、吸引优质师生的依据。因此，各参评单位为提高学科评估排名，防止弱势学科"拖后腿"、成为创建"双一流"高校的掣肘，不得不采用一些急功近利的投机方式，集中全部力量与资源，将其倾斜于优势学科，并通过裁剪、合并劣势学科来扶持优势学科，让优势学科建设转化为可以看得见、摸得着的评估排名，让名次来证明学科建设成效与质量。2016 年 9 月 23 日，国务院学位委员会正式公布《关于下达 2016 年动态调整撤销和增列的学位授权点名单的通知》，共有 25 个省市区的 175 所高校大幅撤销 576 个学位点，包括大量博士学位授权点。此外，共有 25 个省市区的 178 所高校增列 366 个学位点。从撤销学位点的学科分布来看，在被撤销的 576 个学位点中，软件工程最多，达到 35 个；排在第二位的是工程（项目管理），被撤销 21 个；紧随工程（项目管理）之后的是系统科学，被撤销 17 个；工程（工业工程）、生态学、统计学、工程（物流工程）、应用化学等专业都排在前列，撤销学位点均超过 10 个（见图 3－5）。

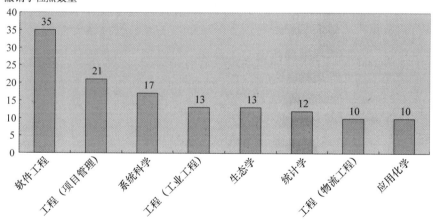

图 3－5　2016 年撤销超过 10 个学位点的学科

資料来源：《国务院学位委员会关于下达 2016 年动态调整撤销和增列的学位授权点名单的通知》，http：//www. moe. edu. cn/s78/A22/xwb_ left/zcywlm_ xwgl/moe_ 818/201610/t20161019_ 285495. html，2016 年 9 月 23 日。

　　学科撤并拿软件工程开刀，在高校还是有讲究的。据某"985"工程高校的一位院负责人介绍："第四轮学科评估最风靡的做法是撤销软件工程一级学科，将其成果并入计算机科学。从成果的归属度来看，软件工程和计算机科学没有太明显的区分，只是计算机科学所涵盖的学科范畴稍微广些而已，把软件工程的成果归于计算机科学，不易引起争议。但是要拿掉一个一级学科不是一件易事，需得到本学科教师的支持。为此，学校一方面动用行政调节，敦促软件工程学科退出评估，将本院系的资源用于支持计算机科学学院申报，另一方面是为软件工程学科的教师谋出路，保证他们在评估之后仍然'官复原位'，待遇酬劳、导师身份、工作性质等保持不变，这样，教师就不会有反对的声音了"。（采访调研材料）

　　根据社会需要撤销那些水平不高、特色不明、需求不大的学科，本无可厚非，也是高校摒弃学科设置"大而全"、追求数量的必然要求，使高校学科建设进入"有进有出""有增有减"的新状态，推动高校注重质量自律、注重人才培养、注重学科内涵，提高研究生教育质量，形成专业设置对接产业发展的新机制。但如果仅仅为争取好的排名而随意关停并转学科，必然会将学科建设引入歧途。可以说，学科评估排名是一种零和博弈，博弈的结果会造成学术声誉上的"马太效应"，即评估排名靠前的优势学科收获更好的学术声誉，而评估排名靠后的劣势学科则会遭到学术声誉上的损失，二者的差距于无形中越拉越大；学科评估排名又是一个频繁性、动态性的活动，它使大学为了短期利益而进行恶性竞争，罔顾长期积淀和长远发展，导致竞争低效和使命漂移。

第三节　学科评估服务"双一流"建设的核心价值取向冲突

　　"双一流"建设是当前中国高等教育改革与发展的中心议题，其标准设置不仅是高等教育理论界和实践界共同关注的焦点话题，也是学科评估必须面对与着力解决的重要问题。有研究者认为，"世界一流学科必须在全球范围内寻找参照系"①。诸如此类的观点在一定程度上影响到人们对英美等国办学经验的积极借鉴，同时也在一定范围内影响到人们对中国式标准的扬弃。从中国高等教育发展来看，"双一流"建设要瞄准世界顶尖水平，在全球范围内寻找坐标系，但更要彰显中国特色，因此，学科评估要立足中国实际，警惕国外标准对高等教育发展的误导，着力解决中国问题。

中国特色的学科评估既是实现"双一流"建设目标的根本保证，也是打造中国学科评估之世界影响的重要支撑。经过多年的努力，中国高校学科评估取得了重大进展。从 2002 年启动第一轮学科评估，及至 2016 年第四轮学科评估结束，中国高校学科评估不遗余力地进行改革，并取得一些显著成效：一是以"加强内涵建设，全面提高质量"为指导思想，探索学科评估的"中国道路"；二是遵循"质量、成效、特色、分类"的理念，打造学科评价体系的"中国风格"；三是采用主客观评价结合、按归属度认定成果、绑定参评、全过程审核、国际同行评价的方法，探寻学科评估的"中国模式"；四是通过大类拓展、优化学术论文评价等举措，致力打造学科评估的"中国标准"；五是通过提供更加多元化、多层次、多维度的结果公布和服务形式，建立评估结果发布的"中国方式"②。这些努力对于汇聚多方意见、凝聚创新共识、聚焦改革方向可以起到很好的定向作用，对于构建中国特色的学科评估体系、推动"双一流"建设起到了很好的推动作用，但由于学科评估是一个"舶来品"，其在实践中的运行受到过多借鉴、移植、模仿的思想干扰，存在着较严重的重外来轻本土、重移植轻创新的价值取向，因而至今尚未形成"中国特色、国际影响"的评估品牌，中国式学科评估在服务"双一流"建设方面仍然面临着价值取向冲突。

一　统一性评估与中国特色的割裂

中国高等教育是一个层次多元、类型多样、结构复杂的系统，既有学科设置齐全的综合性大学，又有学科设置集中的单科性大学，既有行

---

①　周光礼：《世界一流学科的中国标准是什么》，《光明日报》2016 年 2 月 16 日第 13 版。

②　王立生、林梦泉、任超、陈燕：《我国学科评估的发展历程和改革探究》，《中国高等教育》2016 年第 21 期。

业特色鲜明的行业型大学又有专业特征突出的专业型大学，既有以学术探索为主的研究型大学又有以实践应用为主的应用技能型高校，既有国家为实现高等教育强国战略而大力建设的重点大学又有为推进高等教育大众化、普及化进程而设置的一般本科院校，这些不同层次类型的高校有不同的人才培养目标和培养规格，有不同的办学定位和服务面向，追求不同领域的"名牌"与一流。学科评估按统一性的标准将不同层次类型的高校放在同一个框架下进行比较，用同一把尺子衡量全体高校的学科建设成效、办学水平与发展质量，与中国高等教育多层次、多类型的实际有一定的偏离，难免被误读为具有重共性轻个性的价值导向，使学科评估面临着标准窄化和模式固化的风险，导致胜者不光彩，输者不服气，难以得到高校、教师、学生、家长等利益相关者的充分认可。

从标准窄化的角度来看，第四轮学科评估在原有基础上进行了大类拓展，虽然将自然学科、人文学科和社会学科分开，按理工、农科、医科、管理、艺术、建筑、体育等分别设置指标体系，但这些学科的核心指标大体相同，没有充分体现出各自的特色，学科评估存在着套用某一类学科、某一门学科的标准去衡量所有学科的教育质量、建设绩效与办学特色的倾向，有"张冠李戴"和"指鹿为马"之嫌；从模式固化的角度来看，第四轮学科评估提出按归属度认定成果、国际同行评价等方法，用较为典型的自然科学思维模式评价所有学科，使学科评估拘泥于某一类学科、某一门学科的视野与疆界，胶柱鼓瑟，缺少变通，难以适应多学科分类发展的客观需要。① 学科评估忽视中国高等教育多元发展的特点和社会需求，游离于中国高等教育乃至社会经济发展的大环境，将学科建设引向同质发展的"死胡同"，不仅阻碍不同层次、不同类型的高校各安其位、各显其能、各展其长，在不同的领域争创不同的一流，贻误学科发展的时机，而且导致高校学科建设盲目模仿其他学科发展的思路与模式，阻碍不同门类、不同属性的学科按规律发展，影响学科之间的公平竞争。

对于高校分类管理、分类评估、分类建设一流问题，学术界关注颇

① 翟亚军、王晴：《"双一流"建设语境下的学科评估再造》，《清华大学教育研究》2017年第 6 期。

多。2018 年 8 月 25 日，广州日报数据和数字化研究院（GDI 智库）在北京举办"广州日报系列大学排行榜专家咨询暨顾问会"，来自教育部、北京大学、清华大学、中国人民大学以及科睿唯安等高校和相关业界的教育专家、学者结合"广州日报系列大学排行榜"就"双一流"建设成效评价展开探讨。

> 对外经济贸易大学党委副书记李茂国认为，"双一流"建设将极大地促进中国高等教育的发展，国家通过实施"211 工程""985 工程""协同创新计划""双一流"建设等，持续地推动高校发展，使高校的水平有了显著提升，这是中国特色的教育财政政策所发挥的重要作用。对于高校多样发展、政府分类管理，李茂国从三个层面进行分析。从宏观层面看，一个国家发展高等教育的目的有三个，一是为了人类的发展目标，二是为了国家的发展目标，三是为了个人的发展目标，要服务以上三个目标，比较好的办法就是高校多样化。从中观层面看，中国的产业是全行业、全产业链分布，无所不包，对人才的需求极为复杂，要满足全社会的人才需求，比较好的办法也是高校多样化。从微观层面看，各个高校、学科、专业、教师和学生，千差万别，要做到因材施教，比较好的办法还是高校多样化。但这并不是说高校可以自由发展、随意发展，发达国家的高校，其办学定位和办学目标都是由举办者即校董事会或者政府来决定的，还有通过法律来规定的。中国的高等教育应避免一放就乱、一管就死的弊端，比较好的办法就是分类管理。①

不同层次类型、不同特色的高校之间存在很大差异，如行业性大学与综合性大学的办学目标不同，争创一流的标准也不同；学科与学科之间没有可比性，如人文社会科学、理科、工科之间差异较大，建设一流的方向也不相同。学科评估按绝对化的标准将不同类型、不同层次的高校放在同一个框架下比较，将不同的学科放在同一个框架下评估，严重

---

① 《"双一流"成效如何？公益性大学排行也是评价神器》，https：//www. sohu. com/a/250974861_ 503456，2018 年 8 月 30 日。

脱离中国高等学校多层次、多类型的特征，不但使学科评估丧失公信力，而且影响到高校之间的公平竞争，导致胜者不光彩，输者不服气。而由此遴选的"双一流"建设对象，也必然会再度出现身份固化、竞争缺失问题。人们关于"211""985"工程废除的争论，在很大程度上就是关于统一性评估所导致的非公平竞争的论争，这些论争既包含对工程本身的讨论，又包含有关"211""985"工程高校身份符号的争议①，还包括对"211""985"工程存在重点大学选拔方式不规范的争论。

从"985""211"工程到"双一流"建设，不应只是换一个称号，更需要换一种竞争机制。环顾此前的重点建设，由于建设对象的遴选没有客观公正的分类标准，没有分类建设的方案，没有分类框架下大学绩效评估标准和严格的淘汰机制，使得重点大学遴选建设制度具有终身性质，陷于身份固化的怪圈，大学层次等级之间没有流动，整个高等教育生态犹如一潭死水，缺少流动的活力。体现在重点大学与非重点大学的竞争上，一旦大学被贴上重点的标签，就相当于端上制度的"铁饭碗"，可能还没有启动一流建设就已经"功成名就"，高枕无忧地得到国家源源不断的财政支持，而不论其具体建设过程中的办学效益、办学质量如何。尽管国家出台的《关于重点建设一批高等学校和重点学科点的若干意见》规定，"评估成绩优秀者，给予一定的鼓励；评估成绩不合格者，要限期改正；多次评估不合格者，取消各项优惠政策，不再列入本工程"②，但"985""211"工程实施多年来，从未有被取消的案例。有的"985""211"工程高校在人才培养质量、科学研究水平、社会服务效益等方面都已经严重不符合其重点的身份，但仍然享受不一般的待遇，使高等教育发展陷入制度不公平的重镇。更有甚者，在"标签效应"的作用下，重点高校与非重点高校之间的身份差别日益悬殊：重点高校的办学条件持续改善，非重点高校的人力物力财力捉襟见肘；重点高校的毕业生备受雇主青睐，非重点高校的毕业生则受到社会的薄待；重点高校成为社会盲目追逐的对象，非重点高校则成为无端被放逐的对象。

---

① 刘佳、方兴：《"211""985"工程存废争论究竟争什么——对高校重点建设以及高校身份符号的透析》，《现代教育管理》2016年第6期。

② 国家教委：《关于重点建设一批高等学校和重点学科点的若干意见》，https：//code.fabao365.com/law_ 229228. html，1993 年 7 月 15 日。

身份符号的"终身制"严重影响到非重点高校的办学积极性，损伤高等教育的公平和效率。因此，在以评促建的过程中，部属重点大学风景独好，地方高校则是风雨凄凄。体现在大学生态上，"985"工程高校意气风发，以为数众多的优势学科为支撑，志在问津世界一流大学；"211"工程高校自信满满，以优势特色学科为依托，致力构建优势特色学科群，势要冲击世界一流学科；地方高校则黯然神伤，既无法彰显优势又难以办出特色，似乎看不到前途和希望。随着社会的发展，以及建设世界一流大学、一流学科的深入推进，统一性评估的负面影响已越来越受到社会各界的关注，倘若"双一流"建设不破除身份壁垒，尽管它在短期内能促成部分重点大学的发展，但从长期来看，并不利于高校之间的公平竞争，反而会延缓"双一流"大学的出现，阻碍高质量高等教育体系的形成。

二　移植性评估与中国特色的割裂

学科评估善取有余而善弃不够，在评估标准的制定上存在典型的拿来主义倾向，缺乏本土气息。"世界一流"通常意味着西方精英大学的发展目标与质量标准①，只要提到"一流"，人们自然而然地就会联想到哈佛、耶鲁、牛津、剑桥等耳熟能详的名字，于是人们理所当然地认为"双一流"建设应该借鉴这些大学的建设经验、方案和标准，将北大、清华等大学建成"东方哈佛""东方耶鲁"。毋庸置疑，国外先进的评估理念、缜密的评估方法、发达的评估技术等都值得我们学习和借鉴，但必须善取善弃，否则会造成学科评估标准与做法的水土不服，颠覆中国本土文化价值观，评估的效果难免让人产生"照猫画虎"的感觉，而用这样的评估来遴选"双一流"建设对象，必然产生适应性问题。中国高校学科评估在自主创新方面做了很多值得肯定的努力，比如在《第五轮学科评估工作方案》中揭出"中国期刊与国外期刊相结合"的"代表作评价"方法，淡化论文收录数和引用率，不将 SCI、ESI 相关指标作为直接判断依据，规定代表作中必须包含一定比例的中国期刊论文，但由于学

① 杨蕾：《跟跑国家世界一流大学体系建设策略研究——基于沙特阿拉伯、哈萨克斯坦两国的分析》，《比较教育研究》2019 年第 1 期。

科评估的拿来主义已成惯性，评估专家仍然会把 SCI、ESI 和国外期刊论文作为重要判断准则，参评单位也会刻意填报 SCI、ESI 和国外期刊论文，因而本土气息仍然不够浓厚，特别是在评估标准的制定方面善取有余而善弃不够，评估的外来取向挥之不去。

（一）ESI 仍被看作重要判断依据

ESI 是基于引文数据汇总的题录性引文数据库，有其客观性；ESI 又是作为基于引文数据的深入分析并进行相应排序的分析型数据库，有其主观性。沿用 ESI 评估标准衡量中国高校学科建设成效，能在一定程度上实现主观评价与客观评价的统一。然而，过度强调学科评估的国际化，将 ESI 学科排名作为学科评估标准，不但会导致参评高校盲目迷信与迷恋 ESI 标准，也会误导各省市区在"双一流"建设方案的制定中盲目倚重国外标准。虽然教育部在《第五轮学科评估工作方案》中提出不将 ESI 指标作为直接判断依据，但并没有取消 ESI 评估标准。在参评高校看来，既然没有取消 ESI 标准，那就意味着 ESI 仍然是重要判断依据，因而必须在材料填报中予以重视，这可能关系到"双一流"建设战略。从 31 个省市区"双一流"建设方案来看，不少地区都将进入 ESI 全球前 1% 或 1‰作为建设世界一流的目标。

> 山东省计划到 2020 年有 50 个学科进入 ESI 全球前 1%，到 2030 年有 10 个学科进入 ESI 全球前 1‰；江苏省计划到 2020 年有 100 个左右学科进入 ESI 全球前 1%；甘肃省计划到 2020 年有 15 个学科进入 ESI 全球前 1%，有 2—3 个学科进入 ESI 全球前 1‰；河南省计划到 2024 年有 10 个学科进入 ESI 前 1%；湖北省计划到 2020 年有 70 个以上学科进入 ESI 全球前 1%，6 个以上的学科领域进入 1‰；福建省计划到 2020 年有 20 个左右学科进入 ESI 全球前 1%、3 个左右学科进入排名前 1‰，到 2030 年有 35 个左右学科进入前 1%、6 个左右学科进入全球 ESI 排名前 1‰；海南省计划到 2020 年有 2—3 个学科进入 ESI 前 1%。（采访调研材料）

各地对 ESI 的迷信与迷恋，源于对 ESI 的模糊认识。顾名思义，ESI 从其名称 Essential Science Indicators 来看，本质上属于科学指标，是基于汤森路透数据库中的期刊论文数据及其引文数据，展现科学绩效和揭示科学发展趋势的综合型分析数据库。ESI 以期刊类型作为分类依据，将所有论文归为 22 个学科领域，自然科学占尽天时地利。从各学科领域采用的期刊数量来看，文理差别巨大，分布严重失衡。2016 年，ESI 入选期刊数量为 11427 种，其中社科总论仅为 1934 种，只占期刊总量的 16.92%，基本上忽视人文社会科学的存在。再从进入全球前 1% 的机构来看，全球共有 18401 家，其中社科总论仅有 1272 家，只占总量的 6.91%，与人文社会科学研究机构的总量形成极大落差。这种重理工轻人文的收录方法，在很大程度上影响到文献统计的科学性，也直接影响到评价结果的精准性。学科评估单纯看 ESI 指标，理科、工科占据绝对优势，而人文社会科学类学科有可能遭到"致命性打击"[①]。ESI 排名只反映学科平均水平，而非学科水平，学科水平是由学术带头人等拔尖人才的前沿水平决定的。[②]

从根本上说，ESI 只是对纯基础科学和应用基础科学领域研究论文学术水平和影响力的国际同行评议及其分析排名的评价，对于其他非基础科学例如应用科学、技术科学等而言未必适用。[③] 可以说，ESI 学科排名只是典型的技术型变量，是硬指标的碰撞和科学准确的数字排序，而对于学科文化、学科教学、人的发展等隐蔽但影响深远的社会价值的考察甚少。[④] 天津大学校长、中国工程院院士金东寒在批评 ESI 指标的水土不服时指出："一方面其评价结果主要依赖论文数据信息，不能够全面反映学科整体实力和学科特色；另一方面 ESI 是按照 22 个学科领域进行归类的，与我国 111 个一级学科的分类存在较大差异。"[⑤]

用国际标准来衡量中国高校学科建设质量与建设成效，勇气可嘉，但 ESI 重理工轻人文的收录方法，本身就存在文献统计的科学性问题，学

①　张继平：《高等教育评估的价值取向博弈——"双一流"建设与学科评估的视角》，中国社会科学出版社 2018 年版，第 95 页。

②　刘益东：《破"四唯"要克服三大障碍》，《社会科学报》2018 年 11 月 29 日第 4 版。

③　田虎伟、谢金法：《ESI 的功能限度》，《上海教育评估研究》2017 年第 1 期。

④　王兴宇：《"双一流"背景下学科建设的逻辑与路径——从学科排名谈起》，《西南民族大学学报》（人文社会科学版）2018 年第 10 期。

⑤　金东寒：《扎根中国大地开展特色评估 紧扣时代脉搏促进改革创新》，《大学与学科》2021 年第 1 期。

科评估单纯看 ESI 指标，不仅导致评价结果的精准性受到怀疑，而且导致人文社会科学类学科遭到"致命性打击"。用国外的尺子衡量中国的办学水平，必然造成学科评估标准与做法的水土不服，颠覆中国本土文化价值观。以 2007—2017 年 ESI 发文总量（Web of Science Document）为例，浙江大学、上海交通大学、清华大学、北京大学、复旦大学的数量分别为 62737 篇、58670 篇、54836 篇、54404 篇、40969 篇[①]，但这并不能说明清华大学、北京大学的办学水平不及浙江大学和上海交通大学，事实正相反。因此，这种评价思路与方法值得商榷。在中西文化传统迥异、教育管理体制悬殊、办学基础不同的前提下，用国外的尺子衡量中国的办学水平，评估的效果难免让人产生"照猫画虎"的感觉。

（二）论文评价强调国外期刊发表

学科评估没有真正建立论文评价的中国标准、中国方法，存在典型的重外文期刊轻中文期刊的倾向，过于看重 SCI、SSCI、A & HCI 来源期刊发表的论文，导致国内学者盲目迷恋 SCI、SSCI、A & HC 论文。学位中心在第四轮学科评估时推出 A 类期刊，虽然其初衷是"鼓励优秀成果优先在国内发表，增强中国期刊的影响力，改进学术论文评价方法，引导学术论文由数量评价向质量评价转变"，但这个初衷不过是一厢情愿。由于 A 类期刊目录强调外文期刊甚于中文期刊，其发挥的"指挥棒效应"使学术大家的论文开始让位于平庸之作，基础性、突破性、原创性的成果则寥若晨星，教师们为追求外文期刊论文的数量而罔顾成果质量，由此衍生出 SCI 造假产业链。据《中国青年报》报道，2016 年 12 月 12 日，在国家自然科学基金委员会召开的"捍卫科学道德反对科研不端"通报会上，曝出 2015 年《英国现代生物》《斯普林格》《爱思唯尔》《自然》等国际著名学术刊物撤销 SCI 论文的重磅消息，中国作者有 117 篇论文在撤销之列。[②] 学者们之所以造假，仅仅是因为学科评估以 SCI、SSCI 和 A & HCI 期刊论文为导向，高校教师入职、晋升、考核则以 SCI、SSCI 和 A & HCI 期刊论文为准绳。2020 年 11 月 3 日，教育部在《第五轮学科评估

---

① 张继平：《高等教育评估的价值取向博弈——"双一流"建设与学科评估的视角》，中国社会科学出版社 2018 年版，第 133 页。
② 王景烁、邱墨山、何欣禹：《117 篇 SCI 论文被撤稿的背后——第三方中介机构扮演重要角色》，https://www.sohu.com/a/122987883_ 105067，2016 年 12 月 30 日。

方案》中提出不将 SCI 作为学科评估的直接判断依据，但并没有明确提出要取消 SCI 评估标准，而是强调"代表作中必须包含一定比例的中国期刊论文"，这相当于暗示参评高校：在外文期刊上发表的代表作才是关键性作品，在中文期刊上发表的论文不过是点缀而已，由此导致参评高校重外文期刊发表而轻中文期刊发表的论文的价值倾向。

中国科学院地理科学与资源研究所陆大道院士曾痛批国内学术界盲目遵从国外学术标准。他指出，以 SCI 论英雄、论人才、论业绩，使学术界热衷于写 SCI 论文的学者愈来愈多，静下心来潜心学术创新的人越来越少。一部分迷恋 SCI 的学者，极其看不上将全部精力置于国家需求研究的学者，对他们的成果肆意贬低，斥之为"三无"学者（没有国外权威文章，没有国际头衔，没有高水平的英语）。将一些学科任意斥之为"三无学科"，有的被严重打压。多年来，一些人才与成果，在各种评奖的关口被那些热衷 SCI 的权威领导（学者）以一两个量化指标不够或由于没有外国人的好评等而否定了，"封杀了"。今天我们对 SCI 的迷信、崇拜，对 SCI "决定论"的盲从，甚至比西方人更有过之而无不足。以 SCI 为核心的论文挂帅，其结果是使中国的科学事业逐渐脱离"中国特色，自主创新"的方向，不可避免地扼杀科技创造力，导致中国科技界贫于创新、贫于思想。[①]

由于学科评估体系的导向偏差、国内科技成果评价体系误导及科研院所和高校在科研绩效评价中的唯 SCI 是从，致使中国绝大多数的高水平论文发表在国外的 SCI 期刊上，不但危及国内中文科技期刊的地位和水平，也使学科评估陷入国外期刊的"圈套"。虽然第四轮学科评估规定代表性论文必须包含一定比例的中国期刊论文，但《A 类期刊名录》所列举的外文期刊数量及其权重都明显大于中文期刊，中国期刊在论文评价中只起点缀的作用，根本无法体现中国特色，更不用说引导学者将最优秀的成果在中国期刊上发表了。

---

① 陆大道：《以 SCI 为主导的论文挂帅扼杀了科技创造力》，https：//www.sohu.com/a/246757791_169228，2018 年 8 月 8 日。

　　全国政协委员何新指出："《A 类期刊名录》选定的 20 本经济学期刊中，包括国外的 12 本，国内的 8 本，其中除了《中国社会科学》外，都是清一色宣传西方新自由主义主流经济学学术规范的经济学杂志。由于教育部官方认定的 A 类期刊在学科评估以及教师的职称晋升、成果奖励和评优评奖中具有权威性示范作用，教育部此举实际是以行政手段要求中国经济学教师全面接受西方新自由主义的学术规范，在经济学领域进一步推行西方标准和全盘西化，并且必然会进一步阻遏和扼杀国内大学体系内的马克思主义政治经济学研究。"①

　　福建师范大学社会历史学院教授高峻在质疑"A 类期刊"名单时写道："学位中心最近下发〔2016〕42 号文件，启动全国第四轮学科标准工程评估工作。在其《A 类期刊名录》选定的 21 本中国史、世界史学期刊中，国外的竟有 13 本，而国内的只有 8 本，比率之悬殊令人震惊。中国是有五千多年文明史的世界大国，中国史和中国对世界史的研究源远流长。新中国成立 67 年来，中国史研究、中国的世界史研究取得了举世公认的成就，处于世界领先地位和顶尖水平。本轮评估只列 8 本国内史学期刊为 A 刊，是典型的自我蔑视、崇洋心态的表现。世界上中国史研究的中心和重镇，无论古代还是当今均在中国国内"。②

　　学术论文评价的西方化倾向，使学者追求真理与尊重原创的崇高学术理想，以及批判学术成果质量的传统方式，在西方中心主义者、功利主义者和不可知论者的抨击下摇摇欲坠，不仅背离中国高校"双一流"建设的实践，也与党中央、国务院提出的建设具有中国特色、中国风格、中国气派的哲学社会科学的学术评价和学术标准体系的思想背道而驰。更为重要的是，以 SCI、SSCI 和 A & HCI 等为主导的论文挂帅对中国科技

----

① 吕景胜：《中国社会科学学科究竟应该怎样评估？》，http://www.360doc.com/content/16/0507/09/31662682_ 556960011.shtml，2016 年 5 月 10 日。

② 高峻：《高峻教授给教育部发出问责信件》，http://www.hswh.org.cn/wzzx/llyd/jy/2016-05-06/37629.html，2016 年 5 月 6 日。

发展带来严重影响，不仅导致科技人才价值观扭曲，使学者的学术思想固化在西方的框架与模式之中，而且造成科学研究脱离国家需求实际，学科为国家服务的宗旨被抛弃，通过艰苦的科学实践、寻求理论上的发展和科学上突破的理念大大减弱，最终导致科学研究与中国特色渐行渐远。

（三）建设对象遴选倚重国外评价

"双一流"建设对象的遴选除按"扶优扶需扶特扶新"原则外，高校是否入选"双一流"名单，不仅要以中国高校学科评价为依据，还要参考国际相关评价因素，表明中国特色学科评价在"双一流"建设中的导向作用仍然没有得到全面发挥。"双一流"建设参考国际相关排名，主要包括《美国新闻与世界报告》学科排名、CHE 排名、QS 排名等，这些排名方法的科学性、排名结果的客观性都值得肯定，但排名理念、排名指标等都是富有争议的。一直以来，人们对世界知名排行榜如 CHE 以及 QS 的批评声不绝于耳。这些大学排名受到各方的批评，在于其排名的不确定性。

> Ludo Waltman、Paul Wouters 等人认为，大学排名是受各种各样的不确定性影响的。第一，排名中的指标通常不会精确地包括所有相关感兴趣的方面，举个例子，用引用数据让社会公众了解一所大学研究影响力，但是引用数据反映的仅仅是粗略的情况；第二，排名的精确性会因源数据是否精确以及在进行指标计算时的技术选择（看似不起眼）而受到影响；第三，大学排名还会具有一些其他不确定性，比如在某段特定时间内某所大学由于经历一些巧合事件而影响到绩效，这样就不能从一般意义上完全代表院校绩效情况。[①]

国际性学科排名的不确定性让人感到遗憾，因为它暗示了人们对排名的盲目关注，由此会增加人们忽略排名适应性的价值风险，导致人们将关注点聚焦在学科排名上，从而误导人们做出错误决策。如果评估标

---

① Ludo Waltman，Paul Wouters，Nees Jan van Eck，*Ten Principles for the Responsible Use of University Rankings*，https：//www.cwts.nl/blog? article = n − r2q274&title = ten − principles − for − the − responsible − use − of − university#＿＿NO＿LINK＿PROXY＿，2017 − 05 − 17.

准的制定不顾中国国情，盲目照搬美国的抑或英国的标准，必然造成学科评估的适应性问题，非但不能促进"双一流"建设，反而会造成负面影响，学术界对此有强烈的质疑声音。

　　中山大学杨清华等人认为，CHE、QS 和 US News 学科排名在中国水土不服，面临着两方面的考量：一是地域文化因素的影响。国外学科排名中的声誉调查使用的语言均是英语，由于调查的地域和行业分布不均衡、调查对象的专业性和公正性、英语地区国家调查反馈率占优等实际问题，给西方传统名校或位于国际大都市的大学赋予天然优势。二是国家政治利益的博弈。美英等国为在世界范围内争夺优质生源、高层次人才、建设资金等资源，力图通过排行榜来提升本国大学的国际学术话语权及其国际影响力，以引领世界学术发展、对外输出本国文化和价值观，于是就出现这样一种现象：在 CHE 和 QS 大学排行榜上，英国本土大学和学科占尽优势；而在 US News 大学排行榜上，则是美国大学与学科独步天下。①

　　概而观之，学科评估标准的制定脱离中国国情，过分强调国际评价与学术成果的国际影响，既不符合高等教育发展改革重视内涵和质量的趋势，也不符合学科评估走中国道路的定位。更重要的是，这与党中央、国务院提出的"努力构建中国特色、国际影响的学科评估体系"及习近平同志提出的"办好中国大学，必须有中国特色"的精神背道而驰，可能会制约中国高校学者的积极性、主动性和创造性，影响高等学校的综合实力和整体水平，阻碍高等教育事业的改革和发展。

三　行政性评估与中国特色的割裂

　　学科评估作为一种资源分配机制，是高等教育制度的一个缩影。在行政化特征明显的中国高等教育场域里，学科评估按照行政管理的逻辑运行，无法形成适应市场经济需要的公平、正义、法制的规则。中国高

---

① 杨清华、孙耀斌、许仪：《建立中国特色的世界一流大学评价体系》，《中国高等教育》2017 年第 19 期。

校学科评估由学位中心组织与发起，学界普遍认为，"学科评估实施主体的独立性和公信力有待商榷""学位中心是教育部直属的事业机构，所秉承的是教育行政部门的意志，听从的是相关机构领导的指令，是事实上的利益相关者，并不具备独立性"①。从学科评估的运行机制来看，教育行政部门委托学位中心开展学科评估，委托人是政府部门，代理人也是政府部门，学科评估本质上仍然是行政性评估，具有较为突出的"政府色彩"。行政性评估最大的弊端就是刚需配置，评估组织方与参评方缺少"缓冲地带"，评估组织方用刚性的制度管理参评方，而参评方只能按照组织方的博弈规则行事，这就会导致学科评估的管控矛盾。评估组织方和参评方处于一种对立的地位，评估组织方居高临下，对参评方颐指气使，参评方成为"沉默的羔羊"，没有发言权，只能按照评估内容"精心"地进行准备，服从这根弦绷得太紧。参评方之所以服膺于组织方的行政命令，主要在于教育行政部门掌握着巨大的权力相诱人的资源。

> 以某省一流学科建设为例，该省分管高教的教育厅副厅长表示："我省遴选、建设和考核'一流学科'的标准有三条：第一，按照 ESI 学科排名进行遴选，某学科进入 ESI 学科排名前百分之一，则该学科可以入选一流学科建设范畴；第二，学科年均科研经费达 5000 万元者可以入选；第三，重大政策建议获得省级以上政府批示采纳者可以入选。省财政每年向入选'一流学科'投入建设经费 1000 万元，连续投 5 年。'一流大学'的遴选标准也简单，即拥有 3 个以上'一流学科'的高校。相应地，验收标准也按照科研排名来。"②

参评高校为在评估中取得良好"战绩"，获得"金字招牌"，占据"双一流"遴选的上风，必然会采取措施博得组织方的好感，在评估中表现出逐利的本能，寻找机会投机钻营，由此导致高校在评估中的竞争白热化、泡沫化。不少参评高校为获得"双一流"的"门票"，不按学科建设规律办事，急功近利，不惜通过弄虚作假、恶意挖人、撤拆拼凑等手

---

① 方跃平、邹放鸣：《我国学科类型化评估机制的完善》，《江苏高教》2018 年第 7 期。
② 王务均：《论学术锦标赛及其育人转型——一个组织分析的链条》，《教育发展研究》2019 年第 3 期。

段来欺骗评估组织机构及评估专家，在评估中虚报、谎报状态数据，夸大学科建设成绩，隐瞒学科建设问题。参评高校的这些行为在一定程度上强化着行政性评估，因为那些善于抓评估制度漏洞、对学科评估材料进行包装的高校可以从评估中获得本不该获得的利益，这种现象如同商业领域的投机倒把，脱离中国高等教育和谐、自由的价值追求。

（一）弄虚作假比较盛行

弄虚作假是参评高校为在评估中获得好的成绩，通过伪造材料或假象以蒙蔽他人的视线。为了在评估中得到好的排名，许多高校动员一切力量为"迎评"做准备，校长亲自挂帅，各部门分头行动，教师学生全力配合，一切为评估让路，一场"隐形"的造假活动由此拉开序幕。从学科评估材料弄虚作假手法来看，参评高校的作假主要包括两方面：状态数据造假和定性材料造假。

第一，从状态数据造假来看，由于师资队伍数量、师资队伍质量、学生国际交流数据、优秀在校生数据、优秀毕业生数据、科研项目数据等均由参评高校填报，学位中心并不对数据来源的真实性进行核实，给缺乏行为自律的参评高校留下很大的造假空间。参评高校为在评估中取得好的结果，通过状态数据造假欺骗评估组织机构及评估专家的现象屡见不鲜。

　　　　某大学主管学科评估的中层干部在第五轮评估材料填报培训会上毫不掩饰地引导说："状态数据由各学科填报，主动权掌握在你自己手中，这就要看同志们的填报能力了。反映过程信息的数据（如科研获奖、学术论文、科研项目等）可以通过公共数据库获得，在填表过程中发挥空间很小，但反映状态信息的数据无法通过公共数据库获取，各学科有很大的发挥空间。在师资队伍方面，本轮评估只需要填20名代表性骨干教师，其中45岁及以下代表性骨干教师不少于6人，那么，那些教师队伍不充足的学科，是不是在这段时间内可以'引进'10人，甚至20人？在科研项目方面，国家级科研项目要在公示平台公布，接受各单位的异议，必须慎重对待，但横向项目给各学科留有很大发挥空间，那些省部级科研项目不足的学科，是否可以在较短时间内'获批'很多横向项目？在毕业生质量方面，我认为每个学科都不存在未就业的情况，而且自主创业、其他形式就业的也应该极少，毕业生主要签订就业协调或劳动合同，再就是升学；签约单位应该以科研设计单位、党政机关、国家企事业单位、高等教育单位、医疗卫生单位、其他事业单位为主"。（采访调研材料）

在状态数据造假现象上还有常人难以发现的"秘密"，即论文影响的"无中生有"。论文被引次数是衡量论文学术影响力的重要指标，主要指公开发表的学术论文被期刊引用次数，可以通过 CNKI 中国知网对某篇论文进行检索，但无法对一个学科的所有论文进行批量检索。有些学科为提高论文的学术影响力，将原本没有被引用的论文通过各种巧妙的借口，填上被引若干次；有的学科则采用夸大引用频次的做法，将原本属于低被引论文变成高被引论文。这种手法很隐蔽，评估专家凭经验很难发现。

　　某大学党委书记在介绍填表经验时说："有的论文刚发表不久，若严格按照 CNKI 中国知网上的统计来计算被引次数，则有许多论文被引次数为零。但这些论文中有的被《新华文摘》、人大复印报刊资料、《中国高校学科文摘》等转载，有的被收录，有的被其他各类刊物转载，也应该算被引用一次。还有，已发表的论文在各种文献综述或评论中被提及，尽管没有明确引用，也应该视为被引用一次。按照这样的统计方式，论文被引用情况是否应该有若干次？"（采访调研材料）

第二，从定性材料造假来看，第五轮学科评估要求参评学科填报思想政治教育特色与成效、课程教学改革与质量督导的创新做法、师德师风建设机制与成效等方面的定性材料，并提供社会服务方面的主要贡献及典型案例，通过评估专家的定性评价来衡量学科的社会声誉与特色。这种评估方式对于高校发现与凝练学科特色、凸显与打造办学特色无疑具有重要的推动作用，但由于定性材料的真实性很难考证，参评高校抓住评估漏洞造假的现象就不可避免地发生了。

某大学校党委常委、宣传部长在第五轮学科评估经验交流会上传经送宝，他以师德师风评价为例，指导学科负责人和评估材料填报人如何撰写高水平文本，他说："师德师风评价是个新事物，所有参评学科都没有成功经验，如何让文本有吸引力？既要在文字上下功夫，又要在材料上做文章。习近平总书记提出做'四有'好老师、做'四个引路人'和'四个相统一'的师德师风建设要求，评估材料填报要把握重点、突出要点，将习近平关于师德师风建设的新思路、新观点融进评估材料，才能写出亮点，赢得评估专家的认可。其他方面的材料填报也一样，你在文字上下功夫不一定超过竞争对手，你不在文字上下功夫就一定会落后于竞争对手"。（采访调研材料）

校领导的话使学科负责人和材料填报人明白"不进则退"的道理，肩上既有压力又有"动力"。在学校领导的授意下，各参评学科开启了新一轮学科评估的材料包装工程。

某大学中国语言文学学科在第五轮学科评估的典型案例中如此总结该学科"拯救濒危语言——助力地方语言保护和利用工程"："为了保护国家语言资源，传承中华非物质文化遗产，语言学系于2016—2020年承担国家语委'语言资源保护工程'8个专项项目，教育部重大招标课题'语言资源保护'工程4个子项目，获得国家语委76万元和教育部24万元的经费支持，在XX市范围和XX州开展以语言资源调查、保存、展示和开发利用为核心的语言保护工作。新冠肺炎疫情肆虐期间，语言学团队第一时间响应，加入XX省'战疫语言服务团'，开展应急语言服务，编写的《XX方言指南》（附音频）为XX医疗队在XX市开展对口支援工作发挥了特殊作用"。（采访调研材料）

参评学科在评估材料填报中避实就虚，用无法考证的项目和数字哗众取宠，用夸张的手法将各种平凡的事件定性为"拯救濒危语言""保护国家语言资源""发挥了特殊作用"，这些"沽名钓誉"的作秀伎俩是典型的"无中生有"。这种投机行为不仅使"象牙塔"的圣洁性受到玷污，而且使学科评估本身的权威性遭到严重透支，已经引起社会的强烈批评。如果评估中的投机行为得不到有效治理，就会导致腐败盛行，使评估失去本真价值，这对"双一流"建设可能是致命伤。

（二）恶意挖人风靡一时

高校之间竞相恶意挖人主要指各高校为占据人才竞争优势，采用非常规手段挖兄弟院校的高端人才。在"双一流"建设进程中，高端人才是核心竞争力的体现，"实施方案"也充分肯定高端人才的重要性，而各省、市、自治区出台建设方案均将高端人才引进与培养作为重中之重，由此使得各类"人才计划"的入选者成为高校竞相引进的重点人选。在"双一流"建设的冲锋号吹响之际，各地的"挖人大战"越演越烈，这些人才包括：以中国科学院、中国工程院院士为主的杰出科学家；"海外高层次人才引进计划""高层次人才特殊支持计划""长江学者"特聘教授等高层次领军人才；"青年千人计划""特支计划"青年拔尖人才、"杰出青年基金""长江学者"等青年杰出人才。高校之所以热衷于用重金引进人才，缘于各类"人才计划"的入选人数已成衡量大学、学科实力的重要指标，并在高校排名、学科评估、项目申报、经费划拨等方面发挥着引领作用。与此相应，高校会依据人才层级的不同，在科研经费、住房补贴、平台搭建、团队组建、薪酬待遇等方面提供不菲的引进条件。尤其是北京、上海、广东、浙江等高房价地区，动辄几百万的安家费或百余平方米的住房，以及解决子女教育、配偶工作等问题，几乎成人才引进的"标配"。重金引才的背后，是高校人才的非正常流动，部分人才为获取个人利益，频繁跳槽不同单位。

2017年7月12日，在教育部召开的新闻发布会上，针对中西部和东北地区高校人才"孔雀东南飞"现象，教育部再次明确表示，鼓励人才合理有序流动，但"挖人"属于恶性竞争，将旗帜鲜明地予以调控，甚至取消人才的"帽子"、荣誉和称号。对此，光明日报社进行了深度调查。

调查显示，各地高校"挖"人才可谓不惜血本，尤其是"资金实力雄厚的东部理工类高校"。华北水利水电大学给引进的首席科学家提供3000万科研启动经费，杭州电子科技大学给院士500万元年薪，天津工业大学给院士500万元住房补贴……

在"双一流"建设的大幕正式拉开之际，如火如荼的人才招聘引进工作在全国高校范围内展开，有人将之称为新一轮的"挖人大战"和"双一流"的"速成法"，而这其中，中西部和东北地区高校成为人才被挖的"重灾区"。

上海某高校引进的一位专家，在个人补贴和启动经费到位、学校投资5000万元建立起软件平台后不久，就又受聘到另一所高校任职，以获得高额的安家费和启动经费。

对此，中科院院士、北京大学教授、中科院植物研究所所长方精云表示："引进人才的非正常跳槽，不仅没有发挥在科学研究方面应有的作用，而且严重扰乱了正常的科研和教学秩序，对学生和年轻学者产生了恶劣影响，更造成了科研经费和国家资源的严重浪费。"

"东部各高校，请对中西部高校的人才手下留情！"在召开的中西部高等教育振兴计划工作推进会上，教育部部长陈宝生疾呼："挖走这些人才，就是在掘人家的命根！"

教育部副部长沈晓明也公开指出，这种现象不仅对西部高校不公平，而且把人才价格和办学成本不合理地越炒越高，"使一部分高校教师队伍军心涣散，长期下去不利于高校教师队伍建设"。①

"挖人大战"之所以盛行，从本质上讲是因为行政本位与学术本位之间的冲突。从行政本位的角度来看，在"'双一流'建设过程中，相关部门和高校把学科评估结果与各种利益绑定在一起，不同程度上绑架了学科建设导向，带来了大量的短视和功利行为"②。每轮学科评估结果公布，高校领导都不得不面对上级主管部门、媒体、教师、学生、用人单位、同行等高等教育利益相关者的舆论，评估结果理想，则会受到社会各界

---

① 《教育部向高校恶意挖人再发警告！"携帽子流动"，"帽子"或被取消》，http：//www.sohu.com/a/156846926_372464，2017年3月12日。

② 邬大光、薛成龙：《"应试"评估不是学科建设的全部》，《光明日报》2019年9月3日第13版。

的赞誉，否则会受到非难甚至声讨。因此，每轮评估结束，总是"几家欢喜几家愁"，高校领导为追求政绩而不惜血本地争夺各类人才，以便打造"面子工程"，体面地面对公众；从学术本位的角度来看，各类学术人才为谋求好的待遇和工作环境而顺势迎合，诸多"孔雀才得以东南飞"，高等教育领域的"挖人大战"才得以爆发。从人才发展的机制来说，正常的人才流动是必要的，但前提是合理有序，不是恶性竞争，"挖人大战"便是一种恶性竞争。现在人才"携帽子流动"现象突出，然而，"长江学者""杰青"等不是"铁帽子王"，而是有岗位设置的相关要求，离开那个岗位，帽子、荣誉、称号就应该不复存在。东部地区凭借区位优势，再加上优越的科研平台、学术氛围、薪酬待遇、自然环境和生活保障，得以频频将一些中西部高校的学术尖子、教学骨干挖走。如果听任高校人才"孔雀东南飞"，中西部地区高校高层次人才流失现象会进一步加剧，面临空前的人才危机。这不仅是严重的教育公平与均衡问题，而且是政治、经济和社会协调发展的问题，它涉及国家中西部发展战略和东北地区振兴计划的实现。

（三）撤拆拼凑受到追捧

撤拆拼凑是指参评高校为提高评估材料的厚度和竞争力，通过裁剪、拆散某些学科，将其成果整合到相邻或相近学科，以帮助相关学科获得好的排位，从而在"双一流"建设中捞得更多的资源。大学发展具有高度的资源依赖性，其速度的快与慢往往取决于资源投入的多与寡。当今高等教育资源投入的政策取向是典型的"胡萝卜加大棒"模式，为了追求更大的投入产出效率，国家在资源分配上往往优先考虑绩效评价中表现优异者，以期获得更快的建设成效。在这种政策话语的主导下，第四轮学科评估与"双一流"建设相遇，人们会自然地将这次评估与"双一流"建设项目联系起来，于是对名次的争夺就显得格外重要，以至于有些高校对某些学科定下"争 X 保 Y 拼 Z"之类的目标。为达到这些目标，众多高校一窝蜂地推行撤拆拼凑的学科设置"战略调整"——对相对较弱的学科进行关停并转，集中力量办好"优势学科"，力图让"优势学科"通过材料堆砌拼上高位，弱势学科则成为可有可无的分母，甚至被视为"双一流"建设的包袱，不是被裁撤就是被合并。据国务院学位委员会公布的《关于下达 2017 年动态调整撤销和增列的学位授权点名单的通知》，2017 年，全国 24 个省份 87 所高校增列 184 个学位点，25 个省份 131 所高校撤销 338 个学位点，部分包括博士学位授权点。有分析指出，保住优势学科地位的声音，在这一轮学科评估中不在少数。即使是国内的顶尖大学，也不可能是科科都强的全能冠军，每所大学都可能有"阿喀琉斯之踵"。在上一轮学科评估中，部分高校为了保住优势学科，采取了内部资源调配的"扯被子"方式，将其他学科的成果"归入"较强的学科，集中力量冲击较高的"排位"。

全国政协委员李蓝对这种现象早已耳闻目睹多次，认为这显然是一种投机取巧的做法，并未反映学科建设的真实一面。[①] 各高校为做成学科"拼盘"，可谓挖空心思，绞尽脑汁。

> 2016 年"五一"劳动节，对于北京某"985 工程"高校的某学院院长王远（化名）来说，注定是一个"和主题极其吻合"的节日。劳动节他在劳动，为第四轮学科评估而忙。之前为了研究评估胜出的策略，院里已经打得不可开交。最后，他们决定"弃车保帅"——砍掉软件工程一级学科，力保计算机科学与技术一级学科在全国高校学科排名中胜出。时间很紧，他们必须加班加点。开大会，堆资料，挪师资，争长江、杰青……在结果揭晓之前，谁高谁低一切皆是未知数，唯有尽人事听天命。之所以如此紧张，王远一语道破天机：因为评估结果将与"双一流"建设挂钩，因此没有人敢有一丝懈怠。[②]

根据社会需要撤销那些水平不高、特色不明、需求不大的学科，本无可厚非，也是高校摒弃学科设置"大而全"、追求数量的必然要求，使高校学科建设进入"有进有出""有增有减"的新状态，推动高校注重质量自律、注重人才培养、注重学科内涵，提高研究生教育质量，形成专业设置对接产业发展的新机制。但如果大学在价值选择上偏狭地认为

---

① 《高等教育学科版图调整：7400 学位点竞逐新一轮评估》，21 世纪经济报，https：// gaokao. chazidian. com/show－109212/，2016 年 11 月 13 日。

② 温才妃：《学科评估，都是排名惹的祸？》，http：//news. sciencenet. cn/htmlnews/2016/ 7/351167. shtm，2016 年 7 月 14 日。

"双一流"建设就是建设几个所谓的一流学科，从而出现学科发展的"马太效应"，就会使"双一流"建设走上一条错路。在"马太效应"机制的作用下，强势的学科总是会获得更多的资源投入优势，而获得更多资源投入的少数强势学科的优先发展固然不错，但其发展却是以绞杀弱势学科为代价的。从高等教育发展的本体功能来讲，这些弱势学科可能恰恰是高校人才培养最基础、最核心的部分，如果高校仅仅为争取好的排名和冲击"双一流"而随意将这些基础性学科关停并转，可能会导致功利性"错杀"，甚至酿成人才培养结构的另一种失衡，必然将学科建设引入歧途。

（四）无端异议竞相上演

无端异议是指在没有任何理由与依据的情况下对其他参评高校的学科材料提出质疑与异议。在学科评估的利益博弈中，参评高校为提高胜算，增加入围"双一流"建设范畴的机会，努力给自己贴"红标签"，并想方设法给竞争对手贴"黑标签"，一些高校甚至在材料公示异议的环节，以莫须有的"质疑"为由，有组织、有针对性地提出无端异议，力图通过打击竞争对手而获得好的排位。

> 　　某大学的学科评估材料汇总人在第四轮评估材料公示期间对该校各学科评估材料填报人发话："每所大学的评估材料都可能找到问题，只要你有一双善于发现的眼睛！不怕火药味，就怕没地位。要本着对学位中心负责、对学校负责、对学院负责、对学科负责的态度，找到兄弟院校的漏洞，发现兄弟院校的问题，该质疑的一定要质疑，对于可质疑可不质疑的材料，要对照评估文件想方设法找到质疑点。找到对方的问题，就是发现自己的优点；给对方机会，就是不给自己机会；兄弟院校的排名下降，就意味着本校的排名上升。学科评估结果关系到自身的饭碗问题，每个学院、每个材料填报人都要不折不扣地完成这项工作。"（采访调研材料）

对评估材料进行公示异议是保证材料真实可靠、评估结果公平公正、促进高校之间公平的重要措施。参评高校应该本着认真负责的态度对待这项工作，而不是以此为"契机"无事生非。如果无端质疑成为一种打击竞争对手和冲击"双一流"的手段，不仅影响学科评估的和谐生态，也会激发高校之间的矛盾，形成恶性竞争的局面，既伤害感情又不能获益，可谓得不偿失。更重要的是，高校之间的恶性竞争会导致"双一流"建设陷入"囚徒困境"，将高校学科建设引入歧途，使高校建设者难以静下心来思考学科长远发展和内涵发展之计。

四　应考性评估与中国特色的割裂

学科评估是一种文化活动，需要从中国特色社会主义文化体系中汲取营养。在中国高等教育大改革、大发展的过程中，由于评估文化未能跟上中国特色社会主义文化大发展的时代步伐，学科评估正面临着中国自信与高校"应考"的冲突，"双一流"建设正面临着文化贫血、动力不足、生态失衡的困境，学科评估被降格为排名工具。从高校迎评与应付学科评估的发生机制来看，好的学科排名作为一种利益博弈的资本，对每一所高校、每一个学科来说都是至关重要的，如果高校在学科评估中排名不理想，可能会导致政治形象不好，难以获得各级政府的有力支持；社会影响不好，难以招到一流的学生，获得一流的资源；学术声誉不好，难以引进一流的教师，产出一流的成果。于是各高校从评估启动伊始，就采取种种策略迎接与应对评估，以图在评估中获得好的成绩，排到好的名次。

尽管今日之中国式学科评估不像《美国新闻与世界报道》大学排名、《泰晤士高等教育》大学排名及 QS 大学排名那样大张旗鼓、直言不讳，但其发挥的排名效应并无两样，高校领导、学院院长、学科负责人、教师、学生等利益相关者对学科评估关注最多的还是学科排名情况，各高校为了争最高、争最强、争最好而费尽心思应对学科排名。为淡化学科评估的排名效应，从第四轮学科评估开始，学位中心不再像历次评估那样公布分数，而是采用"分档"方式公布评估结果，根据"学科整体水平得分"的位次百分位，将前 70% 的学科分为 9 档公布。这种公布方式虽有一定的改变，人们不能直接从评估结果中分出第一名、第二名、第三名……但依然可以根据参评学科数和评估结果了解到某高校某学科的精确排名，"评估即为排名"的观念不但没有被改变，在"双一流"建设语境下反而被强化，人们因对学科评估确切结果的过度关注而更加迷恋学科排名。这种情形在极大地调动高校参与热忱的同时，也造成高校之间的盲目攀比和非理性竞争①，强化参评高校的"应考"心态和"被试"心态，诱发种种迎评行为。

（一）督促管理层积极"应考"

参评高校为在"大考"中获得好的成绩，不惜动用行政手段，鼓动学校分管领导、研究生管理机构、学院管理层及学科负责人全身心投入学科材料填报工作中，一场自上而下的"应考"运动就此拉开大幕。

> 某大学 XX 学院院长在督促学院的学科负责人和研究生教育管理负责人做好在校生的配合工作时明确指示："在校生完全在你的管辖之内，无论从哪个角度来说，他们都会听你的指示和安排。你要他给自己的老师打高分，他敢不打高分吗？如果连在校生都搞不定，要么是你的工作没到位，要么是你的能力有问题。如果在校生的工作都做不好，我看你今后也不用从事这工作了！"（采访调研材料）

（二）鼓动在校生配合"大考"

让在校研究生从消费者的视角对学科质量进行评估，是改革高等教育质量评价方式、强调以学生为本的重要举措，有利于引导研究生培养单位对"培养什么样的人"以及"如何培养人"这一基本教育命题进行深入思考。但在评估过程中，参评高校把分数看得比质量本身更为重要，想方设法引导学生在调查中给出高分。学校层层加码，院长亲自督办，学科负责人、研究生教育管理负责人具体操作，一场学校与学生合谋串供的大戏就此上演。②

> 某大学 XX 学院一位学科材料填报人在动员研究生填写学位中心的调研问卷时说："评估是一场学科竞赛，是一场你死我活的比拼。学科评估结果直接关系学校声誉、学科声誉、学院声誉，也直接关

---

① 王洪才：《学科排名：利大还是弊大——对我国学科评估特征、正当性与机理的省思》，《厦门大学学报》（哲学社会科学版）2019 年第 1 期。

② 张继平：《高等教育评估的价值取向博弈——"双一流"建设与学科评估的视角》，中国社会科学出版社 2018 年版，第 142 页。

系到同学们今后的就业和发展。人人都是评估对象，个个都有评估指标。评估的最大受益者是同学们，要认识到评估不只是学校的事、学院的事、老师的事，也是你们的事，每个人都是评建工作的参与者、贡献者。'学科兴衰，匹夫有责'。同学们要树立'院兴我荣，院衰我耻'的意识，认真对待评估工作。你给学科投出满意票，实际上就是给自己的人生投出满意票；你给导师投出满意票，实际上就是给你自己投出满意票！希望每个同学都用实际行动来证明你爱学校、爱学院、爱学科、爱老师，在评估中投出神圣的一票。"

某大学教授就此说，尽管在校生对参评高校做出很高的评价，其中不乏溢美之词，但这些评价在很大程度上是碍于师生情面和出于无奈，因而很多高评都是违心的，学校的管理服务、导师导学、资助体系、课程设置等远没有达到他们的期望值和满意度。学生不满于研究生教育的原因，主要在于他们认为自己在科研训练、智力发展、处世为人、职业发展等方面没有得到实质性的进步，教师重自己的科研有余而对学生指导不够，成天忙于课题研究和论文写作，习惯于用"放羊"的方式对待学生，任其自生自灭，"好导师"对于学生获得一张通往美好未来的"门票"来说只是一个奢侈的梦乡，许多学生到毕业的时候，都没有和导师进过餐，导师和学生彼此认识，却并不相互了解。（采访调研材料）

（三）要求用人单位支持"统考"

学位中心为了解研究生毕业后的职业发展情况，促进高校研究生培养质量提升，邀请用人单位开展"研究生职业发展调查"。高校为在此项"统考"中获得好的声誉和分数，采取各种手段公关，以求得用人单位的高评。

某大学 XX 学院研究生教育管理办公室负责人在介绍此项经验时说："为应对学位中心的'研究生职业发展调查'，让用人单位在对毕业生进行评价时打出高分，我们主要通过两种方式和用人单位进行沟通：一种方式是学院研究生教育管理办公室直接和用人单位联系，希望对方予以支持，给出高的评价；第二种方式是将任务落实到每位研究生导师身上,让研究生导师同自己的毕业生联系,要求毕业生填写和其关系最亲近的领导或同事,并事先与其领导或同事沟通,求得对方的支持,在评估中打个比较理想的分数。在告诉用人单位具体评价操作时,尽量选择'很熟悉''很满意''很愿意'等高评选项,而对毕业生各方面能力素养进行评分时尽量要求对方打'6分'(最高分)"。(采访调研材料)

参评高校以"应考"和"被试"心态应对学科评估,反映了"双一流"建设背景下各高校对好的评估结果的狂热追求,使高校之间涌动着一股"争先"的激流和"恐后"的暗流,为宁静的大学平添了几分紧张的气氛,使其无法冷静下来发掘与凝练办学特色,考虑更长远的学科内涵建设问题。

从表面上看,参评高校的"应考"和"被试"心态是功利主义价值取向使然。从第一轮评估开始到第五轮评估结束,虽然评估指标体系历经多次修正完善,但仍然无法反映学科建设的全部内涵,这既与高校学科发展成熟度和对学科内涵的理解有关,也与学科评估的技术方法有关,更与评估的价值取向有关,而首要问题是评估价值取向的选择。尽管这不是学科评估的初衷,但在"双一流"建设过程中,参评高校会有意或无意地陷入"应试"的泥潭,依据评估指标体系而不是遵循学科发展规律,已经成为高校学科建设的路径依赖。[①]

从深层次分析而言,参评高校的"应考"和"被试"心态则是缺乏文化自信、理论自信和道路自信的表现。从文化自信的角度来讲,一所大学有什么样的精神面貌,就会有什么样的教风、学风和校风,进而形成相应的质量文化和评估行为。一所真正的一流大学,是不会刻意注重评估结果的,更不会通过"应考"手段来应对学科评估,而会通过努力建设纯正的校风、优雅的学风和良好的教风来塑造宁静的校园生态。参评高校的种种"应考"行为,恰是文化自信不足的表现。从理论自信和道路自信的角度来讲,成熟的、适应本国国情的评估理论是指导学科评

① 邬大光、薛成龙:《"应试"评估不是学科建设的全部》,《光明日报》2019年9月3日第13版。

估规范发展的前提。中国高校学科评估没有形成具有自身特色的评估理论体系，没有形成适合自身特征的评估模式和运行机制，目前国内学术界与评估界主要是介绍、引进或沿袭西方主流的评估理论，移植国外的评估模式，如 US News 学科排名、CHE 学科排名，缺少中国元素。

　　理论的适用性决定于条件的相似性，即使在发达国家适用的学科评估理论，在中国也常有"淮南为橘、淮北为枳"的缺憾。认识不到西方评估理论、评估模式在中国运用必然存在的局限性，照搬这些理论和模式于中国学科评估实践，必然导致参评高校过于看重评估结果的位次，为追求好的排名而刻意应对。

第四章

学科评估服务"双一流"建设的
机制性障碍

推进评估机制改革创新是提升学科评估效率和品质的关键。一个良好的评估机制，能够使学科评估活动在正确的决策下持续不断地高质量、高效率运行，为高等教育利益相关者提供高品质的服务；评估机制不顺、评估机制不畅、评估机制不全、评估机制不活则会使学科评估活动陷入信息不对称的困境，难以为"双一流"建设提供高水平的服务。中国高校学科评估之所以遭遇目的价值取向冲突、根本价值取向冲突和核心价值取向冲突，最根本的就是因为学科评估的运行机制不畅、激励机制不活、保障机制不全和监督机制不良，影响到学科评估的质量与效益，需要进行全方位、深层次的改革。

第一节　运行机制障碍：政府角色不到位

政府部门合理扮演自己的角色是学科评估良性发展的前提。"指导意见"提出："履行政府部门指导职责，充分发挥'双一流'建设专家委员会咨询作用，支持学科评议组、教育教学指导委员会、教育部科学技术委员会等各类专家组织开展建设评价、诊断、督导，促进学科发展和学校建设。"[1] 政府作为高等教育的投资人，既是"双一流"建设的引导者

---

① 教育部、财政部、国家发展改革委：《关于高等学校加快"双一流"建设的指导意见》，http://www.gov.cn/xinwen/2018-08/27/content_5316809.htm，2018年8月27日。

又是"双一流"建设的推动者，在以评促建中履行着政策引导、资金投入、质量监控等职能，其恰当的角色扮演能有效发挥学科评估的诊断、激励、督促、调节等功能，提高学科评估结果的权威性，为"双一流"建设提供高质量、有成效的服务，加速推进中国从高等教育大国向高等教育强国的转变。

首先，政府积极作为是寻求帕累托最优策略的需要。学科评估作为一条资源分配法则，需要将有限的办学资源分配到合适的高校中去，这是"双一流"建设的一项重要工作，离不开政府的问责。帕累托认为，在社会资源的分配上，存在一个最理想状态，越过这个理想状态的边界，就会产生零和博弈解，即增加一个人的利益必须以损害另一个人的利益为代价。这种不增加社会资源总额的分配方法，无论其结果是否能达到人们所期望的公平，其代价都是对效率的损害。因此，要达到资源分配的最佳状态，必须制定一种既让受惠者得益又不损害他人利益的政策，这种公平解就是"帕累托最优解"①，被称为公平与效率的"理想王国"。在"双一流"建设过程中，人们追求"帕累托最优解"的过程，其实就是政府进行科学决策的过程，也是政府运用资源配置杠杆监控学科质量的过程。由于"双一流"建设是竞争性投资而不是普惠性工程，教育资源的配置主要关注效果，即对教育质量的有效促进。学科评估作为国家、社会和学校对学科绩效的问责，其有效运行离不开政府依靠有关法律法规及必要的行政手段进行宏观间接调控。② 从根本上说，以学科评估推进"双一流"建设，其目的是通过对"双一流"建设高校的办学绩效进行评价，促使"双一流"建设高校充分利用有限的人力、物力、财力，优化资源配置，争取实现以最小的成本创造最大的效率和效益，最大限度地利用社会资源来发展高等教育。

其次，政府合理干预是破解信息不对称难题的需要。学科评估如同一个信息发送机制，需要将高校学科质量信息发送给不同的高等教育利益相关者，供其在遴选、考核、投资"双一流"建设对象时做参考。信息不对称理论认为，市场经济活动中的信息在个体之间呈不均匀、不对

---

① 蔡宗模：《高校组织再造：帕累托最优的视角》，《教育发展研究》2009 年第 7 期。
② 赵立莹：《问责与改进：我国第四轮学科评估元评估》，《学位与研究生教育》2018 年第 2 期。

称的分布状态，使交易产生不公平现象，即各类人员对有关信息的了解存在差异，有些人对某些事情的信息比另外一些人掌握得多一些，而有些人掌握得少一些；掌握信息比较充分的人员，在市场交易中往往处于比较有利的地位，而信息贫乏的人员，则处于比较不利的地位。学科评估作为"双一流"建设的一个环节，广泛存在着信息不对称现象。从学科评估的利益相关者来看，广泛存在着以政府、雇主、家长、学生、校友、捐赠人、高校等为主体的博弈方，由于各博弈方所掌握的信息存在较大差异，学科评估围绕信息而形成许多博弈关系。就高校和其他博弈方的关系而言，在通常情况下，高校掌握着关于自身质量最为准确、最为完整的信息，是信息博弈的优势方，但高校为了维护自身利益，很有可能向政府等博弈方提供不真实的信息或隐瞒对自己不利的信息，于是造成学科评估结果失真，那些位居排行榜首的学科，不一定是实力最强的学科，有的很可能是"假货""水货"或"冒牌货"，而政府据此遴选出来的"双一流"建设对象，就可能是"逆向选择"的结果，导致高等教育领域的非公平竞争。从权力博弈的角度出发，政府和其他非市场因素的渗入，能在一定程度上改善竞争均衡状况。① 如果政府能够通过评估制度改革建立良好的信息披露机制，让雇主、家长、学生、校友、捐赠人等利益相关者获得高校学科质量的准确信息，不仅能减少投资风险、降低投资成本②，而且能较好地防止"双一流"建设中"逆向选择"现象的发生。

　　再次，政府深度松绑是完善委托代理制度的需要。中国高校学科评估由教育部委托学位中心进行，教育部与学位中心就形成了一种委托代理关系。这种关系的产生和发展，既是"双一流"建设的内在要求，也是学科评估活动不断专业化的必然结果。委托代理理论认为，委托代理关系的产生是生产力快速发展和规模化大生产的必然结果。一方面，生产力发展导致社会分工进一步细化，权利所有者由于知识、能力和精力

---

① John Eatwell, Murray Milgate, Peter Newman, *Asymmetric Information*, London: Palgrave Macmillan UK, 1987, pp. 1 – 3.

② Sangkyun Park, "Effects of Risk-Based Capital Requirements and Asymmetric Information on Banks' Portfolio Decision," *Journal of Regulatory Economics*, Vol. 16, No. 2, 1999, 16（2）: 135 – 150.

所不及而无法行使所有权利；另一方面，专业化分工产生了一大批具有专业知识的代理人，他们更有精力、更有能力代理权利所有者行使好被委托的权利。学科评估按委托代理机制运行，从本质上讲是让专业的机构做专业的事，提高评估结果的权威性。但在实践中，由于学位中心还不是纯粹的社会中介机构，学科评估仍然带有官方的色彩，需要进一步完善，形成真正的社会评估机制。"规划纲要"提出，要按照"管办评分离"的原则建设现代大学制度，"鼓励专门机构和社会中介机构对高校学科、专业、课程等水平和质量进行评估。建立科学、规范的评估制度。探索与国际高水平教育评价机构合作，形成中国特色学校评价模式"①。政府作为高等教育的管理主体，将办学权交给高校，将评价权委托给第三方机构，有利于建立政府宏观管理、高校自主办学、各方民主监督、社会有效参与的现代大学制度，构建政府、高校、社会之间新型关系。与此同时，政府委托第三方机构对高校学科建设成效进行评估，用以监测高校的产出获得，可以更好地了解经济学视角下大学的行为表现。在行为合同的框架下，政府投资的数量与观察行为挂钩，可以减少大学目标与政府目标之间的冲突②，促进社会期待与高校办学的有效对接。

在国家推进以评促建的过程中，政府管理高等教育的方式不断改进，在落实"管办评分离"和深化"放管服"改革方面取得不可忽视的成效，但遗憾的是，政府直接参与学科评估、直接管理高等学校、直接配置教育资源的力量仍然相当强大，政府过度干预学科评估的情况仍然比较普遍，导致学科评估对"双一流"建设的服务功能不能有效发挥出来，政府单向度、集权化、僵化性的角色定位已不能适应公共服务的要求。从服务"双一流"建设的宗旨来看，政府在学科评估中的角色定位偏差主要表现在以下方面。

一　角色移位，政府权力漂移

政府角色位移是政府介入学科评估发挥管理职能的一种习惯，主要

---

① 国家中长期教育改革和发展规划纲要工作小组办公室：《国家中长期教育改革发展规划纲要（2010—2020）》，http：//www. moe. gov. cn/srcsite/A01/s7048/201007/t20100729_ 171904. html，2010 年 7 月 29 日。

② 左海云：《基于委托—代理理论的校长激励策略》，《河北师范大学学报》（教育科学版）2010 年第 7 期。

表现为政府在以评估促进"双一流"建设中的角色定位不准,导致政府职能游离,权力"漂移",无法形成精确性、高效率的管理。从学科评估的运行来看,政府管理者角色的位移主要表现在三个方面:

一是角色上移,即政府放大自身权力,扩大管理职能,越俎代庖,扮演全能政府的角色,管理自身权力以外的事,集学科评估的领导者、规则制定者、活动组织者等角色于一身,将全国性学会、协会、研究机构及业务主管部门排斥在外,无事可为,无法参与到评估标准的制定、评估程序的审核、评估结果的认定等工作中来,影响了学科评估的专业性。

天津经济研究所的王军认为,中国现行的高校评估是自上而下的,即以政府主管部门为主导进行的评价。这种垂直式的评估方式,使评估完全处于政府的控制之下,无论从参与的个体来说,还是就采集的信息来看,都显得封闭有余,开放度、透明度不够,不仅社会力量无法参与到评估中来,而且评估结果缺乏动态特征,无法满足社会各界了解高校办学信息的需求。[1]

二是角色平移,即政府在学科评估中不明确自己既定的角色定位,从"服务商"角色漂移到"购买商"角色,从领导者角色漂移到参与者角色,从委托人角色漂移到代理人角色,虽然没有侵权、越权行为发生,但却未能履行自己的服务职能,参与了不该掺和之事,分外之事做得多,分内之事却没有做到位。

三是角色下移,即政府缩小自己的权力范围,从宏观管理者降格为微观管理者,成为评估方案的研制者、评估活动的组织者、评估标准的审定者,在评估的细枝末节上耗费时间与精力,将行政力量渗透到学科评估的方方面面。

政府角色移位给学科评估和"双一流"建设均造成了不利影响,既造成政府精力分散,负担过重,不可避免地出现"双一流"建设的决策

---

① 王军:《中国式高校评估可以休矣》,https://www.chinathinktanks.org.cn/content/detail/id/k5hxre11,2017 年 5 月 3 日。

失误、资源配置效率低下等问题，也导致社会评估力量无法参与到评估活动中来，造成评估结果的权威性被打折，还压抑了高校的办学活力，滋长了高校"等、靠、要"的惰性思想。

二　角色缺位，政府监管不力

角色缺位主要是指本来应该由政府生产和提供的准公共产品和教育服务，政府却没有尽其职、履其责，甚至在某些方面还出现了"真空"，使高等教育服务成为一个无法兑现的承诺。政府作为高等教育服务的提供主体，既是学科评估的"监护人"，又是"双一流"建设的投资人，理当通过有力的引导与监管措施促进学科评估的科学发展、有序发展。但在"双一流"建设实践中，政府未能扮演应然的角色，存在角色缺位现象。

> 某大学文学与传媒学院研究生教育办公室主任对此感触颇深，该主任多年从事研究生教育管理与学科建设工作，参与过前四轮学科评估，对学科评估有较为深入的了解。提到政府在学科评估中的地位和作用时，该主任认为："政府的作用我们谁都不可忽视，主要体现在影响力和执行力方面。举个例子，由教育行政部门或其下设机构向高校发出评估邀请函，很快就能得到高校的积极呼应。从我校的参评情况来看，在学校、学院的高度重视下，我们不得不认真对待。"对于政府在学科评估中的角色缺位，该主任认为："政府部门直接介入学科评估，可以说是大材小用。政府作为大政方针的制定者，应该高屋建瓴，起到引导作用，同时还要对学科评估进行监控，这样才能保证学科评估的规范性和有效性，但在现实生活中，政府的这些职能还没有得到很好地发挥。"（采访调研材料）

政府在学科评估中的角色缺位主要表现为：引导政策缺位——没有建立起以评促建的引导政策，参评高校存在"被试""受审"心态，不能正确地认识到评估的本体功能，功利主义思想严重，为评估而评估的现象较为普遍，无法静下心来思考学科的长远发展；制度监管缺位——没有形成常态化、规范化的评估制度，无法保证学科评估按规章制度进行，评估规则朝令夕改，评估组织方临时改变评估方案、评估标准的问题较为突出，如学位中心临场推出 A 类期刊名单，导致参评高校手忙脚乱，难以应对，肆意发挥，评估秩序紊乱；惩戒机制缺位——没有形成防腐拒变、惩治腐败的有力措施，学科评估过程中弄虚作假、谎报数据、故意作秀的现象时有发生，如有的参评高校编造横向项目，有的高校杜撰典型案例，有的高校虚报就业数据，打破了学科建设的宁静生态。政府角色缺位造成高校之间无序竞争，影响评估效能的有效释放，使"双一流"建设弹奏出不和谐的音符，这种乱象必须得到有效治理。

三　角色错位，政府职能混乱

角色错位是指政府机构内部角色分担不明、发生角色错乱现象，即不同政府部门、上下级政府之间缺乏明确的分工，你干我的事，我干你的事，相互越权，互相乱打仗。从纵向错位来看，既有中央政府对地方政府、上级政府对下级政府的角色错位，也有地方政府对中央政府、下级政府对上级政府的角色错位。比如中央政府对各省（自治区、直辖市）的"双一流"建设颐指气使，就是中央政府对地方政府的角色错位。从横向错位来看，主要是各级政府部门之间职能交叉、重叠，职权划分不清楚，互相推诿扯皮，政出多门的事时有发生。如教育主管部门越过财政主管部门的权力边界，按学科评估结果裁定"双一流"建设名单并决定其支持额度。从条块错位来看，既存在条条对块块，即上级业务主管部门超越职权干预下级政府管理事务的现象，又存在下级政府超越职权干预上级业务主管部门管理事务的现象。如省级人民政府超越自身职权干预教育部、财政部对"双一流"建设高校的认定，就是下级政府超越职权干预上级业务主管部门的管理事务。在学科评估实践中，政府角色错位是一个迫切需要解决的问题。

　　　大连理工大学解德渤、李枭鹰认为，适应经济结构转型升级的需要，政府部门在学科评估中的角色应是顶层设计者，通过建立适应中国国情的评估制度来推动地方本科院校向"应用型"高校转型发展，从而使不同类型的高校在各自的跑道上"赛出风格""赛出水平"，但政府部门明显没有扮演好这样的角色，因忙于其事务而置身于分类评估制度的研制之外，因而在第四轮学科评估中仍然把不同类型的高校放在同一条跑道上竞跑，于是就形成了一道熟悉的风景线：部属高校一路"领跑"，地方高校盲目"跟跑"。这样的"同台竞技"表面上看起来公平，实则是在公平外衣掩盖下的竞技规则不公正。①

政府角色错位给学科评估和"双一流"建设造成了不良后果，不仅会导致政府决策失误、效率低下，而且会干扰学科评估的正常秩序，影响学科评估的社会公信力，使得"双一流"建设扭曲变形，难以按教育规律正常运行。

四　角色越位，政府深度介入

角色越位是指政府超越行政权力的边界，在学科评估中以集权者的身份出现，深度卷入并粗暴干预学科评估事务，揽不该揽的活，管不该管的事，使学科评估陷入行政化的泥潭而不能自拔。从中国高校学科评估和"双一流"建设的实践来看，政府角色越位的突出表现就是政府机构与社会中介组织不分，既扮演"双一流"建设的利益分配者角色又扮演高等教育利益相关者角色。作为政府代理人的学位中心表面上看是一个独立于政府的"第三方机构"，但实质上更是一个政府机构，在教育主管部门的直接授意下开展学科评估工作，既当"裁判员"又当"运动员"。从学科评估的组织机构来看，学位中心作为教育部的下设机构，无论从组织特征还是运作机制来看，都没有按"第三方机构"所固有的自我管理、自我约束、自我发展原则成长发育，独立运行，其通过主管、指导等方式掌控所有评估事务，在评估中处于垄断地位，不仅包揽评估方案的制定，而且控制着整个评估过程，使评估成为政府自说自话的游戏。政府部门之所以在评估中存在角色越位行为，在很大程度上是基于利益的考虑。

---

① 解德渤、李枭鹰：《中国特色学科评估体系的优化路径——基于第四轮学科评估若干问题的分析》，《厦门大学学报》（哲学社会科学版）2019 年第 1 期。

教育部教育发展研究中心马陆亭认为，我们通常所说的政府由不同部门组成，其下设的具有事业单位性质的研究中心（如学位中心），确切地讲不是政府部门，但是这些部门挂着教育部的抬头，就代表政府，有时情况也确实是这样的，因为这些研究中心承担了部分政府职能。作为一个事业单位的人，当然希望自己说的话有公信力，比如要求各参评单位按时完成评估事项。因此各部门在抓工作的时候，有可能出现抓权现象，这时候就会出现利益纠葛。①

围绕学科评估形成的利益博弈，可以从"囚徒困境"的博弈模型中得到很好的解释：如果评估机构为了维护自身利益而置教育主管部门的声誉、权威等利益于不顾，就有可能因违背教育主管部门的意愿而受到种种限制，最终损害自身利益；如果评估机构为了维护教育主管部门利益而按行政意志办事，则可能会得到教育主管部门的支持，但自身却缺少独立的话语权。在学科评估过程中，评估机构面对利益的"囚徒困境"，其实很难做出理智的选择。

云南大学董云川对此认为，破解评估利益的纷争，最好的办法是采取第三方评估。他指出，在政府加强宏观管理、促进微观放活的形势下，中国高等教育领域里各种各样的"第三方"评估机构应运而生，粉墨登场，在质量保障的口号之下各显神通。但无论如何，这些机构还是不得不打政府的招牌，只是名目不同而已。如果真正脱离与政府职能授权的干系，第三方评估机构可以说是寸步难行。这是当下中国高等教育评估所处的真实语境。那些原来对教育事业拥有绝对指挥权的各级各类职能部门，在"管办评分离"体制下或多或少流露出失意失控的慌张，也在通过不同的方式继续强化着自己的操控权，试图守住原来的一亩三分地。②

政府部门通过各种手段来捍卫自身的利益，使评估机构成为某种利

---

① 陈学飞等：《中国式学科评估：问题与出路》，《探索与争鸣》2016 年第 9 期。
② 陈学飞等：《中国式学科评估：问题与出路》，《探索与争鸣》2016 年第 9 期。

益的代言人——现行的学科评估机构不只是自身利益的维护者，而更是政府利益的代言人。从评估目的的确立、参评条件的审定、指标体系的建立、评估程序的认定、评估方法的构建到评估结果的公布等每一项事务，都由政府所属的事业单位来定夺，把专门性学会、协会等评估团体弃置一旁，严重弱化社会评估的力量，导致学科评估结果的客观性和公信力受到较大影响。

第二节　激励机制障碍：第三方评估匮缺

　　第三方评估是学科评估的重要形式，在"双一流"建设中发挥着"风向标""催化剂"和"推进器"的作用。"规划纲要"在倡导第三方评估方面提出，要培育专业教育服务机构。"总体方案"在设计"双一流"建设成效评价时强调要积极采用第三方评估，以提高评估结果的科学性和公信度。科学的第三方评估能弥补行政性评估的缺陷，有利于打破信息不对称的僵局，更好地维护利益相关者的合法权益，为政府决策提供高质量的服务，为高校改革发展提供高水平的服务，为社会了解高校办学信息提供高效率的服务。在深化"放管服"改革、实现教育"管办评"分离进程中，第三方评估已成为社会各界的强烈需要。

　　第一，回应利益相关者诉求的现实需要。第三方评估是基于高等教育外部关系规律和"双一流"建设的客观需要，由独立于高等教育及其利益相关者的社会中介组织或机构所开展的高校学科评估。从高校学科评估的实践来看，第三方是指处于第一方——参评对象和第二方——服务对象之外的一方，是独立于政府、高校、家长、学生、雇主、校友、捐赠人等高等教育利益相关者之外的评估主体。由于第三方与第一方、第二方既不具有行政隶属关系，也不具有利益关系，因而第三方评估被认为是保证评估结果公平公正的起点。在"双一流"建设中引入第三方评估既是建立高等教育质量外部保障机制的需要，也是推动高校公平竞争、公平发展的需要。"规划纲要"提出："鼓励专门机构和社会中介机构对高校学科、专业、课程等水平和质量进行评估。建立科学、规范的评估制度。探索与国际高水平教育评价机构合作，形成中国特色学校评价模式。"① 鉴于第三方组织不涉足高等教育资源分配，不参与"双一流"建设竞争，其权力运行能抛开利益纷争，通过公平地对待所有参评对象、公平地保障所有利益相关者的利益而建立起和谐的评估秩序，减少参评对象在评估过程中弄虚作假、恶意挖人、撤拆拼凑等机会主义行为，降低高等教育监督的成本，实现公众的问责和利益保障。

第二，打破信息不对称僵局的迫切需要。第三方评估作为一种信息收集与配送机制，通过采用科学的指标体系和大数据技术，运用定性分析和定量分析相结合、主观判断与客观判断相结合、国内评估与国际评估相结合的方法，按照学科专业建设与学校整体建设评价并行的原则，考察高校学科建设效果与总体方案的符合度、建设方案主要目标的达成度、建设高校及其学科专业的表现度，使政府与高校之间、高校与社会之间的信息交流和互动更为快捷和高效，在保障学科与研究生教育质量的同时，不断满足政府和社会对高等教育的诉求。2016 年，国家在修改《中华人民共和国高等教育法》时，特别新增"教育行政部门负责组织专家或者委托第三方专业机构对高等学校的办学水平、效益和教育质量进行评估，评估结果应当向社会公开"的条款，强化第三方评估的职能。相对于政府性评估而言，第三方专业机构对学科建设现状的评估能减少高等教育系统进行信息沟通的交易成本，遏制信息流通过程中的信息不对称和不对等，省时高效地找到公约数而达成共识。形象地说，第三方评估就是让专业的人做专业的事，它对学科质量信息的判断不是"雾里看花""水中望月"，而是"仰观俯察""望闻问切"，特别是对问题的诊断不遮遮掩掩，不仅判断病症而且查找病根，因而更能够明察秋毫，"精确"地发现学科所存在的问题，"精确"地发现问题所产生的原因，"精确"地分析学科所潜在的优势，"精确"地分析学科及学校发展努力的方向。这些"精确"的发现与分析，能够帮助政府与高校、社会与高校之间建立起信息沟通的桥梁，防止信息优势方因谋取自身利益而掩盖对自己不利的信息，从而打破信息不对称的僵局，为高校合理定位、"精确"制定"双一流"建设策略提供最有价值的参考，为政府积极作为、"精

---

① 国家中长期教育改革和发展规划纲要工作小组办公室：《国家中长期教育改革发展规划纲要（2010—2020）》，http://www.moe.gov.cn/srcsite/A01/s7048/201007/t20100729_171904.html，2010 年 7 月 29 日。

确"制定"双一流"建设支持策略提供最有价值的服务。

第三，构建委托代理制度的必然需要。第三方评估的本质是政府作为委托人将评估权力交给专业性的第三方组织，作为代理人的第三方组织根据明示或隐含的契约，通过组织开展学科评估为政府施策、高校决策提供有价值的服务，并根据服务质量获得相应的报酬。在建设"双一流"的过程中，建立以第三方评估为主体的委托代理制度，形成第三方代理人市场，不仅是社会力量承接高等教育管理权力下放的关键环节，也是落实"管办评分离"、建立中国特色学科评估制度的必然要求。2018年，教育部、财政部和国家发展改革委印发的《关于高等学校加快"双一流"建设的指导意见》提出，"鼓励第三方独立开展建设过程及建设成效的监测评价。积极探索中国特色现代高等教育评估制度"。第三方评估具有客观理性、价值中立的特点，其服务范围不仅仅限于"双一流"建设对象的遴选、中期及末期考核，还包括诸多关于高校学科建设与发展、学校发展等事务，这对提高政府施策的科学性和合理性、对提高高校决策的针对性和有效性都具有重要意义。政府将学科评估事务委托给独立的第三方组织，实乃通过简政放权，建立政府依法办学、高校自主管理、各方民主监督、社会有效参与的现代大学制度，有利于减轻政府压力、释放高校活力、激发社会动力，构建政府、高校、社会之间新型关系，形成多方合力共建"双一流"的体制机制。

经过不断努力，中国高校学科评估取得了长足进展，在服务"双一流"建设方面发挥着日益重要的作用。然而，由于第三方评估在中国高校学科建设中开展的时间还比较短，尚处于起步和探索阶段，成功经验有限，在评估思想认识、评估制度建设、评估理论探索等方面还有许多悬而未决的难题，特别是在行政力量的干预下，第三方评估的独立性、中立性难以得到保障，在实践推进中常常因制度悬空、法规缺失、人员匮乏和理论滞后等问题而陷入困境。

一　制度悬空，独立性羸弱

中国高校学科第三方评估机构成立之初，是依托于政府与教育行政部门而逐渐发展起来的，行政力量在第三方评估机构的建立和发展中起着至关重要的作用，第三方评估机构的发育度存在着较大的不足，至今没有建立起第三方评估的相关制度，第三方评估机构在承接代理业务时遭遇身份缺失、职能模糊、服务不明和角色紊乱的障碍，独立运作困难，制约评估的专业水准和规范化发展。从第一轮到第四轮学科评估，虽然学位中心是教育主管部门指定的第三方评估机构，但社会各界对此有不同的声音，甚至是质疑声——教育行政部门既是管理者又是评价者，难免会"不识庐山真面目"①。从学位中心的机构性质来看，它是教育部的一个下设机构，具有典型的官方性质。教育部在设置学位中心时指出，学位中心是教育部直属事业单位，在教育部和国务院学位委员会的领导下开展工作，承担教育部、国务院学位委员会委托开展的学位与研究生教育的评估、评审工作，并根据需要面向社会自主开展与学位与研究生教育有关的评估、评审工作。这相当于规定学位中心是教育部的隶属机构，是官办组织，虽然具有独立法人资质，但必须在教育部的授意下开展工作，因而没有独立开展学科评估的行动自由。

中国开展的学科评估究竟是不是第三方评估？许多人对此一直持怀疑态度。

> 某大学文学院分管学科建设的副院长认为，学位中心是一个官方组织，可以从两方面来加以分析。一方面，从组织机构的属性来看，学位中心领导的任免、工作人员的管理等事项都由教育主管部门负责，比如职称评定、年终考核都是在教育主管部门的统一领导下进行的，表明学位中心不具备完全独立的第三方性质。另一方面，从组织机构的运行来看，中国高等教育领域还没有建立起委托代理市场，学位中心并不是按照市场规则承接学科评估业务，而是在教育主管部门的授意下，代表教育行政机构开展学科评估工作，在很大程度上是官方行为。当然，学位中心依托教育行政力量开展评估工作可以提高学位授予单位的参评率，这是中国高等教育管理的特点。但反过来想，如果学位中心离开教育行政力量的支持，会有多少学位授予单位按照其要求进行填报材料、开展问卷调查等工作？

---

① 黄全明：《改革呼唤独立公正的第三方》，http：//paper. jyb. cn/zgjyb/html/2018－11/20/content_ 509147. htm？ div ＝－1 在 2019－09－20 09：43：08，2018 年 11 月 20 日。

（采访调研材料）

从实质上看，现行的学科评估是在教育行政部门的控制下进行的，并没有真正发挥出第三方机构的作用，第三方机构是按行政意志办事，是表面的合作者，缺乏完全独立性。没有独立性，第三方评估就没有灵魂，评估机构在面对参评对象的利益纷争时很难坚持客观、公正的价值评判，评估的作用和效果就会大打折扣，难以为"双一流"建设提供高质量的服务，这与学科评估的初衷是背道而驰的。长此以往，不仅学科评估会失去存在的理由，而且"双一流"建设也会成为人们茶余饭后的谈资。

二　法规缺失，合法性贫血

中国高校学科第三方评估在高等教育国际化、大众化、普及化、信息化及"双一流"建设浪潮中快速发展，已初步形成第三方评估市场，但"无法评估""非法评估"成为制约高校学科评估科学发展的一道"内伤"，第三方评估服务"双一流"建设正在遭遇合法性危机。从中国高校学科评估的实践来看，学位中心扮演着第三方评估机构的角色，不过，这一角色只是学位中心"自冕的皇冠"，并没有得到法律认可。中国高校学科第三方评估的最初依据是国家教委于 1990 年 10 月颁布的《普通高等学校教育评估暂行规定》，此文件提出，"在学校自我评估的基础上，以社会评估为重点，并且要鼓励学术机构、社会团体参加教育评估"[1]。尽管该文件提出社会评估的倡议，但并没有对第三方评估机构的性质、身份、功能等进行清晰的界定，第三方评估机构在学科评估中应承担的职责、享有的权利、履行的义务等均无法可循，评估机构的从业资质、业务范围、服务内容等皆无法可依，使学位中心作为第三方评估机构的存在缺乏法律根基和保障。在学科评估事业发展及国家推进"双一流"建设过程中，虽然国家、教育主管部门陆续出台一些关于发展社会中介评估机构的规定，采取一些发展社会中介评估机构的措施，如

---

① 国家教育委员会：《普通高等学校教育评估暂行规定》，http：//www.moe.gov.cn/src-site/A02/s5911/moe_ 621/199010/t19901031_ 81932.html，1990 年 10 月 31 日。

1992 年国务院同意国家教委关于《加快改革和积极发展普通高等教育的意见》，希望社会各界支持和直接参与高校办学水平评估；又如 2015 年成立的"全国第三方教育评价机构联谊会"，致力于推动第三方教育评价研究。遗憾的是，这些规定和措施并未上升到法律层面，无法为学位中心依法评估提供行动指南和法制保障，造成学位中心在学科评估过程中无法准确对自己进行定位，评估活动缺乏权威性和法律效力，遭遇参评对象不配合、社会团体不支持、工作对接不顺畅等现实挑战。

> 北京师范大学王英杰对此指出："中国还未建立起具有公信力的第三方评估机构，就开始大力开展学科评估了，结果就是政府主导评估。学位中心作为教育主管部门直属的行政性事业单位，其任务是根据教育方针、政策和评估指标体系实施评估，但这样的单位把那些本来可以是学者的自律组织或者学科的专业组织变成官本位的组织，结果使得这些组织很难成为构建学科文化、研究学科发展方向、制定学科评价标准的真正的学术组织和影响学科发展的第三方机构。"①

> 复旦大学熊庆年更加直接地说："可以这么说，在现阶段国内还没有真正的第三方教育评估机构。无论是教育部所属的学位中心等一批中心，还是各省、市的教育评估院（所），都是准官方的教育评估机构。它们是事业编制，有行政级别，吃的是财政饭，不可能与上级部门利益无涉，不可能持独立的立场，也就不可能做到真正意义上的客观公正。"②

第三方评估的核心价值在于它与委托方和参评方均无利益关涉，因而才能保证评估的客观性、公正性。中国高等教育领域缺少真正独立的第三方评估机构，学科评估就很难走在法制化、科学化的轨道上。

---

① 陈学飞等：《中国式学科评估：问题与对策》，《探索与争鸣》2016 年第 9 期。
② 陈学飞等：《中国式学科评估：问题与对策》，《探索与争鸣》2016 年第 9 期。

三　人员匮乏，专业性打折

学科评估是一门科学，科学的生命力在于不断提高评估人员的专业化水平。中国高校学科评估的一个软肋就是评估机构缺乏一支专业素质高、业务能力强的评估队伍，使评估结果的权威性大打折扣。由于评估人员准入不规范，评估队伍中兼职人员多专职人员少，且多数专职人员只是学科评估活动的组织者，在评估中扮演着上传下达的角色，并无专门化的学科评估理论、方法和技术，无法胜任高校学科评估工作。在专业人员匮乏的情形下，高校学科评估只能仰仗高等学校、研究机构、企业团体等组织，通过招募高校管理者、专业教师、企业专家等非专业人士来完成评估，不可避免地影响到评估结果的信度与效度。从第四轮学科评估来看，学位中心邀请同行专家对"师资队伍质量""优秀在校生""优秀毕业生""学术论文质量""社会服务贡献"等主观指标进行"基于客观事实的主观评价"，邀请同行专家和行业企业专家进行学科声誉调查，邀请海外同行专家对数学、物理、化学、机械工程、计算机科学与技术、材料科学与工程6个试点学科进行国际声誉调查。从表面上看，学科评估专家的来源多元，颇具代表性，但实际上这些所谓的评估专家既无丰富的评估实践经验又无必要的评估专业知识，因而缺乏对评估理论、评估政策、评估内容、评估标准等的深刻理解，只能凭主观感觉、"学缘情结"、学术偏好等进行价值判断，使得评估结论出现偏差，甚至造成"劣币驱逐良币"现象，导致"双一流"建设的"逆向选择"。

四　理论滞后，公信力不足

中国高校学科评估工作起步较晚，评估理论研究明显滞后于实践，第三方评估缺乏坚实的支撑，评估理论与方法体系不完善，评估方案、评估标准、评估程序、评估指标等设计的科学性受到限制。从第三方评估的发展来看，学术界关于第三方评估问题的研究是近20年来的事，时间相对较短，理论积累比较薄弱，难以很好地指导学科评估的实践，评估只能"摸着石头过河"，具有一定的盲目性。近年来，学术界关于第三方评估的研究不断发展，但主要是介绍引进西方学科评估理论、评估方法和评估技术，外来成分多，本土元素少，没有形成具有中国特色、符合中国国情的学科评估体系，第三方评估在服务"双一流"建设实践中正面临着拿来主义的尴尬：国外学科评估模式在中国"水土不服"。

　　一位负责研究生教育工作的博士认为，要弄清第三方评估的理论问题，可以进行一系列追问：什么是第三方评估？第三方评估的内涵、特点、内容是什么？第三方评估受到哪些因素的影响？第三方评估与第一方评估、第二方评估的区别是什么？第三方评估的利弊各有哪些？第三方评估怎样运行？对于这些问题，不只是学科评估的组织机构很难回答，即使从事高等教育研究的教授、博士们，也不一定能正确回答。之所以会出现这种情况，一个重要的原因就是现行的教育研究有很重的国外情结，无论在理论学习还是方法运用上都是借鉴为主。研究者在学术交流时侃侃而谈美国的、英国的学术成果，认为那就是"高大上"，没有对第三方评估从理论上进行深入探讨，更别说适合中国国情了。（采访调研材料）

　　国外评估理论与技术虽然比较成熟，但若不经历长期的中国化过程，必然产生"橘生淮北则为枳"的问题，削弱学科评估的公信力，这在第四轮学科评估中已有深刻教训。比如，学位中心出炉的 A 类期刊名单，由于没有科学的理论依据做支撑，没有合理的实践准则做参照，存在典型的重外文期刊轻中文期刊、重人情关系轻学术水准的偏向，刚出炉就引起轩然大波，遭到学术界的猛烈批判，不得不紧急叫停，被视为中国高校学科评估最大的闹剧。

第三节　保障机制障碍：元评估尚未起步

　　元评估是对高校学科评估活动、学科评估系统或学科评估机制进行再评估，即是将原评估作为评估对象，对原评估活动及评估者的表现进行价值判断，以期提升原评估的品质与效果。元评估是对学科评估组织进行管理与机构进行建设的重要手段，是学科评估工作制度化、合理化和科学化的保证。通过将元评估应用于高等教育质量保证之中，对学科评估进行再评估，可以规范和衡量学科评估工作自身，提高和完善学科评估的质量，发挥"元评估"对"原评估"的指导、评价和矫正作用，并将这种作用传导给政府施策和高校决策，从而为政府支持"双一流"建设和高校争创"双一流"提供有价值的服务，助力高等教育强国建设，此乃元评估的本质追求。

开展元评估是推进学科评估规范发展的现实需要。学科评估的规范化、科学化既是评估活动历史发展的起点，又是评估活动逻辑展开的归宿，它始终是元评估追求的价值目标，也是"双一流"建设的有效保障。从学科评估的生存和发展来看，学科评估的规范性不仅是评估目的实现的前提，也是学科评估本身存在的基石。在"双一流"建设语境下，学科评估旨在为国家、社会、高校提供有品质的服务，但学科评估的目的能否实现，关键在于评估结果的信度和效度。如果评估结果信度不高、效度不强，不但评估本身会面临风险，而且会直接影响高校学科改进和"双一流"建设的实际效果。元评估作为推动学科评估发展与完善的过程，如果能对学科评估全过程进行有效控制，不但可以提高评估过程的科学性，而且能完善评估体系，推进学科评估事业和"双一流"建设的可持续发展。可以说，元评估对于学科建设绩效与质量的监测作用，恰似审计在廉政建设中的作用，倘若学科评估机构仅仅依赖于各参评单位提供的信息，而没有相关机构与人员对这些信息进行审查，那么信息填报者就有可能隐瞒对自己不利的信息，造成评估信息的不对称，影响学科评估结果的可靠性和真实性，这对于任何一位学科评估结果信息的使用者（包括政府、高校、家长、学生、教育研究机构等利益相关者）来说都是不公平的。从这种意义上讲，元评估作为对评估自身的审视和反思①，对于构建一个完整的评估体系来说是必不可少的。元评估是描述、获得和应用描述性信息和判断性信息的过程，这些信息包括评估的实效性、可行性、适切性和准确性，以及评估体系的完整性、真实性、可靠性等，用以指导评估，并公开报告评估的优势与不足。② 元评估作为信息使用者和评估机构以外的第三方力量，通过评估的监督和控制，分析原

---

① 王云峰等：《高等教育元评估理论模式探析》，《高教发展与评估》2008 年第 2 期。

② D. L. Stufflebeam, *A Meta-evaluation*, Western Michigan University, School of Education, 1974, pp. 159 – 161.

评估的数据和流程，检测原评估的环节，能够发现评估活动所存在的问题和出现的偏差，并及时地予以纠正，以免造成不必要的错误、损失和浪费，增强评估活动的效益，促进学科评估科学化、合理化、规范化，提高和改进评估的整体质量，为"双一流"建设提供有质量的服务。

开展元评估是提升学科评估专业水准的必然选择。元评估是推动高校学科评估专业化的必经之途，是学科评估为"双一流"建设提供专业化服务的一项重要义务。元评估通过提升评估机构的专业性、评估人员的专业性和评估结果的专业性而实现原评估的专业化，而专业化的原评估是提升现代高等教育治理能力的基本手段和必要条件。第一，元评估是推动评估机构专业化的前提条件。元评估作为一种社会中介力量，通过对采用系统的方法对评估机构进行资质鉴定、规范和检验，对评估的投资回报率或成效、评估程序各部分的优劣总结以及各评估机构的评估质量等历史数据进行积累和综合分析，所产生的模型对评估机构来说是极好的历史借鉴资料，评估机构可以借此优化评估程序，改进评估方法，提高信息质量。① 第二，元评估是实现教育评估人员专业化的根本保证。评估机构通过借用元评估提供的反馈信息，可以有效帮助评估专业人员提升评估理论素养与业务水平，科学检核和改善评估方案、评估程序和评估方法等，不断提升学科评估的专业水准，确立学科评估的社会公信力。第三，元评估是促进评估结果专业化的关键所在。元评估作为学科评估的重要环节，通过评估原评估工作的实用性、可行性、合理性、准确性，并发布权威的元评估报告，犹如给公众打一针"强心剂"，能提高评估结果在公众心中的公信力。② 与此同时，元评估作为科学系统的反思工具，以"元"为始，将进一步推动教育评估迈向专业化、规范化和科学化，提高评价结果的可信度。③

开展元评估是国际高等教育评估发展的共同趋势。元评估是推进学科评估活动健康、协调、可持续发展的重要保证和力量，是当今国际高

---

① 方鸿琴：《国外教育元评估的分析及对我国的启示》，《江苏高教》2004 年第 1 期。

② 宁小花：《评估社会组织评估：元评估理论的探索性应用》，《中国社会组织》2013 年第 7 期。

③ 李贞刚、任涛、陈强：《我国高等教育元评估的实践缺失与治理对策》，《黑龙江高教研究》2015 年第 4 期。

等教育评估事业蓬勃发展的共同潮流与趋势。发达国家在世界一流大学与一流学科建设方面之所以能取得非凡成就，就是因为建立了完善的高等教育元评估制度。从美国的实践来看，元评估不仅是学科评估的一项基本制度安排，而且是美国高等教育质量保障和质量提升的重要战略。美国国家研究院（NRC）从 1981 年开始每 10 年就开展一次博士学科点评估排名，每次排名完毕后都要开展元评估，邀请评估专业人士和高等教育利益相关者对原评估进行反思与批判，并广泛吸收社会各界的意见，形成用于指导下次评估的元评估质量报告，这一元评估方式不仅成为一流大学与一流学科建设的"方向盘"，也成为国际学科评估的"金标准"[①]。从荷兰的实践来看，政府更是将元评估置于国家层面，作为国家高等教育质量保障体系的重要制度。虽然荷兰政府并不直接参与高校学科评估，但它在教育、科学和文化部下设立高等教育督导团，对原评估工作的合法性与质效进行监督和复查，借此对评估质量与过程进行把控。从英国、法国、德国、加拿大、瑞士、澳大利亚等高等教育发达及其教育评估发达国家的实践来看，几乎每个国家都在评估体制中引入元评估制度架构，为高等教育评估科学发展、规范发展提供强有力的保障。国际高等教育评估发展的趋势表明，要形成科学合理的原评估，就必须形成科学规范的元评估；没有元评估保驾护航，学科评估就可能走弯路甚至错路。

中国高校学科评估工作起步较晚，在国家推进"双一流"建设的背景下才受到社会各界的高度关注，评估体系建设还处于制度设计与实践探索相结合的阶段，社会各界还没有形成关于元评估的理性认识。对于更高层次的元评估，尚处在理论探索和实践萌芽阶段，至今尚未形成明确的思路和完整的制度构架，元评估机制在实践中的应用还面临诸多挑战。

一　认识不足，推行艰难

中国高等教育元评估并不是学科评估发展到一定程度而自发产生的，

而是出于"双一流"建设的实际需要，高等教育利益相关者为了解高校学科评估实施现状，解决评估中的权力设租、寻租和招租行为，学术界纷纷发表自己的见解，希望借鉴国外的元认证制度，完善高校学科评估工作，并建立元评估机构、实行元评估制度。从根本上说，高等教育元评估思想的产生，不是内力作用的结果，而是外力推动的产物。这种逻辑使元评估思想具有认识起点低、实践运行难的特点，这突出表现为：高等教育管理部门缺乏对元评估重要性的充分认识，忽视元评估制度建设对保障学科评估科学性、规范性的促进功能，导致元评估即使有思想也无法行动，在实践中执行困难；评估机构没有形成自我完善的意识，没有深刻认识到元评估对促进评估机构及整个教育评估体系长远发展的内在价值，在心理上回避甚至拒斥更高层次的监督，导致高校学科评估元评估"有货无市"，在实践中推行艰难。不容置疑，并非所有的高等教育评估活动都需要正式的、独立的元评估，但是对于任何一个教育评估者而言，在设计和实施评估的过程中，元评估意识和精准的教育评估标准都是必不可少的。① 中国现阶段的学科评估还不够完善，首先是对于元评估的认识不到位，甚至许多人对元评估根本就不了解。

　　某大学文学院分管学科建设的副院长在接受访谈时表示自己曾经参与了学科评估工作，对学科评估工作比较了解，但提到什么是"元评估"时，该副院长表示："我知道元认知是指人对自己的认知过程的认知，但对元评估确实不了解，学校在评估动员会上对评估的重要性讲得多，但没有宣传元评估，自己也没有接触过。"我们用同样的问题问该学院负责协管研究生教育的教师时，她也坦言："自己参与过学科评估中的信息填报工作，对于评估工作的细节比较了解，但是对于什么是元评估，为什么要开展元评估，怎样开展元评估，学校层面、学院层面都没有讲过，自己平日里忙于琐事也无暇顾及，因而对此一无所知。"（采访调研材料）

---

① 李贞刚、陈强：《我国高等教育元评估研究的现实意蕴》，《山东高等教育》2014 年第10 期。

没有深刻的元评估认识，就没有规范的元评估行动；没有规范的元评估行动，就没有科学的原评估；没有科学的原评估，学科评估就是破碎的、不完整的评估。只有走出思想认识的误区和盲区，中国高校学科评估才可能永续发展、健康发展。

二　主体缺失，政府管控

元评估主体是指对学科评估进行再评估的人，这里的"人"，或是指对高校学科评估进行再评估的个人，如元评估专家；或是指对高校学科评估进行再评估的组织与机构，如教育评估研究院。元评估主体作为原评估的价值判断者，其可靠性是学科评估权威性的前提，其组织结构的中立性、评估人员的专业性均直接关系到元评估工作的成效，也直接关系到学科评估和"双一流"建设的成效。中国高等教育改革一直倡导确立"管办评分离"原则下的评估机制，主张社会中介机构对高校学科质量进行评价，但迄今为止尚未建立高等教育元评估组织，没有成立专门的对中介机构评估资质进行认证的机构，评估机构的设置基准、评估人员的准入要求、评估活动的运行规则等均处于管理的真空状态；没有培养专业化的元评估人员，学科行家既当业内专家又当评估专家，导致评估结果偏离事实，不被认同。没有专门的元评估组织，没有专业性的元评估人员，元评估实质上还是政府行为，政府不仅对学科评估机构存在的合法性具有决定权，而且对学科评估优劣的判断也具有绝对的权威性。换言之，只要政府对学科评估机构的存在不加质疑，也就不会对学科评估结果的合理性加以质疑，即使评估结果因"失之毫厘"而"谬以千里"也是合情合理的，不会受到科学性的考量。实践证明，在元评估主体缺失的情况下，由政府直接组织学科评估会导致"评估失灵"，而且使人们对于元评估的探索只能是"摸着石头过河"，无法从理论走向实践。

三　制度匮缺，保障失灵

元评估制度是高校学科评估系统的组成部分，元评估制度架构包括元评估的组织系统、规则系统、对象系统、执行机构、监督系统等。从中国高校学科评估开始至今，国家尚未颁布专门的法律法规用以"规范原评估"或"指导原评估"，教育行政部门除在散见的法律条文中和以规范性文件形式对学科评估做出一些规定与要求外，基本没有建立任何关于高校学科评估的元评估制度，使学科评估处于失控状态，评估品质、评估成效均无法得到保障，难以为"双一流"建设提供高质量的服务。

> 某大学研究生院分管学科建设的主任认为，开展周期性的学科评估是保证研究生教育和学位授予质量的必要手段，但在学科评估的实际运行中，还是存在不少问题和漏洞，比如评估指标的适应性、结果公布的合理性等，都会影响到学校的积极性。现行的学科评估是否科学？在多大程度上被社会各界认可？用相同的标准和指标体系来评价不同的大学是否合适？其实都无从得知，因为谁也没有对学科评估本身进行评估。人们可以说它是科学的，也可以说它是不科学的。如果我们真的希望学科评估能够健康持续发展，就有必要建立元评估制度。(采访调研材料)

从实践运行的角度来看，中国高校学科评估元评估相关制度的缺乏，主要表现为：缺乏公平公正的组织制度，学科评估方案的确立、评估标准的制定、评估程序的设计等没有形成规范化的运行机制，不能很好地适应高等教育评估发展的特点与规律；缺乏科学合理的激励与约束制度，不同利益相关方的协调、评估的科学性、评估的绩效性、结果使用的合理性等都无法得到关注与保障，导致学科评估活动的开展就像"盲跑"，对跑车是奔驰在跑道上抑或偏离了跑道都不得而知；缺乏行之有效的监督与仲裁制度，高等教育利益相关者无法参与到学科评估活动中，利益被侵犯也无处申冤，元评估的实践操作无据可依、无章可循，评估机构在评估过程中的权力设租、寻租和招租行为无法得到有效监控。没有系统性的元评估制度，学科评估的有机运行就没有保障，中国高校学科评估亟须建立起具有中国特色、适应"双一流"建设所需要的元评估体制机制。

四　理论滞后，水土不服

中国高等教育对学科评估关注有余而对元评估重视不够，对学科评估研究较多而对元评估研究不足，学术界关于元评估理论的研究目前还处于学习和借鉴国外经验的初级阶段，远远滞后于国内高校学科评估活动的发展。从国内关于元评估理论研究的逻辑起点来看，高等教育元评估理论的产生不是在中国本土，而是先引进国外的评估理论，再根据本国情况进行加工改造，让它在中国的土壤里扎根、生长，形成"西学为体、洋为中用"的评估摹本，只是至今尚没有形成适合中国国情、具有中国特色的元评估理论范式。在国家推进"双一流"建设的进程中，学科评估的权威性、公正性日益受到社会各界的考量，学术界才开始将焦点投向学科评估的元评估，学者通过主题研讨、著书立说、发表论文等形式，对元评估理论与实践进行探讨，但受到高等教育管理体制的约束和学科评估实践的制约，学术界关于元评估深层次的理论研究始终处于高等教育评估研究的从属和依附地位，研究成果主要散见于学术论文和研究报告中，至今尚未形成元评估理论体系，更不用说形成具有哲学意蕴的元评估原理与学说了。理论是行动的指南，理论来源于实践，反过来又作用于实践。元评估理论的滞后性使得高校学科评估的元评估工作始终停留在思维的原点，难以保证学科评估的公信力，难以为"双一流"建设提供有质量保证的服务。

第四节　监督机制障碍：社会性参与不足

建立健全高校学科评估的监督机制，把监督作为推进学科评估事业发展的重要手段，形成政府、高校与社会和衷共济的监督举措，提高学科评估的品质与质量，是引导学科评估规范发展的重要保障，是加快推进"双一流"建设的必然选择。

实施监督是全面深化高等教育改革的需要。一方面，在高等教育普及化、市场化和信息化的挑战下，高等教育规模越来越大，高等教育系统内外部环境变得越来越复杂多样，学科评估事业的发展既面临着前所未有的机遇，也充满着各种不确定性、挑战与危机，对于高等教育管理权力的运行产生着强烈冲击；另一方面，在全面深化高等教育领域综合化改革和推行"管办评分离"的过程中，评估机构的组织权力和高校的办学自主权不断增加，各种权力主体拥有越来越大的权力，也面临着越来越多的诱惑与考验。①　如果缺乏必要的权力监督与制约机制，很容易导致权力的腐败与滥用，不但严重破坏高等教育系统的正常运行，影响评估活动的健康协调发展，也让国家和社会蒙受了重大损失，对"双一流"建设产生消极影响。因此，只有建立学科评估的内外部监督机制，使权力风险得到有效防御，才能确保每种权力恰到好处地发挥应有的作用，形成高等教育改革发展的强大动力。

实施监督是维护高等教育消费者合法权益的需要。随着"管办评分离"原则的推行，评估机构与高校办学自主权不断扩大，高等教育质量优劣的裁量权掌握在评估机构手中，如果评估机构缺乏道德伦理，在评估过程中主观臆断，必然造成评估结果与事实的偏离。而现实的情况是，由于现在对高校学科评估没有严格的规范，无论是在评估标准的制定方面，还是在评估结果的公布方面，第三方评估机构都有很大的"操作性"，而操作规则的背后，是利益的博弈。从提高学科评估的规范性、客观性出发，必须加强对评估的监督和管理，将评估工作置于国家监督之下，保证其坚持为社会主义现代化建设服务的方向和价值取向，实现微观搞活，宏观控制。与此同时，学科评估监督机制的出现，能弥补官方评估的不足，更好地维护家长、学生、雇主等高等教育利益相关者的合法权益。

实施监督是国际高等教育评估规范发展的通行法则。实施监督既是发达国家教育行政主管部门对高等教育评估施加影响和进行宏观调控的主要手段，也是国家大力推进评估的重要方法。在法国，高等教育质量标准历来由国家统一监督控制；在美国，多个州都有关于高等教育质量评估的鉴定制度和专业鉴定制度；在德国，高等教育评估监督更是备受重视。德国的高等教育行政主管部门把监督从类型上界定为两类：法律监督和专业监督。法律监督主要是教育行政主管部门依据国家颁布的法规，对高等教育评估的行为进行检查，从而保证大学必须履行和完成其应承担的责任与任务。法律监督的前提是制定切实可行的法律，为实现依法治教，德国1998年修改的《高等教育总纲法》在确定评估的法律地

---

① 张德祥、韩梦洁：《权责、程序、透明、监控、问责——高校内部权力运行制约与监督机制》，《中国高教研究》2018年第1期。

位时指出，高校在教学科研、师资的培养以及人员聘任的平等性等方面应该接受定期的评估，评估结果应该向社会公开，接受社会监督。专业监督主要是专业机构、专业组织及专业人员对高等教育评估进行监督，譬如联邦大学校长联盟、联邦科学协会、州教育规划委员会、大学发展促进中心和大学信息系统组织通过举办学术会议和各种项目贯彻实施教育评估监督理念。

中国高校学科评估经过多年发展，已取得长足进展，但仍然存在监督失灵的问题，导致学科评估的信息不对称，规范性不够、公信力不强，利益相关者的合法权益得不到保障，这与"双一流"建设的要求存在一定的距离。学科评估监督机制的缺失，主要表现在以下方面。

一　主体单一，评估不够透明

学科评估监督存在内部主体和外部主体之分，每一个主体都是高等教育利益的相关者，都能从特定视角出发审视评估的科学性、规范性，任何一个监督主体的缺失都会使评估陷入无序的混沌局面。从内部监督来看，教育主管部门是学科评估的监督主体，理当对学科评估的各项工作进行监督，但教育主管部门只是以官方机构内部管理的形式对学科评估组织进行自上而下的行政管理，并没有体现出内部监督主体应履行的监管职能，而且这种管理具有典型的单向性和不平衡性，导致监督主体职责不明确、结构功能紊乱，评估监督的整体性不强、实效性缺失。从外部监督来看，学科评估还没有建立透明的信息公开制度，教师、家长、学生、雇主、媒体、校友等高等教育利益相关者无法参与到评估活动中来，导致评估处于无监督状态。体现在学科材料的申报环节，学位中心通过三个步骤核实材料：组织专人对申报材料进行核查；对部分材料进行网上公示，并接收各方异议；将核查结果与异议问题反馈给各单位确认。整个材料填报过程都是在封闭的高等教育系统中进行的，只有评估机构和参评单位有机会通过用户密码进入学科评估网查询相关信息，高校教师、用人单位、在校生、校友、媒体、捐赠人等高等教育利益相关者则无从得到各高校的学科信息，属于信息的弱势方，既无法对材料本身的真实性进行辨识，也无法对评估结果的可靠性进行判断。

　　接受访谈的大学教师们普遍反映，学科评估是一个耳熟能详的词，几乎每所大学的官方网站上都有关于学科评估的文件和通知，几乎每个学院的负责人都在会上讲学科评估的重要性。但遗憾的是，很少有大学教师熟知并深度参与学科评估。如果说大学教师参与了学科评估事务，那就是将自己的成果上报给教学科研管理部门，供他们填表参考。当然，教师们也配合评估机构开展在校生调查，但其主要职责是劝说自己所指导的研究生在规定的时间内完成问卷，并给本单位以高评。事实上，除院系领导和材料填报人之外，很少有教师实质性地参与到学科评估工作中来，因而对学科评估的目的、流程和意义并不了解。（采访调研材料）

　　参与主体的单一性，会影响社会参与的便捷性，决定了学科评估的封闭性。学科评估在封闭的高等教育系统中运行，自然不会有很高的信息透明度，必然使评估结果的可靠性受到影响。

二　行为失范，价值取向偏颇

　　学科评估在政府的垄断下进行，尚未建立起切实有效的社会监督机制，导致评估组织者、评估专家等产生行为失范，影响到评估结果的公平公正。目前由政府部门组织的学科评估所产生的弊端是人治大于法治，非理性因素主导着评估者的价值取向。

　　从评估专家的价值判断来看，由于其评估行为不受法纪监控，一些评估道德伦理不高的专家在评估中肆意妄为现象就会不可避免地产生，他们在赋分或进行事实判断时往往凭个人的主观喜好进行裁定，评估结果的情感因素重于客观事实，有的学科甚至还没有评，那些所谓的 A＋学科抑或 A 档学科花落谁家就已有结果，评估只不过是走走形式而已。

　　从评估组织的价值选择来看，由于其行为不受制度监控，其在评估指标的设定上、在评估结果的认定上都有很大的操作空间，在评估活动启动之前，就有意将有的学科评定为 A＋学科抑或 A 档学科，但评估机构担心这些学科评不上，将影响到其创建"双一流"工作，造成彼此间种种利益关系受阻，因此千方百计要找出与结果相关的条件，于是出现评估过程中《A 类期刊目录》刚出炉即被熔断的闹剧。

　　　　教育部教育发展研究中心马陆亭认为，在目前的情况下，不管
　　是政府还是政府派生部门，都不该定义哪些杂志是最好的。虽然政
　　府部门认为遴选出来的 A 类期刊是有道理的，而且程序上也没有问
　　题，都是经过专家论证的，但其客观后果却是做好事帮倒忙。原因
　　很简单，当政府部门认定这些杂志是最好的时候，这些杂志无形中
　　就会炙手可热，接下来大家就会去公关，这对学术生态的发展是不
　　利的。[①]

以刊物组别来衡量学术论文的质量，本身就有违学术准则。评估机
构推出《A 类期刊目录》后引起激烈的争论和批评，于是又匆匆收回，
这种随意性行为之所以会发生，最根本的就是因为缺乏有力的法制监督
和社会监督。

三　问责缺失，良法难以善治

学科评估工作还不能完全适应高等教育改革发展的要求，特别是对
新情况新问题的认识，没有建立起完善的问责机制，缺乏必要的约束与
追责措施，致使评估权力过分集中于评估机构与评估专家手中，良法得
不到善治，和"双一流"建设还没有形成良性对接，学科评估结果如何
应用于"双一流"建设的问题尚未得到根本解决，社会各界争议较大，
这是学科评估监督乏力的一个重要因素。自国家启动"双一流"建设工
程以来，一些高校在功利主义和绩效主义思想的熏染下，为获得好的评
估结果而不顾一切，大搞腐败，通过"串亲访友""汇报工作"等手段贿
赂评估专家；一些高校在行政力量的驱使下，为抢占"双一流"建设的
上风而不惜代价，妄图通过弄虚作假、走歪门邪道而在评估中取得好的
"战绩"。

　　　　某"双一流"建设高校一位二级学院的院党委书记在"串亲会"
　　上讲得很直接："在'双一流'建设的大背景下，每一所学校、每一
　　个学科的发展都如同逆水行舟，不进则退。对于学校来说，你在学

---

① 陈学飞等：《中国式学科评估：问题与出路》，《探索与争鸣》2016 年第 9 期。

科评估中得个'差'，社会不认同你，国家不支持你，你的发展就存在危机；对于学科来说，你在学科评估中得个'差'，学校就会考虑合并甚至撤销你，你的存在就会出现危机。在这样的压力下，我们也不得不'开动脑筋'，采取一些'非常规的办法'来应对评估，这样就能'留住青山'，保住我们在学校的位置。"（采访调研材料）

参评高校的非理性行为，给社会造成了不良影响，严重败坏评估道德，抹黑"象牙塔"在人民群众中的纯洁形象，必须加强评估的约束体制和监督体制建设，把权力关进制度的笼子里，让所有权力在阳光下运行，才能形成评估专家不敢腐的惩戒机制，形成评估组织机构不能腐的防范机制，形成参评单位不易腐的保障机制，还学科评估一片蓝天。

四　渠道不畅，信息交流受阻

随着社会的发展、民主意识的增长，高等教育利益相关者参与高等教育质量保证活动是新时代高等教育评价改革的一个重要发展趋势，高等教育管理的民主化迫切要求实现评估监督的民主化。目前，行政化的高等教育评估模式在很大程度上忽视社会评估，尤其是作为服务"双一流"建设的高校学科评估，学科评估存在民众基础薄弱、民众监督意识欠缺、民众参与渠道缺乏等问题，高等教育利益相关者的声音被淹没在"双一流"建设的波涛声中。校友有了解母校学科发展的愿望，但缺乏自由交流的空间；雇主希望知悉高校学科建设的现状，但缺少交流的平台；学生希望为高校学科建设建言，但缺少表达的机会；家长关注高校学科发展的前景，但缺少有效的信息通道。社会力量无法有效参与学科评估监督，不利于评估实践的健康推进和持续发展。因此，要建立健全民众参与评估机制，畅通民众意愿表达和利益诉求的渠道，构建民众参与评估的平台。高等教育评估监督民主化的实质、核心和根本就是民众全方位、全过程参与学科评估。学科评估中的民众参与，就是要求在评估过程中充分发扬民主，与广大公众保持联系，最大限度地让民众真正参与评估，使他们能够通过各种有效的信息传输渠道，充分表达意见和诉求。

第五章

学科评估服务"双一流"建设的
问卷调查

公民①的价值取向是指公民对学科评估与"双一流"建设的根本看法与态度，其间也包括他们对学科评估与"双一流"建设的理解与评价。学科评估与"双一流"建设是一项公益事业，公民作为高等教育的利益相关者，既有权利对高校学科信息进行价值判断，也有义务对"双一流"建设提出批评建议，更有责任对政府委托给评估机构开展的学科评估活动进行监督。在新形势下，开启加快教育现代化、建设教育强国的新征程，需要以评估为契机，坚持把优先发展教育事业作为推动党和国家各项事业发展的重要先手棋，不断使教育同党和国家事业发展要求相适应、同人民群众期待相契合、同中国综合国力和国际地位相匹配。因此，通过调查来了解公民关于学科评估和"双一流"建设的价值取向，既是办人民满意的高等教育的内在要求，也是高等教育评估事业健康、协调、可持续发展的必然趋势。

第一节　学科评估服务"双一流"
建设的问卷调查设计

调查是掌握第一手资料的基本途径，是提高问题分析针对性、科学

---

① 公民是一个具有多维度、多层面内涵的概念。从法律的角度考察，公民指具有一国国籍，并根据该国法律规定享有权利和承担义务的人。由于调查对象涉及高校领导、行政管理人员、教师、在读研究生、社会用人单位等利益相关者，用其他概念都难以指称这些被调查对象，这里特用"公民"一词指代被调查对象。

性的有效方法。毛泽东同志说:"没有调查就没有发言权。"建立与中国特色社会主义市场经济体制相适应的学科评估制度,破除学科评估中的顽瘴痼疾,切实扭转不科学的学科评估价值取向,形成以评促建、以评促管、以评促改的体制机制,迫切需要通过实证调查来了解公民关于学科评估与"双一流"建设的态度与观点。

一 调查目的与意义

调查是解决问题的基础性工作。目前学术界关于学科评估与"双一流"建设的研究取得了重要进展,研究成果涉猎广泛、视野开阔、方法多样、新意频出。从理论研究的角度来看,不少成果高瞻远瞩、站位高远、学术自主性鲜明,颇有建树;从问题剖析的角度来看,有的成果结合国情,具有鲜明的针对性和导向性。然而,既有研究也存在诸多不足之处:一是"个人主义"倾向比较严重,不少研究者的价值判断只是管窥蠡测,其所秉持的价值观很难得到普遍性认同;二是宏观政策取向方面的研究较多,微观操作层面的研究较少,高等教育利益相关者的价值取向尚隐藏在"无知之幕"下;三是学科评估及"双一流"建设研究多停留在现状描述上,缺乏价值取向与机制创新的实践分析。一方面,为弥补现有研究中实践检验之不足,突破既有研究的局限,收集足够的、真实的、有效的和对称的信息,通过引入调查方法,对高等教育利益相关者关于学科评估与"双一流"建设的理解、态度、看法和观点等进行分析,从多维度、多层面剖析公民的价值取向。另一方面,为进一步检验前文的研究,探寻解决学科评估的价值取向冲突和机制性障碍问题,为"双一流"建设提供具有操作性的政策建议,同时为进一步研究奠定基础,本书通过系统的调查工作加强研究的针对性,提出解决问题即矛盾的关键策略。

调查就像"十月怀胎",解决问题就像"一朝分娩",调查就其本质来说就是解决问题。运用实证调查的方法了解利益相关者对学科评估与"双一流"建设的不同理解、看法、真实态度以及行为选择,借此判断其价值取向,有利于从政府和高校之外的第三方视角了解学科评估服务"双一流"建设的价值取向冲突,为政府合理利用评估结果遴选与考核"双一流"建设对象提供施策及决策参考,为高校诊断学科建设现状、改进学科建设举措、积极争创"双一流"提供咨询服务，为家长、考生、用人单位等利益相关者了解高校质量提供信息服务；运用调查方法进行研究，能更好地接触实际情况，采集到客观、真实的数据，占有原始资料，有利于突破主观主义的洞见，澄清人们价值判断上的模糊认识和推理，检验和矫正研究偏差，对感性认识进行理性分析，深化人们对学科评估和"双一流"建设的正确认识和全面了解。

二　调查对象与方法

为全面、系统、及时了解公民关于高校学科评估与"双一流"建设的素养状况及相关因素的变化情况，为学科评估制度改革和政府实施"双一流"建设提供翔实的基础数据，特进行此次问卷调查。

问卷调查为抽样调查，采用分层三阶段不等概率抽样，在中国大陆（不含香港、澳门和台湾地区）四种类型的高校进行，包括国家层面的一流大学建设高校、一流学科建设高校及省区层面的一流大学建设高校及一流学科建设高校。调查对象主要涉及高校领导、教师、二级学院院长、分管学科建设与研究生教育的副院长、学科建设办公室主任及管理人员、在读研究生、分管研究生思想工作的书记与副书记、研究生辅导员等高等教育利益相关者。问卷调查采取不记名的方式进行，从 2017 年 12 月到 2020 年 12 月累计发放 1000 份，回收 751 份，其中有效样本为 668 份，有效样本占回收样本的比例为 88.95%，调查样本的具体分布见表 5 - 1。

问卷调查围绕几个相互关联的重要组成部分进行：（1）公民对学科评估及"双一流"建设的理解状况；（2）公民对学科评估信息的感兴趣程度、参加学科评估与"双一流"建设活动的情况及利用学科评估信息的情况；（3）公民对学科评估及"双一流"建设的看法。

对问卷调查所得出的数据主要采取量化分析的方法进行统计分析。在调查问卷回收以后，首先加以整理并剔除无效问卷，再将统计资料建档，然后使用 SPSS 18.0 for windows 统计软件进行处理和分析。统计所使用的分析方法包括：信度分析，即以 Cronbach's alpha 系数衡量量表信度；次数分析，即了解样本基本资料变项分布情形；描述性分析，即用以了解各研究变量的平均数及标准差；T 检验，即比较不同对象在统计量表上是否有显著差异。

表5-1　　　　　关于学科评估与"双一流"建设的调查样本分布

背景变量		样本量（份）	样本分布（%）
按性别分	男	325	48.65
	女	343	51.35
按身份分	高校领导	9	1.35
	高校教师	201	30.09
	在校学生	397	59.43
	行政人员	41	6.14
	其他	20	2.99
按学历分	博士	256	38.32
	硕士	362	54.19
	本科	38	5.69
	其他	12	1.80
按学科分	自然科学	343	51.35
	人文社会科学	325	48.65
T检验		Sig. = .000　N = 668	

第二节　学科评估服务"双一流"建设的调查结果分析

学科评估是否为"双一流"建设提供服务，其结论产生在调查研究之后。本书围绕公民对学科评估及"双一流"建设的理解状况、对学科评估信息的感兴趣程度、参加学科评估与"双一流"建设活动的情况、利用学科评估信息的情况及对学科评估及"双一流"建设的看法进行分析，寻找问题产生的原因及解决方法。

一　公民对学科评估及"双一流"建设的理解

为了比较系统地反映现阶段公民对学科评估及"双一流"建设常识的了解情况，本次调查关于公民对学科评估及"双一流"建设的理解程度和素养状况的定量测度主要从两个方面进行：一是对相关术语了解程度的测度；二是对基本观点了解程度的测度。问卷调查首先对公民关于学科评估及"双一流"建设素养两个方面进行分析，然后用公民所具备的评建素养的比例和公民评建素养指数两种方法综合给出公民的评建素养状况。

（一）公民对学科评估及"双一流"建设相关术语的理解程度

公民对学科评估及"双一流"建设的理解包括两个方面：对学科评估及"双一流"建设相关术语的了解程度和对评估观点的理解程度，这两方面的组合同时也反映出公民关于学科评估及"双一流"建设的素养。测试公民对相关术语的理解主要是考察公民学科质量信息的理解能力和实践应用能力。为把调查和公民的教育生活结合起来，用于测试公民的术语主要包括"学科评估""世界一流大学"和"世界一流学科"。

一是公民对"学科评估"的理解程度。正确理解学科评估这一概念的含义是合理运用学科质量信息的前提。只有正确理解学科评估，高等教育利益相关者在入学选择、招录人才、家庭投资等方面才能进行更加科学的决策。调查显示，公民对"学科评估"这一概念有较高的理解程度，选择"学科评估是依据《学位授予与人才培养学科目录》，对各学位授予单位具有博士或硕士学位授予权的一级学科进行整体水平评估，并根据学科评估结果进行发展状况分析与服务"这一完全正确概念的比例为61.46%；选择"学科评估是教育部学位与研究生教育发展中心对具有研究生培养和学位授予资格的一级学科进行整体水平评估，然后根据结果进行分类排名，又称学科排名"这一基本正确概念的比例为23.33%；另有7.5%的人对学科评估有所了解，仅有7.71%的人对学科评估一无所知（见图5-1）。

二是公民对"世界一流大学"的理解程度。经过多年建设，社会各界对"世界一流大学"的认识不断加深，对"世界一流大学"内涵与外延的理解不断拓展，逐渐打破信息不对称的格局，形成较为客观的认知。从调查结果来看，有81.84%的公民能够正确选择"世界一流大学主要指文化教育实力雄厚、拥有一批学术大师、享有极大的世界声誉、能够批量培养世界一流人才、形成一流成果的大学"这一选项；有10.28%的公民认为"世界一流大学"主要指"985工程"和"211工程"大学；有6.78%的公民从大学排行榜的角度出发，认为世界一流大学主要指在各大排行榜上位居前50强或前100强的大学；只有1.09%的公民对"世界

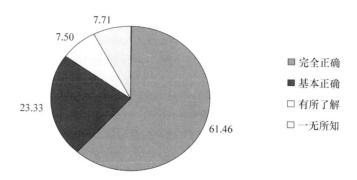

图 5 - 1 公民关于 "学科评估" 概念的理解程度 (%)

一流大学" 这一概念一无所知 (见图 5 - 2)。分析认为, 人们在追逐高质量高等教育的过程中, 已逐渐形成对世界一流大学的正确认知。

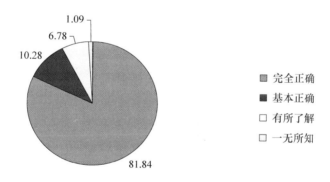

图 5 - 2 公民对 "世界一流大学" 的理解程度 (%)

三是公民对 "世界一流学科" 的理解程度。随着 "双一流" 建设进程的深入推进, 高等教育利益相关者对 "世界一流学科" 形成越来越准确的认识。有 87.2% 的公民能正确选择 "拥有一流办学条件、一流学术队伍、一流科研成果、一流人才培养质量、一流学术声誉和一流社会影响的学科" 这一选项, 有 7.16% 的公民将 "世界一流学科" 定位于 "进入 ESI 前 1% 的学科", 有 3.47% 的公民认为 "世界一流学科" 是 "在学科评估中达到 A + 、A 或者 A - 水平的学科", 仅有 2.17% 的公民对 "世界一流学科" 一无所知 (见图 5 - 3)。

(二) 公民对学科评估及 "双一流" 建设观点的理解程度

为了解公民对学科评估及 "双一流" 建设观点的理解程度, 调查使

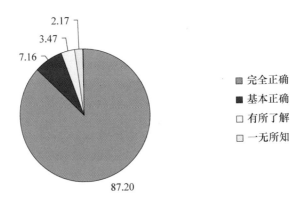

图 5 - 3　公民对"世界一流学科"的理解程度（%）

用 13 个测试题目来判断公民理解评估及"双一流"建设观点水平的高低，判定的标准为：正确判断率＜60%，低水平；60%≤正确判断率≤80%，一般水平；80%＜正确判断率，高水平。提出这种判断标准的理由有二：一是公民主要是高校领导、教师、在校研究生等，均具有高等教育学历，对相关观点的理解不存在语言阻碍；二是测试题目与公民的日常学习与生活相关，公民经常听说或在网络上见过这些观点，对测试题目不会感到陌生。统计结果显示，从总体上看，公民对 13 个测试题目的正确判断率为 77.39%。按照判断标准，公民对学科评估及"双一流"建设观点的理解处于一般水平。但在不同的评估观点上，公民的理解程度不同，具体情况见表 5 - 2。

1. 理解达到高水平的观点占 38.46%。按照判断正确率的高低，公民对学科评估及"双一流"建设观点理解达到高水平的选项有 5 个：一是89.2% 的公民对"评估是对学科建设水平和研究生培养质量的'体检'"这一选项能做出正确判断，表明"体检意识"已成为高等教育利益相关者的普遍共识；二是 88.87% 的公民对"评估应坚持'质量、成效、特色、分类'的导向"这一观点持肯定态度，说明中国高校学科评估的价值导向有较高的社会认可度；三是 85.22% 的公民能够对"浙江大学在第四轮学科评估中有 38 个 A 档学科，北京大学只有 35 个，说明北大的实力不如浙大"这一观点做出正确判断，表明公民心中自然有杆秤，一流不一流，不光是评估说了算，还要考虑到历史积淀、社会影响等因素；

四是84.96%的公民答对"评估是促进学科建设的'服务器'和'催化剂'"这一选项，说明公民已普遍认同学科评估的服务功能、促进功能和激励功能；五是82.51%的公民赞同"开展评估是加强高等教育管理的手段"这一观点，表明"以评促管"的方针已得到普遍认同。

表5-2　　　**公民对学科评估及"双一流"建设观点的理解程度**　　　（%）

学科评估服务"双一流"建设的观点	正确判断	错误判断	不知道
a. 评估是一种价值判断活动。（正确）	73.92	17.03	9.05
b. 评估是对学科建设水平和研究生培养质量的"体检"。（正确）	89.20	5.62	5.18
c. 评估是促进学科建设的"服务器"和"催化剂"。（正确）	84.96	8.47	6.57
d. 开展评估是加强高等教育管理的手段。（正确）	82.51	12.14	5.35
e. 评估就是把大学的实力告诉国家、社会和高校。（正确）	60.57	31.71	7.72
f. "双一流"建设绕不开评估，但不能被评估牵着鼻子走。（正确）	77.73	18.55	3.71
g. 一流大学、一流学科都是评出来的。（错误）	78.97	17.11	3.92
h. 所有高校、所有学科都应该按同一标准进行评估。（错误）	69.67	25.71	4.62
i. 评估应坚持"质量、成效、特色、分类"的导向。（正确）	88.87	5.46	5.67
j. 学科评估结果是"双一流"建设的主要参考。（错误）	21.81	66.30	11.89
k. 浙江大学在第四轮学科评估中有38个A档学科，北京大学只有35个，说明北大的实力不如浙大。（错误）	85.22	7.17	7.61
l. 一个学科进入A档，就意味着这个学科达到一流水平，必然入选"双一流"建设名单。（错误）	73.45	13.70	12.85
m. 学科评估决定"双一流"建设的成败。（错误）	74.80	13.00	12.20

2. 理解一般水平的观点占 53.85%。按照正确率的降序排列，公民的理解居一般水平的观点有 7 个：一是在面对"一流大学、一流学科都是评出来的"这一观点时，有 78.97% 的公民持否定态度，接近于高水平，说明一流大学与一流学科是建出来的，而不是评出来的，那些通过撤拆拼凑等手段应对评估的做法，是不可能建设一流高校的；二是有 77.73% 的公民赞同"'双一流'建设绕不开评估，但不能被评估牵着鼻子走"这一观点，公民的理解程度离高水平仅差 2.27 个百分点，说明评估是"双一流"建设的必经环节，但"双一流"建设不能囿于评估，必须结合高校校情和学科实情，走适合于自己的道路；三是对于"学科评估决定'双一流'建设的成败"这一观点，反对的公民占 74.8%，也在很大程度上否定了那些功利主义行为；四是有 73.92% 的公民认同"评估是一种价值判断活动"的观点，大体表明学科评估的价值研究既有重要理论意义也有重要的现实意义；五是有 73.45% 的公民对于"一个学科进入 A 档，就意味着这个学科达到一流水平，必然入选'双一流'建设名单"这一观点持反对意见，基本上能反映人们对于一流学科入选标准单一性的否定和对入选标准多样性的期待；六是在对待"所有高校、所有学科都应该按同一标准进行评估"这一观点时，有 69.67% 的公民持反对意见，但有 25.71% 的公民持支持意见，说明公民对同一性评估和分类评估还没有达成高度统一的认识："双一流"建设高校的人主张统一性评估，这样他们可以形成比较优势，而非"双一流"建设高校的人则主张分类评估，这样他们可以凸显自己的特色；七是在回答"评估就是把大学的实力告诉国家、社会和高校"这一问题时，有 60.57% 的公民持赞成态度，而有 31.71% 的公民持反对态度，说明公民对大学办学质量信息的公开化要求不一。

3. 理解停留在低水平的观点占 7.69%。公民在回答"学科评估结果是'双一流'建设的主要参考"这一问题时，只有 21.81% 的答案和学科评估的目的与意义相符，而有 66.3% 的公民答错。这一调查结果说明：国内的高等教育利益相关者更加强调用中国式学科评估推动"双一流"建设，并把评估结果作为"双一流"建设对象遴选和考核的主要依据，而国外的 QS、US News、CHE 等学科排名由于水土原因，只能作为"双一流"建设的参考，不能发挥主要作用。

二 公民关于学科评估及"双一流"建设的信息

影响公民对学科评估与"双一流"建设的理解及其评建素养的因素较多，而对学科评估与"双一流"建设信息感兴趣的程度和获取信息的渠道则是其中尤为重要的环节。对于公民素养影响因素的了解和分析是公民素养调查的重要组成部分。本书的调查主要包括：公民对学科评估信息的感兴趣程度、参加学科评估与"双一流"建设活动的情况及利用学科评估信息的情况等内容。

（一）公民对学科评估及"双一流"建设信息的感兴趣程度

如果说现实是此岸，成功是彼岸，那么兴趣便是从此岸通往彼岸的桥梁。公民作为高等教育利益相关者，其兴趣是形成学科评估合力的重要组成部分。从整体上看，公民对于学科评估及"双一流"建设信息比较感兴趣，但公民对于不同的评建信息，其感兴趣程度存在一定的差异。调查结果显示，公民最感兴趣的评建信息是"中国一流大学排名"，选择"感兴趣"公民占 62.66%，选择"一般"的公民占 29.77%，而选择"不感兴趣"的公民只有 7.13%，仅有 0.42% 的公民选择"不知道"，说明在国家大力建设世界一流大学的背景下，越来越多的高等教育利益相关者开始关注中国一流大学排名；公民比较感兴趣的评估信息是"中国高校综合排名"，选择"感兴趣"的占 61.03%，选择"一般"的占 29.28%，选择"不感兴趣"和"不知道"的只占 8.04% 和 1.56%，说明高校管理者、教师、学生等利益群体不只关注某个学科专业，更倾向于关注高校的综合实力，综合排名在很大程度上决定着学校的社会影响和声誉；公民对于"高校学科评估"和"世界一流大学排名"持中等程度的兴趣水平，选择"感兴趣"的人分别占 54.59% 和 52.68%，选择"一般"的分别占 37.12% 和 39.19%，选择"不感兴趣"的分别占 6.77% 和 6.64%，选择"不知道"的分别占 1.53% 和 1.5%（见图 5 - 4）。经分析认为，公民对学科评估及"双一流"建设信息的感兴趣程度处于中等水平，表示感兴趣的公民为 57.82%，持一般态度的公民占 33.76%，而真正持不感兴趣态度的公民只占 7.15%，对评估话题一无所知者则极少，说明公民对此类信息比较感兴趣。

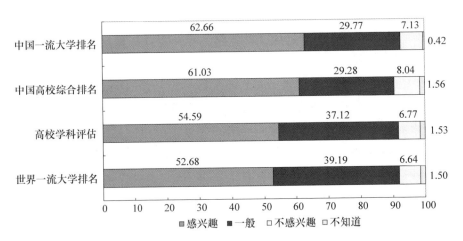

图5-4　公民对学科评估及"双一流"建设信息的感兴趣程度（%）

（二）公民最感兴趣的评建话题

按照选择频次的高低，可以清晰地了解到公民最感兴趣的评估话题。从图5-5可以看出，公民选择"世界大学前100强""中国大学前100强""'双一流'建设名单""'双一流'建设方案改革""学科裁撤与新增""高校学科评估"的频次分别为165次、163次、104次、89次、74次、73次，公民感兴趣的程度分别为24.7%、24.4%、15.57%、13.32%、11.08%、10.93%。这种排序表明，公民对一流大学更为关注，对高校学科评估本身的感兴趣程度却相对较低，而世界大学前100强、中国大学前100强均是评建的结果，因此，要增强学科评估的社会影响，形成学科评估与"双一流"建设的公众效应，就必须构建科学合理的评建机制。

（三）公民获取与比较信任的信息渠道

在信息发达时代，公民获取学科评估信息的渠道多种多样。按照难易程度排序，公民较易获取学科评估及"双一流"建设信息的三种渠道是互联网、电视和与人交谈，这些渠道存在于人们的日常生活中，得来全不费功夫，公民的选择频次分别为396次、237次、229次，均超过200次；高校管理人员、教师、在校研究生有机会接触高校招生宣传，阅览学术期刊，但不如互联网、电视等信息渠道便捷，公民的选择频次分别为191次、114次；而对于报纸、图书、广播、一般杂志等信息渠道，

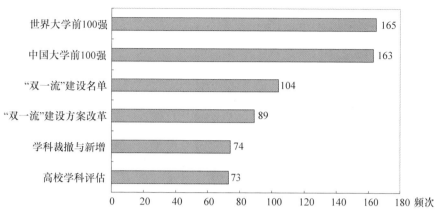

图 5 - 5　公民最感兴趣的评建话题（次）

公民的选择频次分别为 80 次、78 次、64 次、44 次，均低于 100 次。

面对眼花缭乱的评估与"双一流"建设信息，公民的价值选择是至关重要的问题。从信息对称的角度出发，公民十分信任的三种信息渠道依次为学术期刊、互联网、电视，公民的选择频次分别为 270 次、196 次、169 次；信任程度十分低的三种信息渠道分别是广播、与人交谈、一般杂志，公民的选择频次分别为 72 次、64 次、18 次；公民对于报纸、图书、高校招生宣传的信任程度一般，公民的选择频次分别为 164 次、112 次、111 次（见图 5 - 6）。

两相比较可以发现这样一个悖论：公民最易获得的信息渠道并不一定是最可靠的，而最可靠的信息渠道并不一定是最便捷的。公民易于通过互联网、电视、与人交谈、高校招生宣传、一般杂志等渠道获得高校的质量信息，但由于这些信息来源的可靠性不够强，因而公民的信任度不高；而对于学术期刊、报纸、图书、广播等信息渠道，公民拥有的难度虽然相对较大，但却比较信任。

三　公民参与学科评估与"双一流"建设的情况

维护公民对于高校学科建设与研究生教育质量的知情权，就有必要让公民参与学科评估与"双一流"建设相关活动。而公民参与和了解学科评估与"双一流"建设活动既是公民获取高校评建信息的重要手段，

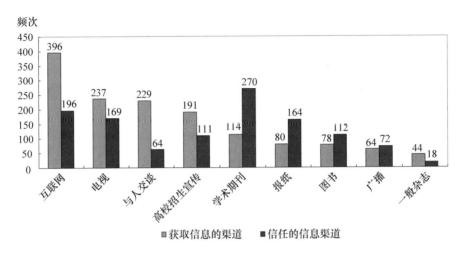

图 5－6　公民获取和信任的信息渠道

也是中国特色学科评估和"双一流"建设走向公民生活世界的根本途径。

（一）公民参与学科评估与"双一流"建设活动的情况

从整体上看，只有11.32%的公民选择"参加过"此类活动，说明真正参与学科评估与"双一流"建设活动的高校管理者、教师、学生等只是少数，更多的公民（52.5%）只是听说却没有参加过这类活动，还有27.51%的公民没有听说过、8.67%的公民根本不知道此类活动。在不同的评建活动上，公民参与和了解的情况存在差异，具体情况见图5－7。

第一，对于"学科评估与'双一流'建设动员会"，尽管各高校都很重视，但真正能参与此类活动者，主要是高校领导、二级学院院长及分管学科建设的副院长、系主任或教研室主任、学科与研究生教育办公室主任等，高校教师、在校研究生很少有机会参与这类活动，因而选择"参加过"的人只占15.05%。不过，在高校轰轰烈烈的评建过程中，高校教师、管理工作者、在校研究生虽然没有参加但听说过的人不少，占49.07%，从来没有听说过、根本不知道的人分别占29.07%、6.8%。

第二，对于"学科评估材料填报"，在学科评估过程中，该项工作一般都是由学校学科建设办公室统筹，各学院院长负责，副院长协助，每个学科由几位教师采取分工合作的方式进行，故而能参与此项工作的公民并不多，只占12.89%，但在材料填报期间，各参评学科要求教师提交

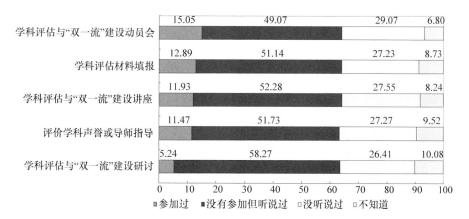

图5-7　公民参与学科评估与"双一流"建设活动情况（%）

相关材料，要求在校学生做好调查准备，因而"没有参加但听说过"的公民为数不少，占51.14%，而从来没有听说过、根本不知道的公民分别只占27.23%、8.73%，表明公民对此类活动的参与及了解情况居于一般水平。

第三，对于"学科评估与'双一流'建设讲座"，学校中层干部参加得多，教师参加得少，但各高校的校园网会发布各种各样的公告和通知，譬如复旦大学为推进"双一流"建设，在学校主页陆续推出"壮丽七十年，奋进'双一流'——凝神聚力谋发展，传承创新再出发，在新时代全面推进一流学科和一流学院建设"系列报道，展示各院系、各学科、各科研机构的成绩，让教师、学生及社会更好地了解。在这种情形下，虽然"参加过"的只占11.93%，但"没有参加但听说过"的公民不少，占52.28%。

第四，对于"评价学科声誉或导师指导"，此项活动主要由在校研究生参与，但不是每届研究生都有机会参与。学位中心每4年开展一轮学科评估，只有恰逢其时的在校研究生才有机会参与，故此，选择"参加过"的公民只占11.47%，"没有参加但听说过"的占51.73%，那些入学时上一轮评估已结束、毕业时新一轮评估未开始的研究生，对此项活动可能知之甚少，公民中有27.27%的没有听说过，还有9.52%的公民根本不知道。

第五，对于"学科评估与'双一流'建设研讨"，能参与者主要是高校领导、政策研究人员和学术研究人员，这些人所占的比例不大，只有5.24%。不过，为数众多的高校教师、行政人员、在校研究生虽不能直接参加，但通过各类公告和通知等途径对此有所了解，故而选择"没有参加但听说过"的占58.27%，而选择"没听说过"和"不知道"的也有不少，分别占26.41%和10.08%，说明此类活动的宣传工作还有待加强。

（二）公民利用学科评估与"双一流"建设信息的情况

公民对学科评估与"双一流"建设信息的利用情况，可以从另一个侧面反映出公民的参与和了解情况。充分利用学科评估与"双一流"建设信息，可以提高高校领导学科建设决策的科学性，提高学生入学选择的合理性。可以说，公民对学科评估信息利用得越多，公民参与和了解的程度就越高，学科评估为一流大学与一流学科建设服务的质量就越高，反之亦然。从整体上看，公民选择"利用过"的占49.6%，选择"没有利用过"的占50.4%，没有利用过相关信息者略多于利用过的人。在不同的评估信息上，公民的利用情况不同，具体情况见图5-8所示。

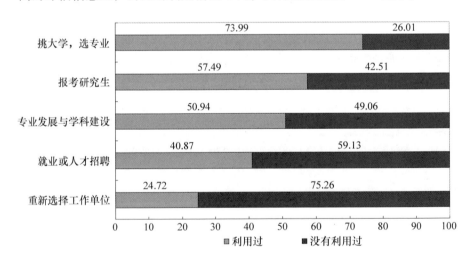

图5-8　公民利用学科评估与"双一流"建设信息（%）

第一，对于"挑大学，选专业"，学生的通常做法是先看看报考的大学是不是"双一流"建设高校，再看看选择的学科在评估中是否进入A

档或 B 档，然后再做定夺。因此，学科评估与"双一流"建设信息的利用率达到 73.99%，位于中偏高水平。

第二，对于"报考研究生"，有 57.49% 的公民选择"利用过"，隐藏在这一数字背后的事实可能是："985""211"工程高校的学生倾向于选择报考本校或排名更好的高校，因而不会花太多心思去浏览学科评估与"双一流"建设信息；一般本科院校的学生则会花时间与精力去浏览相关信息，并通过相关信息检索做决策：要么选择名气更大的大学，要么选择学科排名更高的大学。

第三，对于"专业发展与学科建设"，每轮学科评估结束，学位中心都会将每所高校的学科质量信息以咨询报告的形式反馈给参评高校，为参评高校制订学校发展规划、进行学科建设与结构调整等改革提供服务，高校领导、二级学院负责人、各学位点的负责人及相关教师都无法置身事外，但行政人员、在校研究生参与这些活动的并不多，因此有 50.94% 的公民选择"利用过"，而有 49.06% 的则选择"没有利用过"，二者所占的比例旗鼓相当。

第四，对于"就业或人才招聘"，国内很多大学在招聘博士时不但看其出身是否为"双一流"高校毕业生，而且要看其所读学科是不是一流学科，比如曲阜师范大学在招聘高层次人才时，不仅要看应聘者博士毕业的学校，而且要看其博士所读学科在第三轮评估中是否进入前三名，或在第四轮学科评估中获得 A+。在这种情形下，高校管理工作者在招聘人才和博士研究生在选择就职单位时用得相对较多，利用率为 40.87%，而在校研究生利用得并不多。

第五，对于"重新选择工作单位"，高校教师一般有两种价值选择：一是为获得高额的安家费、人才引进费、科研启动金而从重点大学"下嫁"到一般本科院校；二是为实现职业理想而从一般本科院校"上流"到重点大学，或从排名靠后的学科点流动到排名靠前的学科点。不过，能实现这种双向流动的教师基本上都是成果等身、有一定学术造诣和学术影响的高层次人才，因而利用者只占 24.72%，属于"小众"选择，多数教师和在校研究生一般用不上这类信息。

（三）公民参与学科评估与"双一流"建设事务的程度

学科评估与"双一流"建设是一项公共事业，提高公民参与该项事务的能力既是办人民满意教育的现实要求，也是形成"以评促建、以评促改、以评促管"机制的必然要求。调查设计了五个题目来了解公民参与学科评估与"双一流"建设的程度：（1）浏览网上的大学排名及学科排名；（2）阅读评估与"双一流"建设的文章；（3）和亲友谈论"双一流"建设有关话题；（4）参与学科评估工作促进会；（5）参加一流学科建设研讨会（见图5-9）。经整体分析发现，公民选择"经常""有时""极少""从未""不知道"的比例分别为9.92%、29.9%、29.77%、28.32%、10.47%，表明公民的参与程度不高，但在不同的事务上，公民的参与程度存在差异。

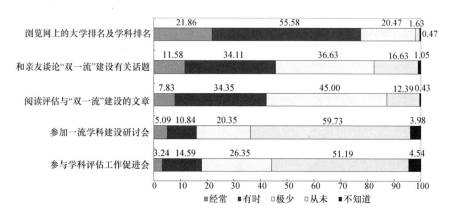

图5-9　公民参与学科评估与"双一流"建设事务的程度（%）

　　按照从高到低排序，公民参与程度最高的是"浏览网上的大学排名及学科排名"，公民选择"经常"和"有时"的分别占21.86%、55.58%，两项之和达77.44%，接近于高水平，说明大学排名与学科排名持续地吸引着高等教育利益相关者的关注，成为人们获取对称信息的重要渠道；公民参与程度处于第二位的是"和亲友谈论'双一流'建设有关话题"，公民选择"经常"和"有时"的分别占11.58%、34.11%，选择"极少""从未""不知道"的比例分别为36.63%、16.63%、1.05%，说明在社会舆论的影响下，学科评估与"双一流"建设活动正在逐步走进公民的生活视野，成为教师、家长、学生等高等教育利益相关者茶余饭后的"谈资"；公民参与程度位于第三位的是"阅读评估与'双一流'建设的文章"，公民选择"经常""有时""极少""从未"

"不知道"的比例分别为 7.83%、34.35%、45%、12.39%、0.43%，说明学科评估与"双一流"建设引起一部分人的频繁关注，但"无关人士"并不热衷于参与此类活动；公民参与程度较低的活动是"参加一流学科建设研讨会"和"参与学科评估工作促进会"，公民选择"经常"的只占 5.09% 和 3.24%，选择"有时"的分别占 10.84% 和 14.59%，选择"极少"的比例分别为 20.35% 和 26.35%，选择"从未"的比例高达 59.73% 和 51.19%，说明学科评估与"双一流"建设越来越成为一门专门化的学问，一般公民很难参与到这些活动中来。

四　公民对学科评估服务"双一流"建设的态度

公民的态度是学科评估价值取向的重要反映。在加快推进"双一流"建设的场域中，公民的态度是了解评估问题、优化评估方案、改进评估策略的重要依据。问卷围绕"公民对学科评估服务'双一流'建设的看法""公民对学科评估要素与'双一流'建设的看法"及"公民对学科评估发展与'双一流'建设的看法"展开调查。

（一）公民对学科评估服务"双一流"建设的看法

经整体分析显示，公民对学科评估服务"双一流"建设相关观点持赞成态度者居多，占 51.2%；持中立态度者有一定比例，占 31.97%；持反观意见者较少，只占 12.15%；表示不知道者只有很小的比例，占 4.68%。经分析可以认为，公民对学科评估服务"双一流"建设的诸多观点得到公民的认同和肯定，但也有反对的声音。在不同的观点上，公民持不同的态度和价值观。

1. 对于"评估是权利、利益和信息的博弈"，公民各持己见，意见不一，赞成者占 56.58%，既不赞成也不反对者占 29.67%，反对者占 11.59%，表示"不知道"者占 2.16%（见图 5 - 10）。这种数据分布状态说明，在公民心中，政府要放下管理权，将评估权交给社会中介机构，真正做到"管、办、评"分离，这是一个值得思考的问题；同时也说明，参评高校能否摆正心态，不盲目因应对"双一流"建设对象的遴选与考核而急功近利，向社会各界释放出真实的学科建设与研究生培养质量信息，同样是一个值得思考的问题。

2. 对于"评估有利也有弊，但利大于弊"，公民有较为普遍一致的观

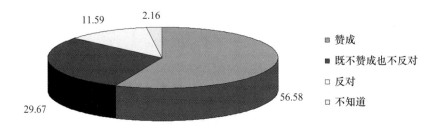

图 5 - 10 公民对"评估是权利、利益和信息的博弈"的态度（%）

点，赞成者居多，反对者较少。持赞成态度者占 70.44%，持既不赞成也不反对态度者占 22.01%，持反对态度者占 3.14%，表示"不知道"者占 4.4%（见图 5 - 11）。这一调查结果说明，学科评估在促进一流大学与一流学科建设方面的积极功能得到多数人的认可，深入开展学科评估已形成较好的群众基础，但评估的消极功能也不可忽视。在接下来的评估中，合理扬长避短才是学科评估有效服务"双一流"建设的正道。

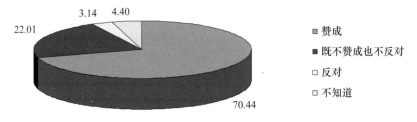

图 5 - 11 公民对"评估有利也有弊，但利大于弊"的态度（%）

3. 对于"我们过于依赖评估，而忽视高校的自我觉醒"，虽然公民没有形成普遍一致的认识，但赞成者仍然属于多数，占 56.96%；持中立态度者占三成左右，有 29.78% 的公民表示既不赞成也不反对；只有 9.35% 的持反对意见，有 3.91% 的表示不知道（见图 5 - 12）。分析表明，在没有更好的遴选与考核机制替代学科评估之前，多数人对于学科评估的依赖不会消除；要从根本上唤醒高校的质量意识，汇聚世界一流大学与一流学科建设的内在动能，在现实情形下还有一定的难度。

4. 对于"评估不能解决高校同质发展、低效发展问题"，有 46.64% 的公民表示赞成，有 32.29% 的公民表示既不赞成也不反对，有 13.9% 的

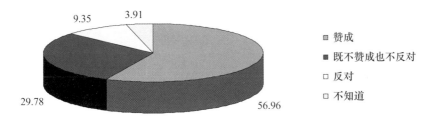

图 5 - 12 公民对"我们过于依赖评估，而忽视高校的自我觉醒"的态度（%）

公民表示反对（见图 5 - 13），这一分布状态表明，由学位中心提供的《高校学科整体分析报告》可以让参评高校找到自己在同类高校中的位置，也可以让每个参评学科找到具体的位次，但并不能帮助参评高校发现自身的办学特色和学科特色，也不能帮助参评高校找到建设成效不彰的症结所在，因为评估的功能是有限的。

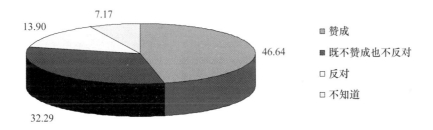

图 5 - 13 公民对"评估不能解决高校同质发展、低效发展问题"的态度（%）

5. 对于"即使不开展评估，高校仍然会重视质量与绩效"，有 41.29% 的公民相信：即使没有学科评估，高校仍然会把质量作为高校生存发展的生命线，并通过提升绩效来形成良好的社会声誉和学术影响。然而，有 15.91% 的公民却持相反的态度（见图 5 - 14），他们认为：没有学科评估，高校就不会感受到竞争的压力，也就不会形成加快发展的动力。由此看来，在没有找到更好的方法之前，学科评估是保障高等教育质量的必要手段。

6. 对于"评估活动的开展使'双一流'竞争更加有趣"，有 48.48% 的公民持肯定态度，从一定程度上说明"双一流"建设要打破身份固化、缺少竞争的机制，形成动态调整、有进有出的良性循环。可以说，竞争

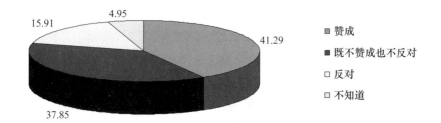

图 5 - 14　公民对"即使不开展评估，高校仍然会重视质量与绩效"的态度（％）

是一所高校、一个学科不断发展的核心动力，竞争是选拔"双一流"建设对象的重要方式，公平公正的竞争可以激励学位授予单位更高质量地进行学科建设与研究生教育工作。但是，过度竞争也会将"双一流"建设引向歧路，误导参评高校挖空心思应对学科评估这场"大考"，因此，有 12.17% 的公民持反对意见（见图 5 - 15）。

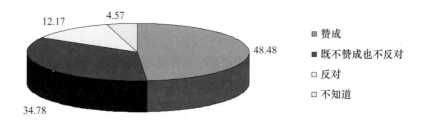

图 5 - 15　公民对"评估活动的开展使'双一流'竞争更加有趣"的态度（％）

7. 对于"评估与'双一流'关系太密切，必然导致参评高校弄虚作假"，有 37.13% 的公民持赞成态度，在一定程度上说明：只要将学科评估结果作为"双一流"建设对象遴选与考核的依据，就必然引发参评高校的弄虚作假行为。不过，也有 19.2% 的公民持反对意见，这些意见主要来自国内顶尖大学或者顶尖学科的管理者、教师与在校研究生（见图 5 - 16）。从大学自信、学科自信的角度来讲，他们更相信自己的实力，认为自己所在的大学与学科不会也没有必要弄虚作假。

（二）公民对学科评估要素与"双一流"建设的看法

学科评估要素是学科评估体系的重要组成部分，公民对学科评估要素与"双一流"建设的看法，能直观地反映公民的评建价值取向。从整

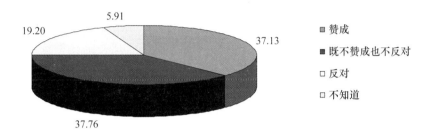

图 5 - 16 对"评估与'双一流'关系太密切,必然导致
参评高校弄虚作假"的态度 (%)

体上看,有 56.8% 的公民对学科评估要素与"双一流"建设持积极的看
法,有 27.76% 的持中立态度,有 10.49% 的持反对意见,有 4.95% 对此
表示不知道,表明学科评估服务"双一流"建设的正向功能得到多数人
的认同,但在不同的评估要素上,公民的价值取向存在着差异。

第一,从评估目的来看,有 35.11% 的公民赞成"学科评估不过是
'双一流'建设的工具而已"的看法,有 35.74% 的公民既不赞成也不反
对,有 25.96% 的公民表示反对,另有 3.19% 的公民表示不知道(见
图 5 - 17)。赞成者、中立者和反对者基本上呈"三足鼎立"的态势,说
明"学科评估乃'双一流'建设之器"是一个颇具争议的观点,各利益
博弈方很难达成共识,但赞成者所占的比例比反对者所占的比例高出
9.15 个百分点,说明工具主义价值取向支配着更多高等教育利益相关者
的价值观。

图 5 - 17 对"学科评估不过是'双一流'建设的工具而已"的看法 (%)

第二,从评估理念来看,公民普遍赞同"学科评估服务'双一流'

建设要公平与效率兼顾"的看法，选择"赞成"者占 86.11%，有 10.47% 的公民选择"既不赞成也不反对"，持不同意见者的声音很微弱，仅有 1.5% 的公民投反对票（见图 5-18）。赞成者所占的比例远远高于其他人群，说明公平与效率兼顾的价值理念已成为学科评估有效服务"双一流"建设的必然选择。没有公平，学科评估与"双一流"建设就会缺乏秩序；没有效率，学科评估与"双一流"建设就缺少动力；只有公平与效率兼顾，才能形成科学合理的评建机制。

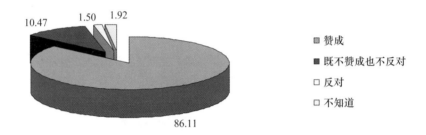

图 5-18　对"学科评估服务'双一流'建设要公平与效率兼顾"的看法（％）

第三，从评估主体来看，有 50.33 % 的公民赞成"政府要转变角色，不应该直接参与学科评估"的看法，有 35.57% 的公民既不赞成也不反对，8.24% 的公民反对这一看法，有 5.86% 的公民选择"不知道"（见图 5-19）。赞成者比反对者的比例高出 42.09 个百分点，是它的 6.11 倍，说明政府作为高等教育的宏观管理者，对学科评估管得过多、统得过死，必须从事无巨细的管理中解放出来，将更多的精力用于评估战略、评估政策等方面的研究，而具体的评估方案、评估指标、评估办法等则可以委托第三方评估机构来完成。

图 5-19　对"政府要转变角色，不应该直接参与学科评估"的看法（％）

第四，从评估性质来看，学位中心在向各参评单位发出邀请函时，将学科评估定性为由第三方组织的专门性评估，并把学位中心定性为第三方组织，但这一定性并没有得到社会各界的普遍认同，只有45.61%的公民赞成"学位中心是独立的、高度专门化的中介组织"的看法，持反对意见者占到9.88%（见图5-20），说明学科评估第三方的性质存在一定的争议，有不少反对的声音。要真正形成"管办评分离"的"双一流"建设机制，必须大力培育第三方组织，使学科评估机构从行政部门中剥离出来。

图5-20　对"学位中心是独立的、高度专门化的中介组织"的看法（%）

第五，从评估功能来看，有29.98%的公民赞成"为求得'双一流''门票'，高校必然会恶性竞争"这一看法，反对者的声音似乎更强烈，其所占比例为31.54%，超出赞成者1.56个百分点，另有32.21%的公民持中立态度，有6.26%的公民表示不知道（见图5-21）。这一结果说明了几方面的问题：一是北京大学、清华大学等顶尖名校不会刻意追求好的评估结果，也不会采取"不法"手段应对评估，因为无论评估结果如何，都无法改变其一流大学的事实。2019年2月27日，在QS全球教育集团发布的第九次世界一流学科排行榜上，浙江大学有35个学科进入全球前600强，清华大学则只有33个学科进入全球前600强，但在国人心中，清华大学的地位无论如何也是浙江大学无法超越的。二是为数众多的"一流学科建设高校"不会采取"非法"手段应对评估，因为不论评估结果怎样，它们"升格"的机会渺茫，"降格"的风险也很小。但是，对于位处北大清华这类名校之下而位于"一流学科建设高校"之上的"一流大学建设高校"，好的评估结果却有着非凡的意义，这可能是它们防止不被"降格"的屏障，故而有可能采取种种迎评策略进行恶性竞争，这在第四轮学科评估中也得到了印证。在第五轮学科评估中，这些高校对好的评估结果有着更强烈的追求。

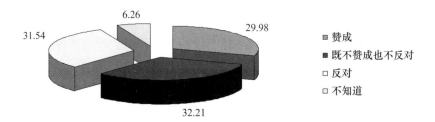

图5-21　对"为求得'双一流''门票'，高校必然会恶性竞争"的看法（%）

第六，从评估过程来看，有51.61%的公民赞同"评估过程太复杂，很难防微杜渐"这一看法，有35.27%的公民表示既不赞成也不反对，有7.31%的公民持反对意见，有5.81%的公民表示不知道（见图5-22）。赞成者超过半数，是反对者的7.06倍，说明在"一流资源"的诱惑下，学科评估要保证参评单位在定性材料填写、状态数据填报、典型案例分析、在校生问卷调查、雇主满意度评价等环节中镇定自若，不掺假、不渗水，是一件极为困难的事。学科评估要促成参评单位的行为自律，除提高参评者的思想认识之外，还要在优化评估程序上下功夫。

图5-22　对"评估过程太复杂，很难防微杜渐"的看法（%）

第七，从评估标准来看，有60%的公民对"分类评估、分类建设一流符合中国的国情"这一看法持赞成态度，有29.35%的公民表示既不赞成也不反对，有4.78%的公民持反对意见，有5.87%的公民表示不知道（见图5-23）。赞成者所占的比例处于优势地位，是反对者的12.55倍。经分析可以认为，中国高等教育类型多样，结构复杂，如果用同一个标准对不同层次类型的高校进行评估，并按同样的要求遴选"双一流"建设对象，可能对综合性大学有利，而对专业性、行业性大学不利，必然导致胜者不光彩，输者不服气。只有分类制定标准，实施分类评估，分类开展"双一流"建设，才能引导不同层次类型的高校在自身所属的领域办出特色、办出品牌。

图 5 - 23 对"**分类评估、分类建设一流符合中国的国情**"的看法（%）

第八，从评估方法来看，公民已达成比较一致的共识，有76.2%的公民赞成"应同时运用多种方法定期进行评估"这一看法，有19.21%的公民持中立态度，仅有2.84%的公民持反对意见（见图5 - 24）。经分析可以得出两方面问题：一是学科建设质量与成效的体现形式多种多样，必须采用多种方法，从多个维度进行评价，才能形成科学、全面的结论；二是学科建设是一项长期性的工作，必须制度化，定期开展四年一轮的学科评估，构建高等教育质量保障的长效机制，才能更快更好地推进"双一流"建设。

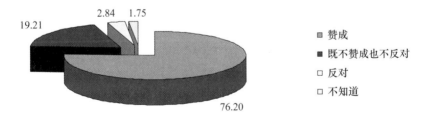

图 5 - 24 公民对"**应同时运用多种方法定期进行评估**"的看法（%）

第九，从评估结果来看，针对此前"985""211"工程高校建设身份固化、缺少竞争的痼疾，有75%的公民认为"要根据评估结果动态调整'双一流'建设对象"，仅有2.97%的公民对此表示反对，赞成者所占的比例占据绝对优势（见图5 - 25），说明"双一流"建设需要以学科评估结果为重要依据，建立公平竞争、有进有出、能上能下的动态建设机制，及时将那些质量不高、成效不彰的高校调出"双一流"建设行列，同时将那些质量上乘、成效显著的高校吸纳到"双一流"建设队伍中来。

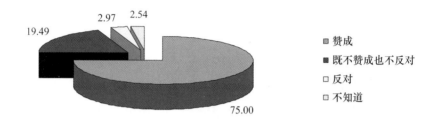

图 5 - 25　公民对"要根据评估结果动态调整"双一流"建设对象"的看法（％）

（三）公民对学科评估发展与"双一流"建设的看法

学科评估事业的健康快速发展与"双一流"建设高质量推进是相辅相成、互为促进的关系。科学化、权威性的学科评估是有效推进"双一流"建设的基石，而"双一流"建设又为学科评估的发展提供了合适的环境与土壤。经整体分析发现，有71.61％的公民对学科评估发展与"双一流"建设持积极的态度，有20.49％的公民持中立态度，有2.94％的公民持消极态度。支持者占绝大多数，反对的声音比较小，说明加快中国特色学科评估体系建设，为"双一流"建设提供更高质量的服务，是建设高等教育强国和加快教育现代化进程的题中应有之义。

其一，对于"'双一流'建设将为学科评估发展提供更多机会"的看法，有79.12％的公民持赞成态度，接近高水平，表示既不赞成也不反对者占16.7％，仅有1.54％的公民持反对意见（见图5 - 26）。赞成者所占比例占绝对优势，表明这一观点已成为公民的普遍共识。经分析可以认为，如果说学科评估是"双一流"建设的"推进器"，那么"双一流"建设就是学科评估的"引擎"。学科评估事业的科学发展是评估机构、评估研究工作者、高等学校等利益相关者合力作用的结果，也是"双一流"建设驱动的结果。在"双一流"建设政策的推动下，国家、社会和高校会更加重视学科评估，加大对评估工作的人力、物力和财力支持，为学科评估事业的发展创造更好的平台和更多的机会。

其二，对于"'管办评分离'是一种必然选择"的看法，赞成者所占

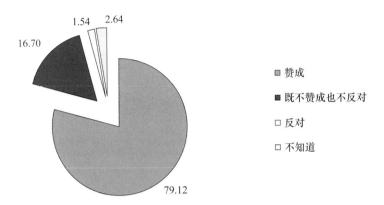

图 5 - 26 对"'双一流'建设将为学科评估发展提供更多机会"的看法(%)

比例为 46.52%,既不赞成也不反对者所占比例为 36.18%,反对者占 5.39%,表示不知道者占 11.91%(见图 5 - 27)。尽管赞成者所占比例没有超过半数,未形成压倒性优势,但相较于反对者而言,赞成者仍居于绝对上风,比反对者所占比例高出 41.13 个百分点。由此可以说明,从"管办评一体"走向"管办评分离",已无可争议地将政府和高校推到深化教育综合改革的最前沿,这是中国高等教育管理体制改革的大势所趋,也是加快推进"双一流"建设的必然选择。

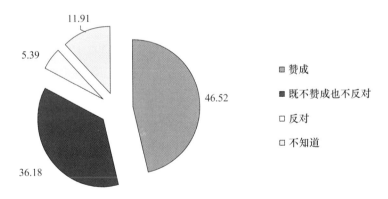

图 5 - 27 对"'管办评分离'是一种必然选择"的看法(%)

其三,对于"政府要进一步简政放权,让第三方组织评估"的看法,有 59.91% 的公民持赞成态度,有 28.02% 的公民表示既不赞成也不反对,反对者只占4.53%，赞成者所占比例是反对者的13.23倍（见图5-28）。从调查结果可以发现，人们并不主张由政府主导并组织学科评估。理由很简单，由政府部门主导的学科评估，不免带有很强的行政色彩，这与大学自治精神南辕北辙。更重要的是，政府部门作为高等教育利益相关者之一，本身也会涉足利益分配，在面对部属高校与非部属高校之间的较量时，或多或少会掺杂情感因素，很难"一碗水端平"，而第三方组织由于不涉足利益分配，能更好地坚持价值中立的立场，做出公正的裁量。因此，要提高学科评估的公正性、权威性，就有必要构建委托代理机制，促进政府将权力下放，将评估事务委托给第三方组织，让第三方组织独立自主地开展学科评估。

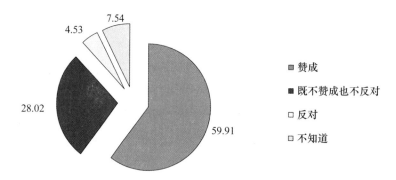

图5-28　对"政府要进一步简政放权，让第三方组织评估"的看法（%）

其四，"必须建立具有中国特色的学科评估体系"，这是一个涉及核心价值观的命题，对于这一命题，赞成者高达80.19%，说明学科评估不能盲目模仿国外模式、移植国外标准，而只有立足中国国情，构建中国特色的评估体系，走中国特色的评估道路，才能形成具有中国特色、国际影响的评估品牌。不过，也有3.96%的公民对之持反对态度（见图5-29），他们主张用国际标准来进行评价，以推动中国一流大学与一流学科建设与国际接轨，这种观点有一定的道理，但与中国高等教育本土化、特色化的国情不符，因此很难得到公众的普遍认可。两相对比可以认为，建设中国的世界一流大学与一流学科，必先构建中国特色的学科评估体系；欲形成国际化的教育影响，必先打造中国化的评估品牌。

其五，对于"评估法制化是评估事业可持续发展的保证"的看法，

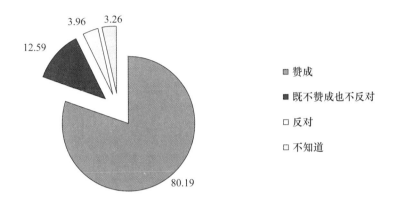

图 5－29　对"必须建立具有中国特色的学科评估体系"的看法（％）

有 73.29％的公民选择"赞成"，有 20.32％的公民选择"既不赞成也不反对"，有 2.05％的公民选择"反对"，有 4.34％的公民选择"不知道"（见图 5－30），支持者的声音淹没了反对者的声音，说明评估法制化是保证学科评估事业有条不紊进行的必要手段。通过评估法制建设，既有效地保障学位授予机构的合法权利，又为高等教育评估事业的健康可持续发展确立起一套稳定的制度基础；既为协调高等教育系统内部的诸种权利与义务关系、确保高等教育事业健康有序发展提供保障，又为教育公平发展、高质量发展提供价值准则。可以说，没有评估法治化，就没有评估现代化，更没有中国特色社会主义的学科评估现代化。

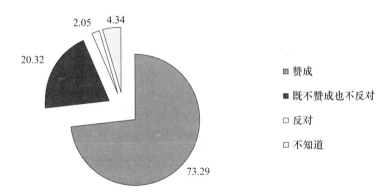

图 5－30　对"评估法制化是评估事业可持续发展的保证"的看法（％）

其六，对于"科技进步将有益于评估技术的改进"的看法，有76.03%的公民相信科技进步是有益于评估技术改进的，有18.74%的公民表示既不赞成也不反对，只有1.74%的公民持反对意见，另有3.49%的公民表示不知道（见图5－31）。持赞成、支持态度者所占比例远远高出其他人群所占比例，由此可以认为，科技进步可以给学科评估提供更好的工具和支持网络，以便评估人士更好地进行学科信息与数据采集，用户也能够更加便捷地分享学科质量信息。应该说，科技进步为适应高等教育利益相关者多层次、多样化的学科质量信息需求提供了更宽阔的路径。学科评估事业的健康快速发展，必须以科技创新为动力加快推进学科评估现代化进程。

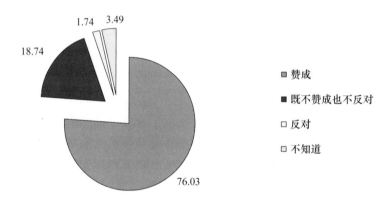

图5－31　对"科技进步将有益于评估技术的改进"的看法（%）

其七，对于"评估科学化必须建立激励、保障和监督机制"，有高达82.39%的公民持赞成和支持态度，有14.35%的公民持中立态度，反对者所占比例仅为1.96%，另有1.3%的公民表示不知道（见图5－32）。支持的声音成为主流，说明评估机制创新成为学科评估科学化的必然选择。由此可以说，健全学科评估体系，改善学科评估方案，创新学科评估方式，全面提升学科评估工作的科学化水平，为"双一流"建设提供高水平的服务，必须建立健全有效的激励机制、有力的保障机制和规范的监督机制。

其八，"要建立元评估制度，对学科评估本身进行再评估"，是一个涉及学科评估规范运行的价值判断问题。对于这一命题，有75.65%的公

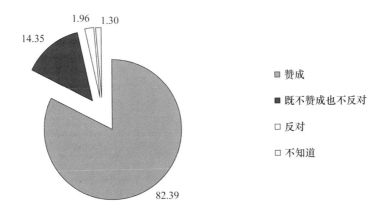

图 5-32 对"评估科学化必须建立激励、保障和监督机制"的看法（％）

民持赞成与肯定态度，有 16.74% 的公民表示既不赞成也不反对，有 2.39% 的公民持反对态度，有 5.22% 的公民表示不知道（见图 5-33）。赞成者所占比例远远高出其他三类人群所占比例，表明开展元评估的必要性已得到社会各界的普遍认同。从调查数据来看，不容置疑，开展元评估不仅是学科评估本身规范发展的需要，也是"双一流"建设的需要。只有学科评估本身不断科学化、规范化、法制化，"双一流"建设才能走上健康发展的轨道。

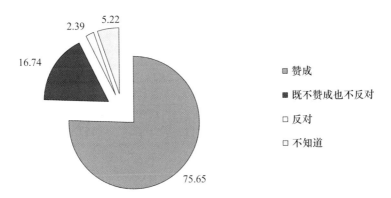

图 5-33 对"要建立元评估制度，对学科评估本身进行再评估"的看法（％）

第三节　学科评估服务"双一流"建设的基本调查结论

学科评估为"双一流"建设提供高水平的服务是学科评估最核心的功能，也是政府、高校、社会等众多高等教育利益相关者的期待。从调查结果来看，大多数公民对评建观点持赞许、支持的态度，然而，由于"双一流"建设是新生事物，高等教育利益相关者对评建信息的掌握还存在不对称的情形，因而对部分评建观点的理解也不可避免地存在偏差，自然也有反对的声音。经整体分析可以得出以下基本结论。

一　公民的学科评估及"双一流"建设素养处于中等水平

公民较高的评建素养主要体现为对学科评估及"双一流"建设的正确理解。第一，公民对学科评估及"双一流"建设相关术语的理解达到高水平，对"学科评估""世界一流大学""世界一流学科"的正确理解程度均超过80%，分别达到84.79%、92.12%、94.36%。学科评估不仅是当今中国高等教育改革发展的高频词汇，而且是高校管理者、教师、在校研究生等高等教育利益相关者学习与工作不可或缺的教育信息。第二，公民对学科评估及"双一流"建设观点的理解达到中等水平，公民对13个测试题目的正确判断率为77.39%。其中，公民的理解达到高水平的观点占38.46%，达到中等水平的观点占53.85%，停留在低水平的观点占7.69%。公民形成较高水平的评建素养，说明学科评估与"双一流"建设作为一项高等教育质量工程、一个高等教育改革发展战略，日益进入高等教育利益相关者的生活世界。

二　公民倾向于关注与自身高等教育利益相关的评建信息

公民关于学科评估与"双一流"建设信息的结论主要有三点：第一，公民对学科评估及"双一流"建设信息的感兴趣程度处于中等水平，公民对"中国一流大学排名""中国高校综合排名""高校学科排名""世界一流大学排名"的感兴趣程度分别为62.66%、61.03%、54.59%、

52.68%。学科评估与"双一流"建设引起家长、学生、校友、媒体、雇主等众多高等教育利益相关者的关注，但高校学科质量信息的开放程度还有待加深，以评促建的宣传工作还有待加强。第二，公民对关涉自身高等教育利益的评建话题感兴趣程度较高，公民颇感兴趣的三个评建话题分别是"世界大学前100强""中国大学前100强""'双一流'建设名单"，公民的选择频次分别为165次、163次、104次；公民不太感兴趣的评建话题分别是"'双一流'建设方案改革""学科裁撤与新增""高校学科评估"，这些话题远离公民的生活，他们对此的选择频次分别为89次、74次、73次。学科评估与"双一流"建设要形成深远的社会影响，还需进一步扩大公众对高校信息的知情权。第三，公民获取评建信息的渠道多种多样，但公民最易获取的评建信息渠道与最信任的评建信息渠道并不一致。公民较易获取评建信息的三种渠道分别是互联网、电视、与人交谈，其选择频次分别为396次、237次、229次；公民较难获取评建信息的三种渠道分别是图书、广播、一般杂志，其选择频次分别为78次、64次、44次。公民颇为信任的三种信息渠道依次为学术期刊、互联网、电视，其选择频次分别为270次、196次、169次；公民信任程度较低的三种信息渠道分别是广播、与人交谈、一般杂志，其选择频次分别为72次、64次、18次。促动学科评估与"双一流"建设信息向公众敞开，需要搭建民众容易获得但又充分信任的信息发布平台。

三　公民参与学科评估与"双一流"建设的程度不高

公民参与学科评估及"双一流"建设的程度不高，还未充分将各种力量吸纳到以评促建的洪流中来，学科评估服务"双一流"建设的成效与质量还有待提升。第一，公民对学科评估与"双一流"建设听说得多，但真正参与者甚少。公民参与"学科评估与'双一流'建设动员会""学科评估材料填报""学科评估与'双一流'建设讲座""评价学科声誉或导师指导""学科评估与'双一流'建设研讨"的程度都处于较低水平，分别为15.05%、12.89%、11.93%、11.47%、5.24%。第二，公民对学科评估信息的利用程度处于中等水平，有73.99%的公民将评估信息用于"挑大学、选专业"，有57.49%的公民将评估信息用于"报考研究生"，有 40.87% 的公民将评估信息用于"就业或人才招聘"，有 24.72% 的公民将评估信息用于"重新选择工作单位"。高校领导、二级学院院长及分管学科建设的副院长、学科负责人、教师等与学科建设紧密相关的人士对学科评估信息的利用率不高，说明学科评估还没有形成有效服务"双一流"建设的体制机制。第三，公民参与学科评估与"双一流"建设的程度处于较低水平，公民选择经常性"浏览网上的大学排名及学科排名""阅读评估与'双一流'建设的文章""和亲友谈论'双一流'建设有关话题""参与学科评估工作促进会""参加一流学科建设研讨会"的比例分别为 21.86%、11.58%、7.83%、5.09%、3.24%，从未参与过此类事务者和不知道此类活动者占据较大的比例。

四　有 51.2% 的公民赞同学科评估服务"双一流"建设的观点

关于学科评估服务"双一流"建设的诸多观点得到公民的认同和肯定，赞成者大体上占 51.2%，也有一定比例的反对声音。（1）赞成者超过半数的观点包括："评估有利也有弊，但利大于弊"，其比例为 70.44%；"我们过于依赖评估，而忽视高校的自我觉醒"，其比例为 56.96%；"评估是权利、利益和信息的博弈"，其比例为 56.58%。从支持者的视角来说，学科评估既可以为政府制定"双一流"建设政策、实施"双一流"建设战略提供有价值的服务，也可以为高校积极推进一流大学与一流学科建设提供有价值的服务，但学科评估毕竟只是手段而不是目的，不能过于依赖评估。（2）反对的声音比较高、赞成者未过半数的观点包括："评估活动的开展使'双一流'竞争更加有趣"，其比例为 48.48%；"评估不能解决高校同质发展、低效发展问题"，其比例为 46.64%；"即使不开展评估，高校仍然会重视质量与绩效"，其比例为 41.29%；"评估与'双一流'关系太密切，必然导致参评高校弄虚作假"，其比例为 37.13%。从反对者的视角来说，学科评估是一把"双刃剑"：没有评估是万万不行的，但评估也不是万能的。如果不开展常态化的学科评估，各学位授予单位就不会意识到裹足不前的压力，也就没有争创一流的动力。然而，如果过于看重评估结果，则可能使高校之间的竞争白热化，导致某些参评单位弄虚作假。

五　有 56.8% 的公民对评估要素与"双一流"建设持积极看法

学科评估服务"双一流"建设的积极价值与正向功能得到多数公民的认同，有 56.8% 的公民对学科评估要素与"双一流"建设持积极的看法。围绕不同的评估要素，公民有不同的评建态度和价值取向。从评估目的来看，学科评估工具论是一个颇受争议的观点，赞成者占 35.11%，反对者占 25.96%；从评估理念来看，有 86.11% 的公民主张学科评估服务"双一流"建设要坚持公平与效率兼顾的价值取向；从评估主体来看，有 50.33% 的公民期待政府转变角色，从具体的评估事务中解放出来，致力于宏观管理和政策制定；从评估性质来看，只有 45.61% 的公民认为学位中心是独立的、高度专门化的中介组织，学科评估还没有建立起权威性的第三方评估机制；从评估功能来看，有 31.54% 的反对者认为，高校之间的恶性竞争不是"双一流"建设的必然结果，只要建立科学合理的运行机制、激励机制、监督机制和保障机制，高校之间的非理性竞争就可以在很大程度上得到规避；从评估过程来看，有 51.61% 的公民主张优化评估程序，同时建立健全评估法制及高校行为自律机制，从而促进参评单位以真面目示人；从评估标准来看，有 60% 的公民主张立足中国国情，分类制定标准，开展分类评估，分类开展"双一流"建设，引导不同层次类型的高校在自身所属的领域办出特色；从评估方法来看，有 76.2% 的公民赞成应同时运用多种方法定期进行评估，形成主观评价与客观评价相结合、定性评价与定量评价相结合、形成性评价与终结性评价相结合的评价机制；从评估结果来看，有 75% 的公民主张合理利用评估结果，根据评估结果动态调整"双一流"建设对象，形成有进有出的良性循环。

六　有 71.61% 的公民支持以学科评估发展推进"双一流"建设

学科评估要为"双一流"建设提供高质量的服务，不仅要秉持正确的价值取向，而且要进行建设机制创新，形成学科评估事业健康可持续发展的动力，以学科评估的发展来推动"双一流"建设。第一，"双一流"建设将为学科评估发展提供更多机会，学科评估要借助"双一流"建设的"东风"，加快自身建设和发展（赞成者占 79.12%）；第二，落实"管办评分离"，政府要进一步简政放权，通过构建委托代理机制，让第三方组织成为真正独立的评估主体（赞成者占59.91%）；第三，建设中国的世界一流大学与一流学科，必须建立具有中国特色的学科评估体系（赞成者占80.19%）；第四，保证学科评估事业健康可持续发展，必须加强评估法制化建设（赞成者占73.29%）；第五，科技进步将有益于评估技术的改进，学科评估事业的发展必须以科技为引领，科技是推动学科评估现代化的第一动力（有76.03%的公民持赞成态度）；第六，学科评估要为"双一流"建设提供高水平的服务，必须建立健全有效的激励机制、有力的保障机制和规范的监督机制（有82.39%的公民持赞成态度）；第七，不断推进学科评估的科学化、规范化，需要建立元评估制度，对学科评估本身进行再评估（有75.65%的公民持赞成与肯定态度）。

第六章

学科评估服务"双一流"建设的
实现机制创新

学科评估是保障高等教育质量的重要手段，是推进高等教育内涵式发展的重要工具，是"双一流"建设的一个重要环节、一种重要举措。学科评估为"双一流"建设提供高品质、高质量、高水平的服务是其本真的价值选择，是推动中国从高等教育大国向高等教育强国转变、实现中华民族伟大复兴中国梦的重要战略。"双一流"建设既是一个多维度、多层面的概念，也是一个多层次、多类型的体系，只有创新实施方略，建立综合化、多元化的评价机制，才能走出一条具有中国特色、充满生机和活力的世界一流大学建设之路。在全面深化高等教育改革的过程中，学科评估要以世界一流为根本目标，以质量建设为核心追求，以提高绩效为价值导向，以办出特色为基本准则，遵循学科发展规律，遵循学校发展规律，遵循教育发展规律，充分考虑政府、高校和社会等利益相关者的价值追求，创新以评促建、以评促改、以评促管的体制机制，着力构建具有中国特色的学科评估体系，为"双一流"建设提供高质量的信息服务、决策服务和咨询服务。

第一节　运行机制创新——平衡集权与分权

学科评估是一流学科建设的依托和手段，能够为世界一流大学建设提供支撑和保证，开展学科评估是进行"双一流"建设的一项基本工作。通过学科评估找到"双一流"建设的着力点和突破口，实质上就是找到了一种新的制度安排和实施机制，促使政府在集权与分权的摇摆中找到平衡点。创新学科评估服务"双一流"建设的体制机制，在操作层面上，应当探索建立健全与之相适应的运行机制，包括委托代理机制、分包合约机制、绩效反馈机制和社会监督机制，形成能放能收、集权与分权相统一的高等教育治理格局。

一　转变政府角色，解构行政性评估

学科评估是加快学科内涵建设、促进学科高质量发展的思路和方法，是"双一流"建设的重要推动力量。以中国特色的学科评估服务于"双一流"建设是实现高等教育强国的必由之路，已成为高等教育发展的战略举措和重要任务。政府是以评促建的"导演"而不是"主演"，其传统角色定位已经不能完全适应新形势下高等教育改革发展的新要求，必须从高度集权、无限管理、深度干预等角色桎梏中解放出来，通过适度分权来实现根本性的转变。

（一）政府换位，从管理者转向服务者

政府是学科评估和"双一流"建设的重要利益相关者，充分发挥政府的管理职能，需要在重新界定政府角色和定位的基础上，实现管理理念和制度创新，构建服务型政府。2014年12月15日，财政部、民政部和工商总局印发的《政府购买服务管理办法（暂行）》指出："准确把握社会公共服务需求，充分发挥政府主导作用，探索多种有效方式，加大社会组织承接政府购买服务支持力度，增强社会组织平等参与承接政府购买公共服务的能力，有序引导社会力量参与服务供给，形成改善公共服务的合力。"① 从政府改革的角度来看，建立服务型政府意味着管理理念的根本转变：从以管控为核心的评估理念转向以服务为核心的评估理念。管控型评估强调对政府的服从，限制社会力量参与评估；服务型评估强调政府的服务，限制政府权力干涉评估。这一转变与以"服务"为核心的政府改革方向并行不悖，其运行要求摒弃传统的官僚制式的社会管制型政府理念，树立政府与社会力量携手合作的治理理念和公共服务

---

① 财政部、民政部、工商总局：《政府购买服务管理办法（暂行）》，http://www.gov.cn/ xinwen/2015 - 01/04/content_ 2799671. htm, 2014 年 12 月 15 日。

理念，培养一种"服务"而不是"服从"的管理思维和行为。在具体的评估活动中，政府可以扮演公共管理者角色，为评估提供公共管理服务；扮演秩序监护人角色，为评估的良性运行保驾护航；扮演纠纷仲裁者角色，为评估异议提供不偏不倚的裁决；扮演合法利益维护者角色，让合适的"双一流"建设对象获得资源。

（二）政府补位，从旁观者转向监护人

作为一种制度，扮演监护人角色本身就是政府"补位"的一种形式。从学科评估的实践来看，这种补位更多的还是补不足。在此前的学科评估中，政府角色的不到位，导致评估方向失控。因此，以学科评估推进"双一流"建设更快更好地发展，政府不能袖手旁观。政府作为"双一流"建设的重要投资人，需要通过制定发展规划与政策、学科质量标准、开展元评估等措施，引导高等学校朝着质量、特色、绩效的方向科学发展，其具体方法包括：一是加强高校学科建设过程评估和目标评估相结合的质量评价制度建设，形成中央政府宏观监控与省级人民政府中观监控相结合的监控体系，引导高校在政策框架内积极进行"双一流"建设。二是充当元治理角色，对高校学科评估进行元评估，敦促评估组织机构对评估方案、评估指标、评估内容、评估过程、评估方法等进行修正、改进、完善与规范，形成科学的评估体系，使评估结果更有权威性和公信力，为高校自身合理定位，争创不同类型、不同层面的"双一流"提供思路，为政府考核与遴选"双一流"建设对象提供参考。三是建立防腐拒变的评估制度，定期对评估组织方、评估参与方等利益相关者在参评过程中的清廉情况进行评估，预防评估组织者在评估过程中的权力设租、寻租现象，并依据评估结果制定防治腐败的清单，采取有针对性的预防腐败措施。

（三）政府退位，从运动员转向裁判员

学科评估陷入"囚徒困境"的一个重要原因，就是政府部门在不合适的职位上作为，而在合适的职位上却没有好的作为。政府对高等教育的治理是以增强高校办学自主性和发挥市场调节的基础作用为前提的。凡是由市场调节、高校决定、社会中介机构提供服务的领域，政府就应该坚决退出，做到既不越位，也不缺位，更不错位，将政府权力主要限定在公共领域，使政府职能的确立与发挥取决于市场需要和社会需要。①因此，强调政府退位，不是要求政府抽离所必须担任的职位，无所作为，而是要求政府抽离不合适的职位，到需要的地方大展拳脚。具体到"双一流"建设过程中学科评估的突围方面，则需要政府深入推进高等教育管理体制改革，贯彻落实"管办评分离"的原则，处理好大与小、收与放、管理与服务的关系，推动政府从"运动员"角色向"裁判员"角色转型，形成各级政府、业务部门各司其职、各尽其责的体制机制。针对各级政府和业务部门角色混乱、学科评估工作出现多头管理的问题，必须厘清各级政府之间的关系，明确各级政府、教育主管部门、业务部门等各主体分工合作的责任、权利和义务，通过建立评估信息发送的"防火墙"，防止各个主体的职能错位，改变政府既办大学又评价大学、既当"运动员"又当"裁判员"的局面，减少中央政府对高等教育过多的微观干预，通过简政放权形成中央政府宏观管理、省级人民政府中观管理、高校自我微观管理相结合的治理结构，使高等教育管理从部门治理走向公共治理，从行政治理走向多元治理，从集中治理走向分散治理，从微观治理走向宏观治理，从直接治理走向间接治理，促使各高校在"双一流"建设中自觉放弃以"阵地意识"和"牟利意识"应对评估的功利心态，静下心来认真思考学科长远发展，形成学科评估原生态发展的机制。

（四）政府让位，从集权型转向分权型

中国高等院校数量众多，类型复杂，政府深度介入学科评估活动，不仅评估任务繁重，费力不讨好，而且评估效率低下，评估结果遭受各种指责，这是学科评估陷入行政性泥潭的病根。走出行政性评估的恶性循环，让政府部门从繁杂的事务中解放出来，有更多的时间与精力处理关键性事务，需要持续推进"放管服"改革，不断提高政府效能。用李克强总理的话来说，"放管服"改革的实质就是政府进行自我革命，削手中的权、去部门的利、割自己的肉，用政府减权限权和监管改革，换来学科评估的巨大活力和释放"双一流"建设的巨大创造力。在"双一流"建设中贯彻落实"放管服"，当务之急是积极开展社会评估，让社会力量参与到评估中来。一方面，政府有必要对现行的评估机构进行改造，将

---

① 张慧洁：《监督、问责：评估与现代大学制度》，《清华大学教育研究》2005 年第 5 期。

评估机构与教育行政部门剥离，使其不再具有隶属关系，成为独立于政府的第三方组织。改造后的评估机构与政府之间的关系应该是一种委托与代理的关系，评估机构依靠良好的服务而获得政府和社会的资助，从而确立以评估服务为纽带的买卖合同。① 另一方面，政府作为高等教育质量的宏观管理者，虽然将评估权利委托给专业性的评估组织，但并不意味着完全置身事外，而是要通过建立系统的制度和统一的教育评估行业协会来履行监管职能，强化监督责任，加强对教育评估组织的监管，使其依法依规开展评估，促使专业性的评估组织及其工作人员加强自身的法律意识、行业意识和服务意识，规范自身的评估行为，提升学科评估的公信力。

二　培育中介机构，推动第三方评估

第三方评估是学科建设成效与质量管理的重要形式，是一种必要而有效的高等教育质量外部保障机制，具有诊断、监控、鉴定和激励等功能，能弥补政府性评估的缺陷，在深化"放管服"改革、实现教育"管办评"分离、加快推进"双一流"建设过程中体现着独特的价值。第三方评估因其中介性、独立性和中立性而保证评估结果的公正性，科学的第三方评估能为政府决策提供高质量的服务，能为高校改革发展提供高水平的服务，能为社会了解高校办学信息提供高效率的服务。"总体方案"提出，"双一流"建设要"建立健全绩效评价机制，积极采用第三方评价，提高科学性和公信度"②。从发达国家的经验来看，成功的学科评估都是由第三方组织进行的，如 US News 学科排名由《美国新闻与世界报道》周刊发起与组织，QS 学科排名由教育机构 Quacquarelli Symonds 发起与组织，THES 排名由《泰晤士高等教育》期刊组织与发起，在保证评估结果的公正性、权威性方面起到了很好的作用。第三方评估是构建现代高等教育治理体系的重要途径，是充分发挥社会积极因素参与高等教育治理的大势所趋，是政府分权，形成政府、社会、高校相结合的共建

---

① 张继平：《高等教育评估的价值取向博弈——"双一流"建设与学科评估的视角》，中国社会科学出版社 2018 年版，第 177 页。

② 国务院：《统筹推进世界一流大学和一流学科建设总体方案》，http：//www. gov. cn/zhengce/content/2015 –11/05/content_ 10269. htm，2015 年 10 月 24 日。

机制的应然举措。只有深刻认识第三方评估对"双一流"建设的重要意义，直面学科评估的透视力和导向性①，高度重视第三方评估的制度建设、法规建设和机制创新，加快第三方评估组织的培育，推动第三方评估合法化、制度化、规范化、程序化，尽快建立起科学有效的评估体系，学科评估工作才能走上健康发展的轨道，第三方评估的正向功能才能得到有效释放，才能为"双一流"建设提供高质量、高水平、高品质的服务。

（一）着力制度创新，确立第三方机构的独立身份

制度创新是学科评估可持续发展的动力源泉。在"双一流"建设过程中，要让第三方评估发挥更大的作用，就需要着力于评估制度建设，加强制度创新，培育更加独立、更加规范、更加权威的第三方机构，打造自立、自主、自为的第三方评估平台，形成政府、高校和第三方评估机构协同发展的体制机制和代理市场，为政府施策、高校决策提供高质量的服务。第一，建立健全第三方评估制度。国家作为高等教育的治理主体，要建立专门的高等教育第三方评估规章和制度，对第三方评估主体的资质、条件、职责、权限、义务、从业人员的业务水平和道德素质、评估指标、评估范围、评估结果的使用等进行明确界定与规范，保证第三方评估机构独立自主、规范有序的发展。第二，积极培育第三方评估机构。2015 年 5 月，民政部颁布的《关于探索建立社会组织第三方评估机制的指导意见》提出，第三方评估机构应该是能够独立承担民事责任的专业评估机构。要提高学科评估的独立性和中立性，有关部门需要出台扶持政策培育第三方机构。考虑到政府购买学科评估服务的竞争性要求，教育主管部门可以与有资质、能力强、信誉好的第三方机构建立相对稳定的协作机制，通过政策引导、经费保障等形式助其提升专业水准，发展成为权威性的学科评估机构。第三，不断完善第三方评估机制。政府作为学科评估和"双一流"建设的宏观管理主体，要加快职能转变，促进政社分开，通过建立第三方评估的评价体系和监督机制，使行政性学科评估机构与教育行政部门剥离，不再具有隶属关系，成为独立的非营利性法人机构，依法自主组织学科评估，依靠良好的评估服务而获得

---

① 冒荣：《直面学科评估的透视力和导向性》，《高教发展与评估》2018 年第 3 期。

政府和社会的资助，从而建立以评估服务为纽带的委托代理市场，避免成为政府的利益代言人。

（二）加强法规建设，保证第三方机构的合法地位

依法评估是第三方评估有机展开的关键所在。所谓依法评估，是指第三方评估机构依据高等教育相关法律法规赋予的职责权限，在法律规定的职权范围内，依照法定的程序，对高校学科建设现状依法进行有效评价和衡量。依法评估是党和国家提出的"全面依法治国"方略在高校学科评估领域的具体表现，也是规范评估行业发展、推动党和国家政府提出"全面深化教育领域综合化改革"战略实施的重要力量。依法评估的前提是健全相关法律法规，使学科评估有法可依、有章可循，这也是完善高等教育评估体系的重要前提。① 只有加强立法建设，确立第三方评估的法律地位，才能依法保证评估中介机构的独立合法性和权威性，使其评估活动不受政府及教育行政部门的干预和限制，有效发挥第三方评估的功用，形成客观公正的评估结果，为"双一流"建设提供高水平服务。推行依法评估，应继续完善高等教育评估的相关法律和法规，颁布高等教育第三方评估的相关法规，确立第三方评估的合法地位，明确"双一流"建设高校及学科在确定前要委托第三方进行评估，在实施一段时间以后也要委托第三方进行评估；要规范评估主体、客体的权利与责任，通过法律明确政府、高校和高等教育第三方评估组织等利益相关方平等的主体地位，防止出现行政管制以及命令式、服从式的管理，回应社会的多元利益诉求。为保证学科评估依法高效运行，法律中应明确规定第三方评估机构独立运作的原则，保证其有权依法向高校或有关国家机关查阅从事业务所需的文件、证明和资料，并且有权拒绝委托人或者其他组织、个人对评估行为和评估结果的非法干预等。② 此外，为防止第三方评估出现权力设租、寻租现象，还应制定相关奖惩措施，规范第三方评估行为，对违反法律、法规的行为坚决给予惩处，真正做到有法可依、有法必依、执法必严、违法必究。

---

① 顾晟：《日本高等教育多元化评估体系的现状、特点与启示》，《高教学刊》2018 年第19 期。

② 曹辉、郑智伟：《高等教育第三方评估的法律地位探讨》，《上海教育评估研究》2018 年第 4 期。

（三）优化评估队伍，提升第三方评估的专业水准

队伍建设是第三方评估科学发展的核心要素。第三方评估主要通过"指挥棒效应"来带动、引领和推动高校的学科发展①，没有专业化的评估队伍，第三方评估的科学性就没有保证，评估的"指挥棒效应"就会丧失。从国际高等教育评估的实践来看，专业化的评估机构既是保证评估结论科学公正的前提，也是评估体系趋于成熟的重要标志。在美、英、德等发达国家，高等教育第三方评估的组织化和专业化已成为推进世界一流大学与一流学科建设的一种趋势。顺应高等教育国际化的潮流，第三方评估只有打造一支结构合理、素质精良的专业人员队伍，以评促建、以评促管、以评促改的评估功能才能得到有效发挥，学科评估事业的发展才能得到社会的认可，"双一流"建设才会有光明的前景。立足学科评估服务"双一流"建设的实践，第三方评估队伍建设需要从三方面入手：一是建立多方合作的评估专业人员培养机制。充分发挥大学、科研院所、评估机构的人才培养职能，加大高等教育评估专业人才的培养力度，做好人才培养和储备工作。通过创新教育硕士、教育博士的培养机制，以项目合作、建立评估实践基地、联合培养等形式，调动外部专家、专业咨询机构和技术支持部门在人才培养中的作用，提高评估人员的专业化水平。二是建立评估专业人员准入遴选制度。把国外对社会组织评估实行资格认证的成功经验应用到高校学科评估的实践中来，制定行业认可、社会认同的评估职业基准，广泛吸纳社会各界有志于从事高等教育评估的优秀人员参与进来，通过统一的资格考试和相关考核、鉴定而获取高等教育评估资格，逐步实行职业资格认证及持证上岗制度。三是建立评估专业人员审核与退出机制。加强对评估从业人员的资格审核，建立健全高等教育评估人员的准入与退出机制，严格把握第三方评估专业人员的资质认证工作。制定评估专业人员培训后的考核制度，定期对评估专业人员进行考核和培训，针对培训内容和参加培训人员进行随机抽查并实行全员考核，对考核合格者予以认证，对考核不合格者予以辞退。

（四）深化理论研究，增强第三方评估的实际效果

理论研究是第三方评估长足发展的根本保障。理想的第三方组织是

---

① 郭晓：《问题梳理，价值反思，内涵再探——全国第四次学科评估对我国艺术学学科建设的意义和价值》，《艺术教育》2018 年第 3 期。

作为一个专业性、研究性的评估机构而存在的，不仅是一个开展学科评估活动的纯事务性实体，还是一个开展学科评估理论、方法与技术研究的实体，发挥着学科评估研究阵地的作用。发达国家普遍重视第三方评估理论与方法体系建设，拥有先进、实用的评估方法与技术，如《美国新闻与世界报道》、英国 QS 及德国 CHE 学科排名都将内部评估与外部评估相结合、专家评估与民众参与相结合作为第三方评估的重要机制，在促进世界一流大学与一流学科生长方面发挥着导向作用，已得到高等教育利益相关者的广泛认可。借鉴发达国家第三方评估的经验，我们要结合中国高等教育实际，从第三方评估理论出发，探索适合本国国情的学科评估实践，包括探索形成适合中国高校实践的评估理念、评估内容、评估标准、评估方法等，借此确立既具有自身特色又适应委托人需求的评估模式。与此同时，还要在将国外评估理论、评估方法和评估技术中国化的基础上，探索具有中国特色、适合中国国情的学科评估体系，做好理论储备、方法储备和技术储备，不断提高第三方评估的针对性和实效性。此外，在数字化、信息化和智能化的时代背景下，还要善于运用互联网和大数据技术，有效拓展第三方评估的调查网络和信息渠道，准确把握复杂教育现象的本质和内在规律，科学评估高校学科建设的成败与得失，为"双一流"建设提供高品质的服务。一言以蔽之，学科评估第三方要立足理论研究，将理论研究成果运用到学科评估实践活动中，用理论研究指导实践操作，反过来又用实践反哺理论，理论再指导实践，形成螺旋式的上升过程。

三　创新组织模式，形成代理性评估

学科评估既是国家管理高等教育的重要方式，又是一种高度专业化的教育活动，既离不开国家的大力支持，又不能由政府完全掌控，需要协调集权与分权的矛盾。就政府放权而言，如果由教育行政部门来组织实施，不免带有强烈的行政化色彩，评估的公信力自然会大打折扣，如此遴选与考核"双一流"建设对象，也难以得到社会公众的普遍认可。针对政府集权有余而放权不够的现实，高校学科评估需要强化第三方评估，建立健全社会评估机制。从社会评估的特征来看，由于社会评估机构不参与高等教育资源的分配，不受教育行政部门的管控，因而能有效

借助社会力量，吸纳高校、政府、社会、用人单位及毕业生等参与学科评估。这样不仅有利于拓宽评估视角，也有助于提升评估过程和评估结果的客观性和公正性，因此更受社会各界的欢迎。从提高学科评估的科学性、权威性来讲，中国特色的学科评估更应该以社会评估为主旋律，政府则应逐渐淡出学科评估领域。当然，这并不是说政府从此就可以不问津学科评估。在"管办评分离"的治理框架下，政府作为高等教育的宏观管理者和"双一流"建设的重要投资人，其主要职责是委托社会专业机构组织学科评估，发挥社会专业机构在学科评估和"双一流"建设中的导向作用，削减行政权力对学科专业事务的粗暴干预。为打破政府与社会之间的信息不对称局面，形成政府与社会评估机构之间良好的委托代理关系，政府需要着力构建以下机制。

（一）构建委托代理机制

教育行政部门委托学位中心开展高校学科评估，是深化高等教育改革和加快"双一流"建设进程的需要。2013 年 11 月 12 日，中国共产党第十八届中央委员会第三次全体会议通过的《中共中央关于全面深化改革若干重大问题的决定》提出，推广政府购买服务，凡属事务性管理服务，原则上都要引入竞争机制，通过合同、委托等方式向社会购买。教育行政部门委托学位中心开展学科评估实际上是将高等教育质量的监测权交给专业机构，由专业机构做专业的事。首先，教育部将学科评估权委托给学位中心，并从部门预算安排的公用经费或经批准使用的专项经费中支付购买评估服务费，从而成为委托人。其次，学位中心作为代理人，按照公平、公正、公开的原则，依据"双一流"建设的框架体系，确立学科评估方案，向全社会公布学科评估目的、内容、指标、原则、方法等信息，以及各学位授予单位的参评条件等内容，确保具备资质条件的学位授予机构平等参评。最后，学位中心邀请符合条件的学位授予单位参评，并将评估结果提交给教育部，作为"双一流"建设的参考。教育行政部门委托学科中心开展学科评估并购买评估服务作为一种新的公共服务提供方式，是"深入推进管办评分离"的制度创新。

（二）构建分包合约机制

政府作为"双一流"建设的投资者，为建设对象提供财产要素，而各建设对象在接受政府所提供的财产要素的同时，必须接受质量"体检"

和建设绩效考核，这相当于双方已达成一种默契，各种制度规则是双方的契约内容，代理人执行委托人的各种规章制度就如同履约。这种委托代理契约实际上暗含着一个基本的设定：政府为大学提供的教学、科研和社会服务付费。但是，代理人是一种自利的实体，更喜欢追求自己的目标。政府既然不能完全使大学履行所委托的契约，那么就必须找出新的、更大的激励性的合约来引导大学的行为。《政府购买服务管理办法（暂行）》指出："通过发挥市场机制作用，把政府直接提供的一部分公共服务事项以及政府履职所需服务事项，按照一定的方式和程序，交由具备条件的社会力量和事业单位承担。"[①] 在"双一流"建设过程中，政府委托社会中介机构对高校学科质量、成效、特色等内容进行评估，并依据评估结果决定对"双一流"建设高校的支持力度，是分包合约的典型做法。需要指出的是，政府既与"双一流"建设高校发生合约关系，又与社会中介机构发生合约关系，但政府购买学科评估服务，是基于合同委托而产生的公共服务提供模式。因此，要使这种分包合约有序履行，必须完善政府购买服务的合同签署程序规定。当今高等教育评估界比较流行的做法是将学科评估事项以项目合同的形式委托给有资质的评估机构来组织完成，并在合约中明确约定委托方与代理方的职责与责任，这样才能保证评估机构在进行价值判断时保持独立性和中立性，提高评估结果的科学性和合理性。

（三）构建绩效反馈机制

学科评估是政府了解国内高校学科实际发展水平与目标之间差距的一个渠道，是在"双一流"建设中进行资源配置的一种途径。"总体方案"提出，要建立健全"双一流"建设绩效评价机制，根据相关评估评价结果、资金使用管理等情况，动态调整支持力度，增强建设的有效性。对实施有力、进展良好、成效明显的，适当加大支持力度；对实施不力、进展缓慢、缺乏实效的，适当减少支持力度。要达到以评促建、以评促管、以评促改的目的，必须坚持绩效导向，建立健全政府和参评高校对评估结果和评估意见的反馈机制，对评估中暴露出的问题，要认真加以

---

① 财政部、民政部、工商总局：《政府购买服务管理办法（暂行）》，http://www.gov.cn/xinwen/2015-01/04/content_2799671.htm，2014年12月15日。

整改和完善。政府是"双一流"建设的投资者，因而是重要的利益相关者之一。为减少政府与高校之间因利益分配不公而造成的冲突，政府有必要委托社会中介组织对高校学科建设绩效进行评估，探索实施长效评估机制，结合国家中长期教育发展规划和"双一流"建设规划，构建具有中国特色的世界一流大学和一流学科评价体系，充分激发高校的内生动力和发展活力，引导高等学校不断提升办学水平。探索建立评估结果综合运用机制，搭建互联互通的信息共享平台，推送评估结果信息，扩大评估结果运用范围，将其作为"双一流"建设绩效考核和资源配置的重要依据，引导高校更加重视建设成效。

第二节　激励机制创新——统筹公平与效率

公平与效率是全面深化高等教育综合改革的两大核心议题，也是高等教育制度设计所追求的价值目标。① 纵观高等教育公平与效率的种种论述，二者既不是相互排斥、彼此对立的关系，也不是自觉转化、必然促进的关系，而是相辅相成，在一定条件下可以相互转化、相互促进的关系。② 一方面，提升高等教育公平程度可以为提高高等教育效率创造条件。高等教育公平程度越高，获得高质量高等教育的人越多，用人单位的选才面越大，高等教育的经济效率、社会效率就越高。另一方面，提升高等教育效率可以为推进高等教育公平提供基础。高等教育效率越高，培养的高质量人才越多，就可以越有效地提高生产率，创造出更多的社会财富，为高等教育公平发展奠定更坚实的物质基础。当然，伴随着高等教育综合改革的推进，公平与效率也会出现此消彼长的一面。一方面，公平相对于效率而言总是具有一定的滞后性的，高等教育效率提高并不能显而易见地提高高等教育的公平程度，旧公平观的存在会阻碍高等教育公平程度的提升，甚至会引起更大的不公平，高等教育公平程度会出现一个类似于"库兹涅茨倒 U 形曲线"的变化过程，于无形中拉大公平

---

① 李廉水、吴立保：《和谐社会视野下高等教育公平的制度设计研究》，科学出版社 2010 年版，第 247 页。

② 董泽芳：《高等教育公平与效率兼顾论》，《大学教育科学》2014 年第 1 期。

与效率之间的反差。① 另一方面，在特定的历史时期，为实现高等教育公平，总要以牺牲一定的效率为代价；而为了提升效率，又要以牺牲一定的公平为代价。因此，实现高等教育公平与效率兼顾就要根据国家在特定历史时期的特定情况，根据学科评估和"双一流"建设的实际需要，把提高效率同促进公平统筹起来，找到高等教育公平发展与高效发展的平衡点，形成有效激励高校争创世界一流大学和一流学科建设的主动性和积极性，使每所高校都有机会实现"各美其美"的理想。因此，学科评估只有注意设计的导向性和合理性，才能在"双一流"建设中发挥杠杆作用，成为大学发展的推动力量。以学科评估促进"双一流"建设，需要政府、高校和社会和衷共济，以公平为导向，以效率为准则，坚持分类引导、分类建设、分类考核和动态支持的原则，推动遴选机制、竞争机制、考核机制和建设机制创新。

一　分类引导，推动分类发展

学科评估制度改革必须适应高等教育发展的现实需要，这是高等教育内适规律的反映。中国高等教育规模庞大，高等学校类型复杂、层次多样，不同类型与层次的高等学校办学基础和服务面向千差万别，追求"双一流"建设的道路和价值准则必然不同，学科评估必须观照中国高等教育的国情，进行合理分类，避免一刀切，引导高校实现分类发展，在各自的领域积极争创一流。

（一）确立个性化的分类理念

个性是一所大学区别于另一所大学的根本标志，是大学办学特色的集中体现，也是大学争创一流的基点。强调个性发展，就是强调大学走差异发展之路，做到人无我有、人有我特。"总体方案"提出："面向经济社会发展需要，立足高等教育发展现状，对世界一流大学和一流学科建设加强总体规划，鼓励和支持不同类型的高水平大学和学科差别化发展，加快进入世界一流行列或前列。""实施办法"提出："坚持扶优扶需扶特扶新，按照'一流大学'和'一流学科'两类布局建设高校，引导

---

① 谢维和、李乐夫等：《中国的教育公平与教育发展（1990—2005）》，教育科学出版社2008年版，第185—194页。

和支持具备较强实力的高校合理定位、办出特色、差别化发展，努力形成支撑国家长远发展的一流大学和一流学科体系。"① 学科评估服务"双一流"建设的最大意义在于，推动高校深入思考如何展现自己的个性、特长和优势，引导高校分类发展，把学科和大学建设好。分类建设"双一流"的重要目的，就是要引导高等学校依据自身实际进行合理定位，集中精力加强学科内涵建设，加快培育形成特色，通过内涵发展、差异发展、特色发展来建设一流。分类建设"双一流"的最终目的不在于类型本身，而在于超越分类，实现高等学校的个性发展和高等教育系统的多样化发展，打破"千校一面"的发展格局。

（二）设置多元化的分类标准

培养多元化、多规格的高质量人才，既是普及高等教育发展的一个显著特征，也是社会经济加速发展对"双一流"建设的迫切要求。中国经济结构转型升级和产业结构调整既需要高质量的知识型、学术型、科研型人才，也需要高质量的应用型、职业型、技术型人才，由此使得高等教育从办学目标到办学体制转变、从学科专业布局到人才培养模式变革、从质量评价标准到运行机制改革，都显示出与社会经济结构相关联的多元化发展趋势。适应社会需求结构的变化，学生对高质量高等教育的追求也呈现出多元化趋势，有人向往学术声望显赫的部属重点大学，有人憧憬办学特色鲜明的行业型、应用型、专业型、区域型本科院校，有人景仰就业质量优异的高职高专。在未来社会里，多元化的高质量高等教育在社会经济发展中将有着更加旺盛的需求，而赋予每个学生高质量的高等教育机会，则是"双一流"建设的紧迫任务。因应这种需要，"双一流"建设必须以多样化的人才观为前提，以多元性的社会需求为导向，对高等学校进行分类管理、分类评估，引导不同层次类型的高校分层定位，把建设目标瞄向不同的一流，是学科评估服务"双一流"建设的基础。

从世界一流大学的生成逻辑来看，具有中国特色的世界一流大学评价不能完全、简单地套用美国标准抑或英国标准，而要以中国特色学科

---

① 教育部、财政部、国家发展改革委：《统筹推进世界一流大学和一流学科建设实施办法（暂行）》，http://www.moe.gov.cn/srcsite/A22/moe_843/201701/t20170125_295701.html，2017 年 1 月 24 日。

评价为主要依据，综合高校办学条件、学科水平、办学质量、主要贡献、国际影响力等情况，以立德树人为根本，以支撑创新驱动发展战略、服务经济社会为导向，以推动社会主义先进文化建设为支撑，以打造一流专家、学科领军人物和创新团队为动力，以深化国际交流与合作、提升国际影响为契机，论证确定一流大学和一流学科建设高校的认定标准。在分类标准与分类评估的认定上，以办学水平为依据，将"985""211"工程统一纳入"双一流"建设框架里，将高等学校按高水平学科情况分为多个高水平学科的大学、若干个高水平学科的大学和单个高水平学科的大学三种类型，引导不同类型的高校依据类型合理定位，深化内部管理体制改革，选择适合自身特点的"双一流"建设路径，在自身所属的范畴争创一流，建立起类别清晰、结构合理、适应经济社会发展需要、具有中国特色的一流大学与一流学科体系。其具体的评估与建设标准是：拥有多个高水平学科的大学，要在多领域建设一流学科，形成一批相互支撑、协同发展的一流学科；拥有若干个高水平学科的大学，要围绕主干学科，强化办学特色，建设若干个一流学科；拥有某一个高水平学科的大学，要突出学科优势，提升学科水平，进入该学科领域世界一流行列或前列；无高水平学科的大学，要发掘、凝练和形成办学特色，集中优势力量实现某个一流学科的突破。

（三）制定整体性的分类规划

建设教育强国既需要顶层设计、线路图及时间表，也需要基层创新，但顶层设计能否得以全面体现，线路图能否得以切实遵循，时间表能否得以严格执行，都取决于基层的态度与行为是否符合改革要求。可以说，顶层设计与基层创新同等重要。国家的顶层设计为"双一流"建设描绘了宏伟蓝图，而全体高校的首创精神和实践创造是以学科评估促进"双一流"建设的力量源泉。高等学校、各级政府在以评促建中要找准方向，就离不开国家层面的顶层设计；国家层面的战略规划、改革方案要在高校和地方落地生根，就必须鼓励和允许不同地方进行差别化探索，支持和首肯不同层次类型的高校进行差异化发展。在某种程度上，以评促建的任务越重，就越要重视顶层设计与基层创新的良性互动，解决好教育方针政策、战略规划及改革方案与实际相结合的问题、利益调整中的阻力问题、推动改革落实的责任担当问题，把改革方略落准落细落实，使改革设计更加精准地对接社会所需、高校所盼、民心所向。在具体的规划设计上，以评促建要以科学的顶层设计引领基层创新，无论战略规划的制定还是制度框架的设计都要遵循高等教育规律，注重政策方针的连续性、战略目标的长远性、制度设计的全局性，重视在改革中以系统化防止碎片化，以规范化防止失范化，以协调防止紊乱，以长远规划遏制短期行为，以分类建设规划遏制趋同发展，为高校和地方的改革提供行动指南。

一个国家不是只有一两所"东方哈佛""东方耶鲁"就可以建成高等教育强国的，除了有一些能与哈佛、耶鲁比肩的大学之外，还要有为数众多的能进入世界前300强、200强甚至前100强的高校，这样才能形成整体发展的集群优势；一所大学不是只有一些特别优势的学科就可以成为一流的，除了有高峰学科之外，还要有大量高原学科，各学科共同发展，通过学科群的发展带动整个大学的发展，才能发挥集群效应。从学科评估推动高等教育的整体发展来说，"双一流"建设没有"主演"与"看客"之分，每所高校、每个学科既是自身利益的捍卫者，又是他人利益的提供者，在以评促建中均扮演着参与者和践行者的角色，但每所高校、每个学科所扮演的角色不同，有的扮演花旦，有的扮演小生，有的扮演小丑，每个角色都很重要。各省级人民政府要根据本区高等教育实际，合理选择世界一流大学和一流学科建设的路径，科学规划、积极推进，引导高校以学科评估为契机，适时调整学科建设规划与方案。在分类规划、整体推进的实践战略上，上海是成功的先例。上海把高校分为学术研究型、应用研究型、应用技术型、应用技能型，坚持对不同类别的高校实施不同标准，由此形成分类规划、分类建设的高等教育治理新格局。经过三年一轮持续投入，上海高校学科建设成效逐渐显现。入选国家"双一流"建设名单的上海高校均属于"高峰高原学科建设计划"高校，在建的52个高峰学科中，有38个在全国第四轮学科评估中被评为A类学科，占比为73.1%；有23个I类高峰学科全部为A类学科。同时，在26个"A+"学科中，有20个为在建高峰高原学科，占比接近80%。[①]

---

① 樊丽萍：《上海"双一流"建设：每所高校都是参与者践行者》，https：//www.sohu.com/a/257185979_391459，2018年9月30日。

上海的经验表明，高峰学科是问鼎世界一流的先锋，高原学科是冲击世界一流的主力，但高峰学科与高原学科的发展不是孤立的。没有高原学科的支撑，高峰学科很难有坚实的基础。因此各省区、各高校在整体布局、资源分配、政策倾斜等方面，要重视优势学科、特色学科和实力比较雄厚的学科，以这些学科的优先发展带动相关学科的发展。

二 分类遴选，实施分级投入

根据学科评估遴选"双一流"建设对象，能够有效打破"211""985"工程建设身份固化的僵局，激励高校之间公平竞争。然而，对于学科评估结果能否直接用于"双一流"建设对象的遴选与考核，社会各界众说纷纭，莫衷一是，主要集中在两个向度。反对者认为，学科评估结果能否直接应用于"双一流"建设对象的遴选与考核，政府需要谨慎考虑，应尽量避免评估结果与资源、利益的直接挂钩，以免造成利益相关者之间的非公平竞争。赞成者则强调，学科评估是最符合中国高等教育发展实情、最具有中国特色的质量评价措施，能够准确反映高校学科建设的成效与水平，因而不必避讳评估结果和"双一流"建设的结合。本书的观点是，将学科评估结果与院校激励制度联系起来，可以成为质量保证与质量改进及推动院校间相互竞争的强有力杠杆。只要学科评估结果是真实合理的，"双一流"建设就可以、也有必要应用这种结果。当然，政府在利用第三方评估结果分配资源与利益时，并不是直接搬用，而是需要综合考虑资源投入的公平性、透明性，否则会使不同层次与类型的高校因同台竞技而感到不公平。对此，"双一流"建设需要建立质量至上、效率优先、均衡发展的原则，既要奖励排名靠前的大学或学科，又要关注排名靠后的大学和激励多数大学，既要关注经济发达地区高校的发展，又要关照经济欠发达地区高校的发展。具体到"双一流"建设上，政府要充分认识到学科评估的局限性，不能简单地把学科评估的结果作为确定"双一流"建设项目的唯一依据。国家要把"择优"和"择需"相结合，把"双一流"建设和教育公平相结合，综合考虑优质高等教育资源区域布局均衡、产业所需等重要因素，进行整体规划和分类遴选，建立中央和地方政府分级投入、分级建设的支持机制，鼓励社会力量和行业企业积极参与、加强与高校合作，多渠道汇聚资源，多层次争创一流，引导不同层次、不同类型的高校在自己所属的领域办出质量和特色。

（一）建立分类遴选机制

启动实施"双一流"战略，是中国大学冲刺国际前列、打造顶尖学府的"冲锋号"，是实现中国高等教育由大变强的新举措。遴选"双一流"建设高校，既要突出效率，又要讲究公平。对于世界一流大学建设对象的遴选，要从三个维度出发：（1）世界一流大学 A 类高校遴选原则是：效率优先，公平竞争。世界一流大学 A 类高校是冲击世界一流的主力军，在"双一流"建设中发挥着龙头作用，其遴选必须防止"劣币驱逐良币"现象的发生。在遴选标准的设定上，世界一流大学 A 类建设高校必须在学科评估上有优异的表现，必须有多个学科进入 A 档，甚至有多个学科进入 A＋，否则不具备入选资格。（2）世界一流大学 B 类高校遴选原则是：强调效率，兼顾公平。世界一流大学 B 类高校是冲击世界一流的第二梯队，在"双一流"建设中发挥着不可忽视的作用，但 B 类高校与 A 类高校之间存在一定的差距，将一流大学区分为 A、B 两类，一方面是希望督促所有的一流大学建设高校加快改革、加快发展，并推动归入 B 类的高校正视差距、奋起直追；另一方面是促进高等教育均衡发展，缩小省区、地区高等教育差距，形成高等教育公平发展的格局。从这种意义上讲，B 类高校的遴选要参考学科评估结果，强调建设效率，但同时要兼顾公平，体现公平与效率并重的价值取向。（3）世界一流学科建设高校遴选原则是：公平为本，效率为重。新疆、青海、宁夏等地的高校，由于历史、地域、经济等原因，可能在短时间内并无学科问鼎 A＋甚至 A－，但并不妨碍其大学立足省区优势建成特色学科，如西藏大学的藏医学、青海大学的草业科学。因此，世界一流学科建设高校的遴选要摒弃学科排名的成见，以公平为导向，适度考虑评估结果，积极扶持少数民族经济欠发达地区高校的发展，形成"双一流"建设协调发展的格局。

对于世界一流学科建设对象的遴选，则要兼顾"热门学科"与"冷门学科"、"大学科"与"小学科"、优势学科与劣势学科、传统学科与新兴学科，最大限度地实现一流学科建设的公平公正。为此，"双一流"建设必须进行多方面的机制创新。

一是构建合分并重的评定机制。高等教育市场上本没有"热门学科"与"冷门学科"之别，热门学科与冷门学科的划分，在很大程度上是由市场对人才的需求，经济结构转型升级及社会发展方向等多方面因素综合决定的。当社会对某个学科的需求增加、选择该学科的学生增多时，该学科便成了热门学科。然而，事物的发展是动态变化的，此一时的"热门学科"在彼一时可能就是"冷门学科"，譬如20世纪90年代曾经热门的美术学、音乐学、法学，今日却成为就业市场上冷门的"红牌学科"；而以前并不受欢迎的冷门学科，如信息安全、网络工程、物联网工程、数字媒体技术、通信工程，现在却成为就业市场上热门的"绿牌学科"，发展前景也越来越好。一流学科建设不能只顾眼前，以"摊大饼"的形式盲目发展"热门学科"，而是要立足长远，构建"热门学科"与"冷门学科"交相辉映的评建机制。具体而言，对于"热门学科"争创一流，高校要以学科评估为契机，深入挖掘学科人数据，找到质量建设、成效建设的症结，形成内涵发展、快速发展的动力，提升学科建设层次和质量，为科技创新发展、经济结构转型升级提供中国智慧。对于"冷门学科"争创一流，国家在一流学科建设中要重视发展具有重要文化价值和传承意义的"绝学"，通过政策扶持、经费支持等方式大力建设对国家战略发展具有重要意义而研究投入不足的基础学科，对文化传承具有重要价值而亟须抢救的濒危学科，对中国特色哲学社会科学构建具有重要作用而有待加强的特色学科，确保这些学科有人做、有传承。高校要以学科评估为纽带，通过发现特色，突出特色，找到一流学科的生长点，重点培育和布局一批能冲击一流的特色学科，生成创新发展、差异发展的动能，为民族进步、社会发展提供中国方案。

二是构建刚柔相济的评选机制。一流学科建设是一个系统的、长期的工程，每一个一流学科的成长都要经历由小到大、由弱到强的历程。一流学科建设必须采取刚柔相济的评选机制，赋予"大学科"与"小学科"公平创建一流的机会，才能形成一流学科生存发展的长效机制。所谓"刚"，是指无论"大学科"还是"小学科"，都必须坚持一流标准，确保每一个一流学科都能打造一流质量、获得一流成效。所谓"柔"，是指不同的学科要区别对待，防止用一个尺子衡量所有学科，做到"一把钥匙开一把锁"。刚柔相济的具体法则是：一流学科的评选既要坚持标准，又要灵活对待；既要遵守共通的规则，又要因情制定遴选条件。基于"大学科"的发展特点不只是参评高校数量众多，还表现为多数参评高校都存在师资队伍大、学科规模大、学生规模大等特点，如果用这些规模性指标评价"小学科"，对"小学科"必然是不公平的。因此，一流学科的评选既要坚持师资质量、人才培养质量、科学研究水平、学科声誉等方面的共性标准，又要考虑"小学科"的实际情况，分门别类地制定师资数量、授予学位人数等个性标准。与此同时，为防止"大学科"沙文主义进一步恶化，规避"小学科"争创一流的希望被"大学科""殖民"，"小学科"的遴选条件也有必要进一步改善，不必拘泥于评估排名，如果一个学科的人才培养、社会声誉得到高度认可，即使在评估中只获得 B 或者 C，也可以入选一流。

三是构建新老交错的评决机制。现代科学既高度分化又高度综合，新兴交叉学科是集分化、综合于一体的学科，这种学科的发展有利于实现人类对科学知识体系整体化特征的认识，从而实现科学的学科融合。创新发展新兴学科和交叉学科，是当代经济社会转型发展的需要。习近平同志在哲学社会科学工作座谈会上提出，要加快发展具有重要现实意义的新兴学科和交叉学科，使这些学科研究成为中国哲学社会科学的重要突破点。"规划纲要"提出："基础学科之间、基础学科与应用学科、科学与技术、自然科学与人文社会科学的交叉与融合，往往导致重大科学发现和新兴学科的产生，是科学研究中十分活跃的部分之一，要给予高度关注和重点部署。"① 随着科学技术的发展，人类面临着诸如人口、食品、能源、生态、环境等方面的新问题，其中许多问题仅靠传统学科很难有效解决，将越来越多地依靠多学科互相渗透、协同攻关。因此，重视新兴交叉学科的发展，必须通过评建机制创新来实现。在优化评价体系设计方面，学科评估要遵循新兴学科与传统学科成长发展的规律，进一步体现出分类的特征，专列新兴学科评价体系，构建"以老带新、以新促老"的学科融合发展机制，形成传统学科与新兴学科相互促进、相互支撑的良性循环。同时，在"双一流"建设对象遴选过程中，要摒

---

① 国家中长期教育改革和发展规划纲要工作小组办公室：《国家中长期教育改革发展规划纲要（2010—2020）》，http：//www. moe. gov. cn/srcsite/A01/s7048/201007/t20100729_171904. html，2010 年 7 月 29 日。

弃唯排名的遴选取向，适当倾向于新兴交叉学科，扶持新兴学科的发展。

四是构建强弱互补的评建机制。优势学科之与劣势学科，恰如"红花"之与"绿叶"。"红花需要绿叶配"，这是人尽皆知的道理。要知道，没有"绿叶"的衬托，"红花"就没有鲜艳之美。同样的道理，没有劣势学科的存在，优势学科也只能是空中楼阁。高校应该充分认识到，学科评估只是衡量学科水平的一项重要指标，但不是唯一指标，不能简单地依据学科评估结果决定学科存废。纵观世界一流大学的学科建设，并不是每个学科都能在排名中位居榜首，即使是实力超群的哈佛大学、麻省理工学院也不可能做到每个学科都能成为"状元学科"。在 2019 年 QS 世界一流学科排行榜上，哈佛大学有 12 个"状元学科"，麻省理工学院有 11 个学科排名第一，但这两所大学依然有不少学科在前三甲之外，如果哈佛大学、麻省理工学院据此裁掉这些学科，那么，全球将有多少学科失去存在的理由。"红花"虽好，还需"绿叶"扶持。优势学科固然重要，劣势学科也不能忽视。只有形成优势学科与劣势学科交错发展的格局，才能全面提升大学的办学实力。基于此，高校管理者要正视中国国情、结合学校校情、考虑学科实情，在创建"双一流"的过程中既要重视和加强一流优势学科建设，又要注重劣势学科的同步发展；既要重视培育"红花"学科，也要注意培育"绿叶"学科。在具体的评建机制上，一方面，高校要通过优化顶层设计，改变"竞争选优"的学科建设思路，根据学科体系的内生发展以及学科职能的发挥来加以考虑，形成既有利于优势学科"领跑"发展又促进弱势学科及时"跟进"发展的学科群落结构。[1] 另一方面，高校要通过选育机制创新，先支持个别优势学科入围"双一流"范畴，充分利用国家集中投入资源建设的政策红利，巩固扩大优势学科的建设成效，以此带动相关学科发展，并补齐劣势学科未能及时跟上的"短板"。

（二）建立分级投入机制

稳定充足的经费投入是高等教育优先发展、高质量发展的物质基础，也是建设"双一流"和建设人力资源强国的有力保证。当今世界各国均

---

[1]　周统建：《"双一流"建设高校如何协调发展弱势学科——基于学科生态建设的视角》，《中国高校科技》2018 年第 10 期。

把加大投入作为提升高等教育质量和富民强国的根本举措，充分体现出高等教育优先发展的战略决策。发达国家为保证高等教育优先发展，一方面通过加大政府拨款额度，保证高等教育的财政性投入，另一方面通过政策性优惠促进大学拓宽经费筹措渠道，形成广泛的经费来源。2005—2008 年，美国公立大学经费来源包括联邦政府拨款（13.72%）、州政府拨款（27.38%）、本地政府拨款（6.51%）、学杂费（17.08%）、附属企业及医院收入（16.45%）、私人及企业捐赠和永久性赠与（5.08%）、投资收入（3.88%）和其他来源（9.9%）。① 如果说中国"双一流"建设成效不尽如人意，投入不足是重要的原因之一。同发达国家相比，中国高等教育经费筹措机制相对单一，主要依赖于政府拨款、学生学费和少量社会捐赠，政府的"大饼"摊薄之后，每所高校所分到的"羹"相当有限，导致不少高校日常运营困难，发展举步维艰，迫切需要实施优先发展战略，建立多管齐下的投入机制，汇聚各方优质资源，完善政府、社会和高校相结合的共建机制，形成多元化投入、合力支持的格局。

第一，充分发挥中央政府的主导作用，提高财政性高等教育经费支出占 GDP 的比重，建立高等教育投入优先增长机制。中央财政是中央高校开展"双一流"建设的坚强后盾，要建立健全中央政府支持"双一流"建设的长效机制，把教育摆在优先发展位置，强化财政职能作用，加强顶层设计，创新体制机制，促进高校学科质量全面改善。中央财政要加强以评促建的制度设计，将中央高校开展世界一流大学和一流学科建设纳入中央高校预算拨款制度中统筹考虑，并通过相关专项资金给予引导支持，加大支持力度。建立健全激励引导机制，以建立完善高等教育质量管理的长效体系为目标，优先支持建设绩效突出、办学特色鲜明、发展势头良好的高校；以办学质量改善为核心实施精准考核，强化资金分配与建设成效挂钩机制，让潜心于内涵发展的高校不吃亏、能受益、更有获得感；以科学引导为原则，实施奖励政策，增加"双一流"建设相关因素的分配权重，加大对建设成效显著的高校的支持力度，提高"双

---

① 陈晓娟、柯振埜：《美国高等教育投入的借鉴和启示》，《中国高校科技》2012 年第 10 期。

"一流"建设高校的积极性。

第二，充分发挥地方政府的支撑作用，鼓励地方政府投入，形成地方高校争创"双一流"的稳定投入机制。地方政府是地方高校的直接管理者和建设者，对地方高校争创"双一流"不能置身事外。"总体方案"提出："地方高校开展世界一流大学和一流学科建设，由各地结合实际推进，所需资金由地方财政统筹安排，中央财政通过支持地方高校发展的相关资金给予引导支持。"为了让更多地方高校有机会入围"双一流"，要充分调动地方政府支持"双一流"建设的积极性、主动性和创造性，鼓励地方政府加大财政投入，建立省级政府的支持机制，培育更多大学从一般高校发展成为世界一流学科建设高校甚至世界一流大学建设高校。

第三，充分发挥国家和市场"两只手"的互补作用，通过实施教育捐赠、教育服务贸易税收优惠等政策，调动企业、社会、个人捐资投资的积极性和高校增加服务性收入的主动性，建立全社会、多渠道的高等教育投入机制。行业、企业、事业单位等高等教育利益相关者既是"双一流"建设成果的分享者，也是"双一流"建设的参与者。教育主管部门、各级人民政府要通过政策创新，鼓励有关部门和行业企业积极参与"双一流"建设。支持有关部门和行业企业围绕培养所需人才、解决重大瓶颈问题等，加强与有关高校合作，通过共建、联合培养、科技合作攻关等方式支持"双一流"建设。与此同时，高等学校作为"双一流"建设的直接承担者，要不断拓宽筹资渠道，加强与行业企业、校友等的联系，积极吸引社会捐赠，扩大社会合作，形成社会支持长效机制，多渠道汇聚资源，增强自我发展能力。

三　分类考核，开展分类建设

分类建设"双一流"就是要综合考虑高校办学基础、学校类别及发展水平等因素，遵循"扶优扶需扶特扶新"的原则，按照"一流大学"和"一流学科"两类建设高校分层布局，订立国家层面和省区层面的"双一流"建设计划，由中央财政和地方财政分别予以支持，鼓励和支持不同类型与层次的大学和学科实行差别化发展，在自身所属的领域争创一流，形成支撑国家长远发展的一流大学和一流学科体系，推动中国从高等教育大国向高等教育强国的转变。实现分类建设"双一流"的前提条件是，按照"管、办、评"分离的原则对高校进行分类管理、分类考核，引导不同层次与类型的高校分层定位，把建设目标瞄向不同的一流。从整个高等教育系统的宏观调控来说，学科评估机构可以开展分层次、分类型、分区域的考察与调研，结合不同层次与类型、不同地区与区域高等学校的实际情况，制定差异性的学科评估标准，避免高校类型差异、规模差异、特色差异等矛盾问题。高校分类管理可以办学水平为依据，把"985""211"工程高校统一纳入"双一流"建设框架里，将高等学校按高水平学科的情况分为多个高水平学科的大学、若干个高水平学科的大学和单个高水平学科的大学三种类型，分门别类地制定评估标准、考核要求和支持方式，引导不同类型与层次的高校面向经济社会发展需要和自身发展状况合理定位，选择适合自身特点的"双一流"建设路径。

　　分类建设"双一流"，必须建立适合中国国情的高等教育分类评价体系，促进不同层次与类型的高校展现个性、办出特色、提高水平。借鉴 *US News* 将美国大学分为五种不同的类型，分门别类地设计不同的指标体系进行评估的经验，可以建立起政府合理引导、教育主管部门和省级人民政府积极推进、高校主动参与的中国式分类评估体系。在此期间，对于国家而言，促进高等教育特质发展的重点是建立科学合理的高校分类体系和高等教育评价考核机制，通过制定分类管理办法和分类考核评价标准，引导高校在分类体系当中找到自身的位置，以便各展所长，办出特色和水平。对于教育主管部门和各省级人民政府而言，保证高等教育特质发展的关键是统筹规划，做好政策引导和监督管理，为高校的理性定位、展现个性和特色发展提供政策支持和竞争空间。对于全体高校而言，追求高等教育特质发展，关键是要合理定位，确立符合自身实际的发展目标，坚持个性发展，有所为有所不为，在自身所属领域办出特色，成为同类型中的一流、同层次中的一流抑或同行业中的一流。

四　动态监测，实现动态管理

　　"双一流"建设是通过竞争办优质教育而不是"普质教育"，是办"扬长教育"而不是"补短教育"。真正的世界一流大学之所以赢得消费者和纳税人的广泛欢迎，除办学水平高、管理措施得力之外，还与其有序的大学竞争环境密不可分。美国顶尖大学林立，每所顶尖大学都通过提供优质、特色的高等教育而赢得消费者的合作，获得更多的市场份额。破除"双一流"建设的终身制，关键在于优化制度设计，完善管理体系，建立能上能下、有进有出的体制机制。对此，"双一流"建设要以学科为基础，以评估为纽带，以更新理念为动力，建立动态监测、动态考核的过程管理机制，实施动态支持、动态管理的运行机制。

（一）树立竞争意识，确立卓越发展理念

竞争是大学重视办学效率、改善办学效益、激发办学活力、提高办学水平的内在动力，是加快"双一流"建设和建设高等教育强国的关键所在。从国外建设世界一流大学的经验来看，没有一所世界一流大学是靠政府设计出来的，世界一流大学都是在大学自主办学、自由竞争中产生的。只有各类高校在公平的环境下竞争发展，才能充分提高办学绩效，较快提升高等教育质量，从根本上建成世界一流大学。美国一流大学林立，充满活力，而且引领着世界高等教育的变革，主要原因便是市场优胜劣汰调节机制下的开放竞争所带来的"鲶鱼效应"，很好地促进了大学发展[1]，哈佛大学、耶鲁大学等世界一流大学就是"鲶鱼效应"作用的结果。相比之下，中国在建设一流大学的过程中却鲜有竞争，"鲶鱼效应"更是无从谈起。"规划纲要"提出："适应国家和区域经济社会发展需要，建立动态调整机制，不断优化高等教育结构。优化学科专业和层次、类型结构，重点扩大应用型、复合型、技能型人才培养规模。"[2] 深入贯彻落实"规划纲要"精神，构建世界一流大学与学科体系，必先在思想上有卓越的品质追求，这种卓越性源自教育观念的不凡追求，是推动高等教育卓越发展的内在力量。丁学良教授将这种力量概括为"软的力量"，认为大学的教育观念是这种软力量的发源地[3]。教育实践证明，卓越的教育观念使"大象也能跳舞"，牛津大学、剑桥大学即是在追求卓越中成就世界一流的；缺少对卓越的追求，曾经杰出的大学也会变得平庸，柏林

---

[1]　陈先哲：《建设世界一流大学需要"鲶鱼效应"》，《光明日报》2015 年 9 月 1 日第13 版。

[2]　国家中长期教育改革和发展规划纲要工作小组办公室：《国家中长期教育改革发展规划纲要（2010—2020）》，http：//www. moe. gov. cn/srcsite/A01/s7048/201007/t20100729＿171904. html，2010 年 7 月 29 日。

[3]　丁学良：《什么是世界一流大学？》，北京大学出版社 2004 年版，第 31 页。

大学在近代走向衰落就是最好的例证。

在新形势下"双一流"建设正面临着国内国际竞争的新挑战、市场经济的新要求、外部环境的新考验、家长学生的新选择，这些都对高校的卓越发展形成长期复杂的影响。不少高校在改革的洪流中意识不到裹足不前的危险性，习惯于用规模扩张的老办法，走粗放经营的老路子，因而走不出"低质发展"的窘境。办学观念滞后的危险性、办学思路僵化的危险性、办学目标脱离社会的危险性和创新能力严重不足的危险性，更加尖锐地呈现在所有高校面前。卓越作为以评促建的一种价值追求，首先在于思想和精神的崇高与远大，在于确立敢于竞争、善于竞争的理念。欲求卓越，使高等教育从低质发展走向优质发展、特质发展，从平凡走向非凡，必须彻底解放思想，转变发展观念，拓宽发展思路，抛弃传统的"以规模论英雄"的惯性思维，牢固树立以质量求生存、谋发展的意识，同时建立健全具有中国特色的学科评估体系，形成动态调整和末位淘汰机制，确立以质量为核心，以学生、家长、雇主满意为导向的评价机制，这样才会使高校有"等不起"的紧迫感、"慢不得"的危机感和"坐不住"的责任感，沿着提高质量、加快发展的路线图敢闯敢试，保证"双一流"建设更加有力、有序、有效地推进。

（二）改进评估设计，营造公平竞争氛围

打破信息不对称的僵局，形成高等教育利益各博弈方之间公平竞争的局面，"双一流"建设需要通过优化学科评估体系设计，为每所高校提供一定程度合理、平等的竞争环境，让入选"双一流"的高校凭实力说话，让未入选高校"心服口也服"，使此前竞争缺失、竞争不公转变为更趋合理、更加公平的竞争。评估设计的改进包括：改良评估程序的运行机制——订立不履约即被处罚的契约，敦促参评高校在评估过程中自觉遵守协议，从源头上诊治弄虚作假的病根；改善指标体系的设置基准——不断调查、修正学科评估指标，建立数据分析模型，结合不同学科的特点，兼顾共性与个性，在统一框架下按照一级学科分类设置评估指标体系，进一步强化分类引导；改进学术论文的评价方法——加强与汤森路透、中国知网、CSCD、CSSCI 等机构的合作，广泛征求学术界的意见，建立更科学的"中国版 ESI 高被引论文"和人文社会学科中国自主的"A 类期刊"评价体系，树立中国论文评价的国际地位；改进跨学科成果的认定办法——为鼓励原创性，特别是促使新兴交叉学科形成重大研究成果，迫切需要建立科学的、长效的学科评估体系，打破学科孤立、封闭的桎梏，促进学科交叉融合。学科评估机构在开展学科评估时，要完善成果归属原则，建立学科交叉成果的认定制度，促使交叉学科发展和高水平原创性交叉成果涌现；改组评估结果的公布方式——借鉴《美国新闻与世界报道》大学排名的经验，将中国高校按研究型、研究教学型、教学研究型、教学型进行分类，并按此分类公布评估结果，形成多维公布评估结果、多向度比较的竞争机制。

（三）更新评估理念，激活市场竞争机制

竞争能激励市场为消费者提供更多价廉物美的产品选择，高等教育也不例外。创建更具竞争性的高等教育市场，使高校不得不提升自己的办学质量与服务品质，为整个国家带来更多的经济和社会福利，让学生有更多的选择权。建立规范化、竞争性的高等教育市场，可以提升高等教育的全球知名度，更好地服务于学生、雇主及纳税人等利益相关者。[1]"双一流"建设要更新学科评估理念，抛弃计划经济时代的刚性分配模式，将"竞争"作为首要任务，简化高校准入程序，让更多有实力的高校有机会进入"双一流"建设市场。政府作为"双一流"建设的管理主体与重要投资主体，需要改变以往重视投资有余而强调产出不够的重点大学和重点学科建设机制，在投资建设世界一流大学与一流学科时既要看投入又要看产出，通过评估制度创新和建立公平的竞争法则促进大学高效利用政府的投入、消费者和纳税人的投资。这就意味着从"985""211"工程到"双一流"建设，并不只是换一个名字，而是改变了拨款机制：打破"985""211"工程拨款的僵化垄断格局，构建"双一流"拨款的滚动淘汰机制。两者的投资主体没有变，但拨款机制却有很大差别，即"双一流"建设是以市场为杠杆激活竞争，让财政投入更有效率。

（四）优化资源配置，寻求"帕累托最优解"

学科评估作为一条利益分配法则，需要将有限的资源分配到合适的

---

① 崔军、蒋迪尼、顾露雯：《英国高等教育改革新动向：市场竞争、学生选择和机构优化》，《外国教育研究》2018年第1期。

利益相关者手中，这是一个以沙成结的难题。帕累托认为，在社会资源的分配上，存在一个最理想状态，越过这个理想状态的边界，就会产生零和博弈解，即增加一个人的利益必须以损害另一个人的利益为代价。这种不增加社会资源总额的分配方法，无论其结果能否达到人们所期望的公平，其代价都必然是对效率的损害。因此，要达到资源分配的最佳状态，必须制定一种既让受惠者得益又不损害他人利益的政策，这种公平解就是"帕累托最优解"，被称为公平与效率的"理想王国"。在"双一流"建设中，人们追求"帕累托最优解"的过程，其实就是管理决策的过程。以学科评估推进"双一流"建设，其目的是通过对"双一流"建设高校的办学绩效进行评价，促使建设高校充分利用有限的人力、物力、财力，优化资源配置，争取实现以最小的成本创造最大的效率和效益。"双一流"建设是竞争性投资而不是普惠性工程，教育资源的配置主要关注效果，即对教育质量的有效促进。学科评估作为国家、社会和学校对学科绩效的问责，其有效性是促进学科发展和改进的前提条件。国家会依据学科评估结果而坚持扶优扶特扶强的价值导向，重点支持在学科评估中绩效表现显著者，但必须考虑区域经济发展不平衡和省际经济差异，不能因为支持经济发达地区高校的发展而罔顾经济欠发达地区高校的发展，不能因为支持经济强省的高等教育发展而忽略经济弱省的高等教育发展。当前中国优质高等教育分布不均，"双一流"建设高校东部多、中西部少，这与区域经济的东、中、西梯度发展呈正相关。在中国经济加速发展的过程中，优质高等教育的区域差异有进一步拉大的趋势，如广东从 2015 年起的 3 年内将投入 50 亿元建设一批高水平大学，入选的14 所高校在成为"一流"后，将进一步形成广东优质高等教育增量。①不容置疑，东部高等教育的快速发展固然能起到"火车头"的作用，但若不采取切实有效的措施促进中西部高校发展，高等教育公平问题将愈演愈烈，成果共享只能停留在口头上而无实在的内容。

　　公平与效率的平衡在于以学科评估为杠杆，在充分考量效率的前提下，制定科学合理的资源分配政策，让每个省区都有一流大学与一流学

---

① 韦英哲：《中山大学等 7 校入选广东高水平大学建设》，http：//www.kingfar.net/NewsS-how_ 122.html，2015 年 4 月 28 日。

科涌现，让每个区域都能建成世界一流大学与一流学科分支体系，这样才能实现高等教育快速发展与高质量发展的有机统一、优先发展与协调发展的有机统一。其具体实现机制为，国家需要在扩大"双一流"建设总量的基础上，着力保证中西部高校更快发展，缩小东、中、西部的区域差距，建立"中西并进"的共享机制，深入推进"中西部高等教育振兴计划"，优化中西部优质高校布局，继续做好"中西部高校基础能力建设工程""中西部高校提升综合实力工程"和对口支援西部地区高校工作，加大教育资源配置向经济欠发达地区倾斜的力度，使优质高等教育机会和教育成就在社会全体人口中的分布更加均衡、更加公平。

（五）完善竞争规则，确立动态建设机制

学科与大学发展是一个不断变化的过程，没有一个学科具有长久的突出优势，没有一所大学具有至高无上的地位，"双一流"建设不能形成固化的"刻板印象"。每轮学科评估只不过是评价建设周期内学科发展的成效与贡献，由于建设力度、建设方略的不同各大学会取得不同的成绩。有的"双一流"建设学科或"双一流"建设高校在早期建立与积累的优势可能会因为种种原因而逐渐变小甚至荡然无存，而有的"双一流"建设学科或"双一流"建设高校也会因为种种原因而得到迅速发展甚至强势崛起。因此，"双一流"建设应当重在"建设"，不断完善竞争规则，促进高校动态发展。在建设过程中，政府需要真正去"行政化"，把"管办评分离"落到实处，将办学自主权还给高校，让高校成为建设"双一流"的主体。当然，去"行政化"并不意味着政府对高等教育发展放任自流，而是通过建立有效的委托代理制度，实现政府的简政放权。在去"行政化"之后，政府的责任在于对"双一流"建设进行宏观管理，委托第三方机构对高校建设绩效进行中期评估，并根据评估结果等情况，对实施有力、进展良好、成效明显的，加大支持力度；对实施不力、进展缓慢、缺乏实效的，提出警示并减小支持力度；对于建设过程中出现重大问题、不再具备建设条件且经警示整改仍无改善的高校及学科，及时调整出建设范围。在建设期末，政府根据"双一流"建设高校的方案、整体自评报告及第三方评估，对建设成效进行期末评价。根据期末评价结果等，重新确定下一轮建设范围，将成效不彰的高校调整出建设范围，同时将成效显著的高校吸纳到建设范围内，从而打破"一评定终身"的制度，让不同类型的高校均有机会入选"双一流"，激发高校的办学动力与活力。

第三节　保障机制创新——兼济德治与法治

保障机制是为高等教育管理活动提供物质和精神条件的机制，是学科评估高效运行的必要因素。在新形势下，按照德治和法治并重的思路治理高校学科评估是时代所需。这里的"德治"，是指以新时代中国特色社会主义理论为指导思想，建立与社会主义市场经济相适应、与高等教育改革发展相配套、具有中国特色的学科评估理论与品牌，并使之成为"双一流"建设的重要推动力量；这里的"法治"，是指依照法律和制度来治理高校学科评估，而不是按照个人意志管理高校。强调德法并重，就是要构建制度化、规范化、本土化的学科评估保障机制，提升学科评估的科学化水平，为"双一流"建设提供高水平的服务。

一　评估制度化，生成持续发展动能

制度建设是学科评估制度化的前提和基础，是建设中国特色学科评估体系的重要环节。经过四轮评估，中国高校学科评估制度发生了深刻变化，已经从初步探索阶段进入创新发展阶段，评估中的利益主体逐渐形成，利益表达、利益诉求和利益博弈成为常态，但仍然存在评估制度不够健全、评估方案朝令夕改等问题，参评对象在应对评估时往往显得手忙脚乱，评估结果与学科的真实状况之间存在一定反差，这些都使学科评估服务"双一流"建设的有效性失去依据和保障。这就要求建立符合中国国情、具有中国特色的学科评估制度，处理好各利益主体之间的关系，最大限度地增加评估的和谐因素，最大限度地减少不和谐因素，不断促进学科评估制度化、常态化和规范化，推动学科评估事业健康持续发展。

（一）用制度保障学科评估稳定运行

制度是管理的基础。没有完善的评估制度，就无法保障学科评估稳定运行。破解高校在学科评估中临场发挥、消极应对、弄虚作假等问题，在于建立周期性、常态化的学科评估制度。国家可以出台相关政策，明确规定学科评估制度 20 年保持不变，让各学位授予单位做好长期建设、持续建设的心理准备。当然，学科评估体系会随着经济社会发展的新趋势、高等教育发展的新要求及"双一流"建设的新政策而做出适当调整，但评估体系的整体架构要保持不变，特别是核心指标要保持稳定，至于观测点、指标权重则可以根据"双一流"建设的需要进行调整。在这方面，《美国新闻与世界报道》、英国《泰晤士高等教育》、英国 QS 及德国 CHE 的做法是核心指标体系保持基本不变，而只对某些评估标准、评估指标做出微调，从而保持评估的稳定性，这种做法值得我们借鉴。

（二）用制度保障教育资源合理分配

在"双一流"建设中，高校、学科、教师等利益相关者之间竞争的焦点是资源的合理配置，也是价值冲突的关键点所在。调节不同利益相关者之间的价值冲突，在于有效利用学科评估结果，通过制定科学合理的资源配置制度，对办学资源在不同利益相关者之间进行有效配置，使国家有限的资源能合理分配于各高等学校、各学科，以便发挥更大的作用，取得最大的社会经济效益。政府作为教育资源配置的主体，应该转向确立一种把制度制定同服务提供分开的体制，把"双一流"建设的着眼点从对教育资源的垄断转向对教育资源的优化配置，通过选择与制定一种具有导向性的评估制度，让制度发挥绩效评价和质量监测的作用，使自己置于利益分割之外，不再陷入烦琐的矛盾调节之中，同时将有限的资源配置到合适的高校中去，引导高校理性竞争、公平发展。

（三）用制度保障防范教育道德风险的发生

道德风险是与高等教育利益相关者品德有关的无形因素，即由于参评单位领导、材料填报人或其他工作人员不诚实、不正直，导致风险事故发生，以致损毁评估声誉和学校形象。造成评估道德风险发生的直接原因是当事人之间获取的信息不对称或信息不完整，当监督成本太高以至超过监督收益时，信息优势方为实现其自身利益最大化，会利用监督制度不到位的漏洞，通过拼凑材料、恶意挖人、弄虚作假等非正当手段谋取利益。具体到学科评估服务"双一流"建设，教育决策机构、学位中心、高等学校等利益相关者明知其作为或不作为都不符合高等教育发展的长远利益，但却对这种作为或不作为缺乏科学的思想认识，认为这种作为或不作为可能不会被发现或即使被发现，所带来的损失也小于所带来的收益，故而做出有可能形成道德风险的评估决策。为防范学科评估道德风险的发生，必须建立健全评估制度体系，完善法人治理结构，建立起真正的现代高等教育评估制度，通过强有力的规章制度和规范的业务操作来控制参评单位及人员的道德风险，促进评估机构对自身的经营效果负责、参评单位对自己的行为负责；制定科学严密的评估程序，在严格执行国家有关教育评估制度办法的基础上，与高校学科评估实际相结合，研究制定更科学的评估规程，将评估信息采集、评估对象选定、评估结果分析、评估信息核实、评估问题处理、评估结果公布等管理内容制度化、程序化，使系统业务流程具有完整性、规范性，全面反映学科评估的完整运作过程；建立合理的奖惩与问责制度，对于评估中出现的危机事件，在追究直接责任人员责任的同时还要追究单位领导人的责任，以提高领导层的责任心，彻底改变参评对象无视评估道德的现状。

二 评估规范化，提供有力的法制保障

立法保障是学科评估法制化的前提条件，也是国际高等教育评估发展的趋势之一。学科评估法制化的主要表现是建立相对完善的法律法规和法律条例，能保障评估机构依法组织评估、参评各方能依法参评。就中国目前的情况来看，高等教育评估法制化尚未引起应有的重视，评估活动的开展缺乏相应的法律、法规和相关政策做保障，缺乏具体性的实施细则和实体性的操作规范，实施评估所必需的由法律、纪律和条例等构成的制度规范还不够完备，易导致评估的盲目性和随意性，评估组织方、评估专家率性而为的行为不能得到治理，参评各方为获得好的结果而侵犯他人权益的行为不能得到依法惩处，家长、学生、雇主等高等教育利益相关者的权益不能得到有效维护。立法保障的缺失已成为制约学科评估科学发展的一个瓶颈，必须通过加强法制建设来加以解决。

学科评估是一种法治评估。只有建立一套系统完善、公平公正、高效权威的具有中国特色的学科评估法规，在政府及其教育管理部门的宏观管理和行政监督下，确保非政府性的社会专门机构能够依法独立公正地进行学科建设质量与成效测评，才能从根本上落实学科评估工作，保障中国高等学校的办学自主权，不断增大以一流学科、一流师资、一流

成果、一流学生为核心要素的大学核心竞争力，努力提高办学水平和质量，主动适应和满足新时代社会主义现代化建设的需要。因此，对于学科评估体制改革和制度创新来说，当前最紧迫的任务就是加快评估法制建设，以促进政府从烦琐的评估事务中解放出来，从扮演拨款、排名和分配资源等角色转变为评估法规的制定者、评估活动的监督者。为此，教育行政部门可以根据《中共中央关于全面深化改革若干重大问题的决定》和《国家中长期教育改革发展规划纲要（2010—2020）》的基本精神，加强学科评估的政策与法规研制工作，建立健全学科评估法制体系，为推进中国特色的高校学科评估提供强有力的政策支持和法律保障，以保证评估效能的彻底落实，助推"双一流"建设沿着法制化的轨道前进。

三　评估本土化，打造中国评估品牌

中国特色的学科评估是保障高等教育质量不断提高的重要手段，是推动"双一流"建设又快又好发展的根本方法。努力构建"中国特色、国际影响"的学科评估体系，用中国"尺子"促进高等教育内涵式发展，是学科评估服务"双一流"建设的重大历史使命。从学科评估服务"双一流"建设的目的价值取向来看，学科评估具有强烈的导向性，是一流学科建设的"风向标"和"指挥棒"。因此，要建设具有中国特色的世界一流大学与一流学科体系，"双一流"建设评价既要在可比领域和具有显示度的指标上借鉴国际通行的做法，又要建立具有中国特色的评价体系，即不能用所谓与国际接轨的统一标准，而放弃建立中国特色的评价体系①，否则会产生"橘生淮北则为枳"的问题。尽管学术界有人提出以国际化推进"双一流"建设的主张，但国际化必须以坚持中国特色为基本原则。在保持高等教育本土化的前提下，扩大对外开放步伐既是加快高等教育大众化进程的必由之路②，也是加快"双一流"建设进程的必然选择，有利于鼓励开放合作办学，引进国外先进的教育评估理念、科学的管理体制、现代化的评估方法与评估体系等，从整体上提升学科评估水

---

① 刘尧：《以中国特色评价体系支持"双一流"建设》，《中国社会科学报》2017 年 12 月 28 日。

② David Kember，"Opening up the Road to Nowhere：Problems with the Path to Mass Higher Education in Hong Kong，" *Higher Education*，2010，59（2）：167 - 179.

平与高等教育水准，缩小中国高等教育的国际差距、地区差距。跨入21世纪，中国改革开放进入新的历史阶段，迎来高等教育蓬勃发展的新机遇，但也面临着前所未有的问题。邓小平同志曾经指出，对外开放会有新鲜空气流进来，但也会有苍蝇蚊子飞进来。由于中西意识形态、政治体制、文化传统不同，一流大学与一流学科的评价标准也不同，全面引进国外标准与方法也可能造成一流大学与一流学科鱼目混珠、是非不明，伤害中国高等教育的本土特色和传统精华，而且这种消极影响在吸引国外优质高校来华办学、选聘优秀教师来华任教等方面已现端倪。以中国特色的学科评估推进"双一流"建设，只有解放思想，激发活力，在将国际性学科评估"中国化"的基础上，走适合中国国情的道路，才能创新发展，为中国高等教育基业由大变强提供不竭动力。

（一）中国化是学科评估发展的必然规律

学科评估中国化是将学科评估基本原理同"双一流"建设实践相结合，从而形成适切中国国情、具有中国本土特色的学科评估体系，走出一条切合中国高等教育改革与发展的道路。从本质上讲，学科评估中国化是指运用学科评估基本原理解决中国高校学科建设和发展的实际问题，把中国高校学科评估的实践与经验升华为理论，把学科评估理念、思想、文化根植于中国高等教育质量保证之中，通过构建本土化、科学化、现代化的学科评估品牌，增强"双一流"建设的理论自信、道路自信、制度自信和文化自信。在建设高等教育强国的进程中实现学科评估中国化，既是"双一流"建设沿着正确方向前进的基本保证，也是学科评估形成中国品牌和国际影响的本质要求。从学科评估与"双一流"建设的互促关系来看，如果没有中国特色的学科评估来推动，"双一流"建设就会缺少砥砺前行的动力；如果没有"双一流"建设的引领，学科评估就会迷失前进的方向。学科评估作为一个舶来品，要在中国高校"双一流"建设的土壤里生根发芽、开花结果，就必须经历从"学科评估在中国"到学科评估"中国化"的过程。

第一，学科评估中国化是高等教育历史发展的必然结果。学科评估作为一种在西方高等教育世界生成和发展起来的质量保证机制，之所以能够成为"双一流"建设的"催化剂"和高等教育强国建设的"推进器"，是因为中国高等教育改革发展与世界高等教育发展有着一致性。从全球高等教育质量保证的普遍性来看，无论是西方发达国家，还是东方发展中国家，在高等教育大众化、普及化进程中都普遍遭遇了质量滑坡的挑战，学科评估作为一种精细化的管理工具由此而被世界各国广泛运用，不仅在高等教育质量保证中发挥着重要作用，而且在世界一流大学与一流学科建设方面履行着诊断、激励、改善和促进等功能。学科评估能够在中国高等教育土壤中发展起来，为"双一流"建设提供有价值的信息服务，并为国人所广泛接受，既是高等教育普遍性规律作用的结果，又是中国高等教育特殊性规律作用的产物。中国高等教育从精英阶段到大众化阶段，再到普及化阶段，不仅不能因为规模的增长而放弃高等教育质量，还要起到提升高等教育质量的作用。因此，建立适合中国国情、具有中国特色的学科评估体系，加快推进"双一流"建设的进程，助力高等教育强国目标的实现，是中国高等教育进一步发展的必然要求。

第二，学科评估中国化随着时代的变迁而不断发展。学科评估中国化是学科评估原理作为一种理论体系被中国高等教育研究者所接受，并成为指导"双一流"建设和研究生教育改革实践、形成新的理论体系的过程。这个过程是紧跟时代步伐、反映时代特征的过程，是回应时代诉求、解答时代课题的过程，是吸收时代内容、形成具有鲜明中国特色的评估体系的过程。推动学科评估中国化的力量源泉，来源于时代实践。时代实践通过回应"双一流"建设所提出的新要求，解决"双一流"建设所面临的新问题，推进学科评估制度和学科评估体系建设不断完善，这是中国特色学科评估之实践品质的内在本性，也是与时俱进理论品质的根本反映。学科评估中国化所形成的中国特色的学科评估，是时代实践的产物，它紧紧抓住新形势下高等教育改革发展的核心主题，适应新时代高等教育实践的需要，创造性地回答中国高等教育质量保证所要解决和尚未解决的根本性问题，从而既发展学科评估理论又丰富学科评估实践，既推动学科评估事业的发展又将"双一流"建设推向前进。

第三，学科评估中国化在挫折与曲折中不断发展前进。学科评估中国化的道路是曲折的，是通过否定拿来主义的学科评估模式来实现的，而辩证的否定是一个复杂的过程，不可能一次性完成。按照辩证逻辑规律，学科评估中国化必须经过两次辩证的否定，即从肯定西方评估模式的价值，到否定西方评估模式的科学性、适切性，再到生成新的评估模式的阶段，从而使学科评估的发展与前进具有渐进性变迁、螺旋式上升、波浪式推进的特征，这就是学科评估中国化的否定之否定规律。否定之否定规律表明，建立中国特色的学科评估体系是中国高等教育改革发展的大势所趋，是事物前进性的体现，但这条道路是"摸着石头过河"，可能会一波三折。具体到中国研究生教育发展上，从 2009 年到 2019 年，中国研究生招生人数从 51.10 万人上升到 91.7 万人，研究生在学人数从 140.49 万人上升到 286.4 万人，研究生毕业人数从 37.13 万人上升到 64.0 万人①，中国已成为名副其实的研究生教育大国，但还不是研究生教育强国。要从研究生教育大国走向研究生教育强国，打造学科建设的中国模式和形成学科发展的中国效应，必先构建学科评估的中国标准和中国品牌，而这会受到"西式"评估理念、传统价值观等的影响甚至抵制，导致中国式学科评估体系的构建不会一帆风顺。鉴于此，把握否定之否定规律，坚持事物发展前进性与曲折性相统一的原理，才能正确认识学科评估中国化的远大前途和旺盛生命力。

第四，学科评估中国化需要从中国的教育智慧中汲取力量。学科评估是在特定的场域中开展的高等教育质量检测活动，会因文化环境、价值立场和教育情境的差异而产生不同的效果。首先，不同文化的学科评估自有其不同的思想源泉。恰如西方发达国家的学科评估根植于西方文化传统一样，中国高校学科评估也必须根植于中国传统文化，因为只有中国文化才契合中国国情、社情、教情和民情。离开中国文化的滋润，中国高校学科评估就是无本之木、无源之水。其次，不同国家的学科评估自有其不同的价值立场。恰如西方发达国家的学科评估所秉持的价值立场是为西方各国政府进行高等教育改革提供决策参考、为西方高校进行学科建设提供信息服务和为西方民众的高等教育选择提供服务一样，中国高校学科评估的价值立场只能也必须为政府实施"双一流"建设提供决策参考、为高校进行学科建设和中国公民的高等教育选择提供信息服务。不从中国特定的价值立场和思想方法出发，中国特色的学科评估体系根本无法创立。再次，不同教育情境中的学科评估要解决各自所面

---

① 教育部：《中国教育概况——2019 年全国教育事业发展情况》，http：//www.moe.gov.cn/jyb_ sjzl/s5990/202008/t20200831_ 483697.html，2020 年 3 月 31 日。

临的不同教育问题。恰如西方高等教育情境中的学科评估要解决西方发达国家的一流学科建设和一流大学建设等问题一样，中国高校学科评估也必须致力于解决"双一流"建设所面临的诸多问题。只有坚持中国特色，才是解决中国高校学科建设和学校发展的正确道路。

第五，学科评估中国化在"双一流"建设实践中发展。学科评估中国化与"双一流"建设实践是一种互促关系："双一流"建设的实践成果是检视学科评估中国化水平的"试剂"，学科评估中国化的成效是创新"双一流"建设实践的"引擎"；"双一流"建设实践为学科评估中国化创造必要条件，中国化的学科评估为"双一流"建设实践注入不竭动力；学科评估中国化与"双一流"建设实践在循环往复的相互作用中推进理论提升和实践发展。中国高校学科评估自产生之日起，就把服务研究生教育"提高质量、优化结构、鼓励特色、协同创新"作为重要目标，把提高研究生培养和学位授予质量作为重要使命，把促进学科内涵建设和高校发展作为重要追求，并通过评估方案优化、评估内容调整、评估方法创新等实现自己的功能。经过四轮学科评估实践，学科评估在汇聚多方意见、凝聚创新共识、聚焦改革方向方面起到很好的定向作用，在建立中国标准、中国方式、中国模式等方面取得重要进展，对于推动"双一流"建设起到很好的推动作用，正在逐步形成具有中国特色的评估品牌。历史和事实证明：学科评估具有服务"双一流"建设实践的功能，只有在中国特色学科评估体系的推动下，才能更好地实现"双一流"建设和高等教育强国建设目标。

（二）学科评估中国化必须坚持的基本原则

中国化的学科评估体系既与全球高等教育评估一脉相承，又有自己独特的价值取向，既受中国经济社会发展的影响，又有相对独立的价值准则，既是中国高等教育改革发展的客观反映，又是中国高校学科建设的行动写照。走中国特色的学科评估道路，其核心要义就在于科学把握传统与现代、本土与外来、历史与未来的辩证关系，在实施评建方针时坚持高等教育改革发展的整体性原则和思维，充分释放学科评估的服务功能，使学科评估和"双一流"建设处于良性互动之中。

1. 理论与实践相结合

评估理论是评估实践的指南，评估实践是评估理论的基础，评估理论与评估实践相辅相成，缺一不可。中国特色的学科评估理论之所以重要，是因为它能从质量保证的视角回答中国高等教育改革发展的现实问题。无论是世界一流大学建设还是世界一流学科建设，照抄照搬西方的评估模式是没有出路的，教条主义和经验主义更没有出路，要取得"以评促建、以评促改、以评促管"的成功，唯有把学科评估的基本原理同"双一流"建设的实际情况、个性特征和具体要求结合起来，走适合中国自己的发展道路，才有可能实现初衷与梦想。学科评估的基本原理揭示的是高等教育质量保证的共性特征，但共性源于个性且不能取代个性；高等教育质量保证的共性特征是笼统的、抽象的、模糊的，个性才是具体的、丰富的、多样的。如果说高等教育质量保证的共性特征对高等教育改革发展有重要价值，那么高等教育质量保证的个性特征对"双一流"建设具有更重要的价值。只有实现评估理论与评估实践、共性与个性的有机结合，着力推进学科评估理论创新和实践创新，形成扎根中国土壤、体现中国特色、展示中国智慧的学科评估理论体系，用中国化的学科评估理论指导学科评估实践，对"双一流"建设做出形而上的解答，找到适合中国高等教育健康、快速、可持续发展的出路，才能贯彻落实全面深化高等教育改革的战略，尽早实现高等教育强国目标。

2. 继承与创新相统一

学科评估中国化是根据中国高等教育的发展形势、"双一流"建设的客观需要及学科评估的实际发展情况而构建形成的，既是一个长期的自然历史过程，又是一个不断建构、不断创新、不断超越现实的过程。中国化的学科评估是具有中国特色的学科评估制度、学科评估方案、学科评估标准、学科评估方法等的耦合体，它是在对现存学科评估制度、学科评估方案、学科评估标准、学科评估方法等加以合理取舍的基础上，通过创新形成的一种既超越传统又融汇古今、贯通中西的学科评估体系。继承和创新是学科评估事业生生不息的两翼，没有继承，学科评估制度、方案、标准、方法等的创新就是无源之水、无本之木；没有创新，学科评估制度、方案、标准、方法等的发展就会失去生机、缺乏活力。在国家加快推进"双一流"建设的进程中，学科评估的改革发展或许有困难、有曲折，需要我们解放思想，实事求是，立足于继承，着力于创新，将高等教育实践与中国国情完美结合起来，将批判继承与发展创新有机统一起来，探索出一个具有中国特色的学科评估体系与模式。

3. 自适与外适相呼应

学科评估中国化既受经济、政治、文化等社会因素的影响又受高等教育本身的影响，既要适应经济社会发展的需要又要适应高等教育改革发展的需要，因而既有较强的外适性又有较强的内适性。从外适性的角度来看，高校学科评估要在中国生存发展，必然有赖于高等教育外部利益相关者的支持，包括政府的政策支持、媒体的舆论支持、校友的经费支持、雇主的行动支持等；如果没有这些利益相关者的支持，学科评估可谓孤掌难鸣、寸步难行。从内适性的角度来看，中国高校学科评估又因本土高等教育改革发展而发展，学科评估中国化、科学化、现代化不仅依赖于本土高等教育理论的发展进步、学科评估方法与技术的不断完善，而且依赖了高等教育内部利益相关者的支持，包括教育主管部门、高校管理者、教师、学生等的支持。如果没有本土高等教育基本理论和实践作为学科评估的支撑，没有高等教育内部利益相关者的支持，学科评估中国化也只是一个空中楼阁，不但举步维艰，也没有存在的价值和发展的空间。只有回应内部高等教育利益相关者的需求，打造中国化、本土化的学科评估体系，为高等教育内外部利益相关者提供科学、客观、有效的评估信息，才能赢得信息使用者的普遍支持。

4. 国际与本土相接轨

国务院印发的《关于统筹推进世界一流大学和一流学科建设总体方案》提出，中国高等教育要积极融入国际事务中去，通过参与国际教育规则制定、国际教育教学评估和认证等途径，提高中国高等教育的国际影响力、竞争力和话语权，树立中国大学的良好品牌和国际形象。因此，学科评估既要有国际化的视野和境界，遵循世界一流大学与一流学科建设规律，为全球高等教育改革发展做出贡献，又要立足中国国情，遵循人才培养、科学研究和社会服务的一般规律，为国家及区域经济发展提供有品质的服务。可以说，学科评估中国化既是一个全球化的过程，又是一个本土化的过程。学科评估要为"双一流"建设提供高水平的服务，必须做到"国际通行标准"与"中国特色"的紧密结合。一方面，在经济全球化趋势不断增强的大背景下，高等教育国际化进程日益加剧以及知识在全球范围内的流动速度不断加快，要求中国的"双一流"建设必须融入世界高等教育体系以及全球化大学发展的整体进程之中，用全球性的评估标准来进行价值判断，才能清晰地知晓中国高校发展是否达到"一流"水平或在哪些领域达到"一流"水平。当前学术界比较认同的观点是，自然科学有着跨越国界的相同知识基础、研究问题和研究方法，具有跨国横向比较的可能性，可以采用国际化的标准（如 ESI）进行评价①，这种建立在国际化层面上的本土化，实质上就是将西方评估标准中国化。另一方面，学科评估是国家管理高等教育的重要手段，往往受到本国经济、政治、文化等因素的影响，因此，当我们运用评估工具时，必须立足本国国情，坚定"双一流"建设以中国标准为价值追求，对于那些不适宜用国际标准来评价的学科，譬如人文社会科学更加倾向于理论创新，就需要用本土化的标准来进行评价。

（三）学科评估中国化的思路与方法

学科评估中国化是一种思想创造、一种文化深耕，是评估理论与实践、价值取向与路径选择的全面中国化。学科评估中国化是一种高等教育治理策略创新，也是一种话语体系创新，不仅关系到中国高等教育评估在国际上的影响，而且决定着中国高等教育的话语权和号召力，必须做出"大品牌"，闹出"大动静"。

1. 对立统一，形成客观辩证的评估认识

客观、辩证地认识学科评估的功能是学科评估健康可持续发展的先导，是学科评估中国化、本土化的前提条件。要形成辩证评估观，我们必须坚信：学科评估不是万能的，但没有学科评估是万万不行的。一方面，要有效推进"双一流"建设，就必须承认学科评估是有用的，客观地看待学科评估的积极作用。学科评估既要对学科建设成效进行价值判断，又要对学科建设现状进行诊断，还要对学科发展方向进行把脉。因此，学科评估有多方面的正向功能：一是以质量监测为宗旨的基础功能，即学科评估通过全面质量"体检"，达到"以评促建、以评促改、以评促管"的目的；二是以提供服务为导向的核心功能，即学科评估通过建设成效与现状进行价值判断，为政府推进"双一流"建设、高校争创"双一流"建设和社会支持"双一流"建设提供有价值的信息服务；三是以

---

① 马廷奇：《"双一流"建设与大学发展》，《国家教育行政学院学报》2016 年第 9 期。

促进发展为旨归的终极功能，即学科评估通过促进高校学科建设发展，推动实现高等教育强国目标。另一方面，必须坚信"学科评估有限性"的观点，辩证地看待学科评估功能的限度。学科评估只是一种外部力量，其对学科内涵的建设和推动作用是间接而有限的。加之学科评估受经济、政治、文化、教育制度等因素的制约，其在实践中的运行并不像所期望的那样多能和万能，甚至有些"负能"；不能充分认识到学科评估的有限性和局限性，就会造成对学科评估功能错误的、片面的理解，形成"评估万能"的假象。

2. 宏微兼济，确立具有民族特性的评估思想

评估思想变革是学科评估中国化的先导。先进的评估思想对于打造一流管理、汇聚一流队伍、形成一流成果、培养一流人才起着至关重要的作用，学科评估与"双一流"建设相适应，其根本前提是评估思想与中国特色社会主义思想纲领相适应。从宏观上讲，习近平新时代中国特色社会主义思想为学科评估走中国化、科学化、现代化的道路提供了全新选择，也为高等教育加快发展而且保持民族性、独立性提供了全新方略。从微观上看，实现学科评估中国化，要以正确的教育思想为行动指南，以推动高等学校提高质量、办出特色、办出成效为改革主线，坚持问题导向，针对中国高校学科评估所面临的难点问题和焦点问题，积极探索、久久为功；要以立德树人为根本，深入推进学科评估思想建设，对学科评估的内涵与本义做出符合时代进步要求的阐释，挖掘有利于"双一流"建设和高等教育强国建设的内容，进一步推动国际高等教育评估理念与中国高校学科评估理念的深度融合，建立具有中国特色的学科评估思想体系，这既是时代的要求与期望，也是中国高等教育努力的目标与方向。

3. 理论与实践交融，构建具有本土气息的评估理论

中国特色社会主义理论体系是实现社会主义现代化和中华民族伟大复兴的正确理论指导，是科学社会主义与中国实践相结合的科学理论，是马克思主义理论中国化的最新成果，创造了中国共产党最可贵的政治财富和精神财富。中国特色社会主义理论体系是指导学科评估活动按规律发展的指南针，也是学科评估少走弯路、错路的保证，学科评估必须立足中国特色社会主义理论体系，构建具有中国特色的学科评估理论。

没有中国特色的学科评估理论，就没有中国特色的学科评估行动。中国高校学科评估要形成自己的特色，就必须牢固树立中国特色社会主义道路自信、理论自信、制度自信、文化自信，坚持稳中求进，以评估服务"双一流"建设大局；必须立足中国高等教育发展的实践，开展具有中国特色的学科评估理论研究，在借鉴与吸收国外高等教育评估理论的基础上，不断反思与超越传统的、外来的评估理论、评估实践、评估体制，构建适应中国高等教育发展的本土化、长期化、规范化的学科评估体系，引导高校建立学科建设的长效机制，生成"双一流"建设的持续动能。

4. 中外互通，坚持走适合国情的评估道路

品牌是品质的象征。中国高校学科评估向外推销，不仅仅是推销产品，更是推销品牌。品牌的形成并非一朝一夕的，而是一个声誉叠加的过程。适应高等教育改革发展新形势、新要求，中国高校学科评估品牌的形成要以促进高等教育内涵式发展为核心理念和指导思想，把扩大开放与立足本土有机统一起来，促进"引进来"与"走出去"更好地结合在一起，积极借鉴世界先进经验，紧紧围绕国家重大需求和高等教育重大要求，建立与世界一流大学、一流学科相适应的研究生教育质量标准，加快完善学科评估制度。要坚持自己建设和建设自己相结合的原则，扎根于中国大地，立足于中国立场，发扬中国风格与气派，发出中国声音，发挥中国影响，突出中国特色和优势，以解决中国高等教育问题为出发点，以突出中国特色为立足点，以打造中国品牌为落脚点，着力加强品牌建设，在世界高等教育舞台上展示中国高校学科评估的理论自信、文化自信、制度自信和道路自信，把"双一流"建设引导到"中国特色、国际影响"的建设道路、发展道路和创新道路上来。要以弘扬自身精华为基础，以实现"双赢"为导向，坚持以我为主、双向交流的原则，兼顾现实条件与国际潮流，优化学科评估模式与"双一流"建设标准，办出中国特色，将中国式学科评估推向国际，提升本土高等教育的竞争力和国际影响力。

5. 文理并重，打造具有中国特色的评估体系

打造具有中国特色的学科评估体系是提高评估适应性的必要条件。一个不合理的评估体系会把某些学科置于适合于其他学科的评估框架之

内，从而阻碍它们的发展，最终使大学中性质各异的部分结合在一起的是它们的相互独立性和共同对真理的执着追求。① 一个国家的发展既需要思想家也需要科学家，既需要"两弹一星"专家也需要大量的熟练技术工人，既需要在故纸堆里寻找证据的人文社会科学学者也需要在实验室发现奥秘的自然科学学者。坚持社会科学与自然科学并重，恰是对教育规律和社会发展规律的尊重，是高校文化建设与人才培养的重要保证。教育部、财政部印发的《高等学校哲学社会科学繁荣计划（2011—2020年)》提出："积极推进高等学校哲学社会科学创新体系建设，为建设国家哲学社会科学创新体系，构建以当代中国马克思主义为指导，具有中国特色、中国风格、中国气派的哲学社会科学提供有力支撑，为全面建设小康社会作出新贡献。"② "双一流"建设在理念上的一个重要突破，就是摒弃重自然科学轻人文社会科学的价值偏向，建立具有中国特色的学科评估与支持体系，以中国特色的学科评估促进自然科学和人文社会科学协调发展。体现在建设方案与实施办法中，"双一流"建设就是要回应国家政策调整对学科评估的需要，结合中国高校的实际，坚持"注重质量、强调成效、突出特色、强化分类"的理念，改进相关指标评价方法。由于人文社会科学与自然科学之间有很大的差别，而且每个门类下的一级学科之间也有很大差别，学科评估要遵循学科发展的内在规律，改变"大跃进"式的评估方式，改变"胡萝卜加大棒"的学科发展方式，分门别类地制定不同的评估指标体系和标准，以中国特色学科评价为主体，以打造学科领域高峰为目标，按照关怀人类、面向未来的思路，切实加强人文社会学科体系建设和创新，重点支持对国家战略发展具有重要意义、对文化传承具有重要价值、对中国特色哲学社会科学构建具有重要作用的学科，支持一批接近或达到世界先进水平的学科加快发展，以一流学科建设带动高校整体水平的提升。

---

① 迈克尔·斯科尔尼科：《关于专业评估和知识遵从的批判研究》，查强译，《北京大学教育评论》2004 年第 2 期。

② 中华人民共和国教育部：《高等学校哲学社会科学繁荣计划（2011—2020 年)》，http://old. moe. gov. cn/publicfiles/business/htmlfiles/moe/A13 _ zcwj/201111/xxgk _ 126304. html，2011 年 11 月 7 日。

四　评估现代化，优化信息服务平台

丰富的信息化资源、现代化的技术手段和快捷精准的咨询分析服务不仅是提升学科评估科学性的重要条件，也是提升评估结果可利用性的重要保证。中国高校学科评估能取得现有的成效，一条重要的经验就是坚持科学发展这个硬道理，不断从发展的实际出发确定要解决的重点问题，加快推进评估体系现代化步伐。面向未来，学科评估体系的进一步发展既要尽力而为又要量力而行，科学地设计学科评估体系现代化的发展目标与路径，进行深层次、全方位改革，使学科评估达到高水平的发展状态，逐步培育生成现代化的学科评估模式。

从目前的情况来看，学科评估结果尽管在一定程度上反映出高校学科建设的显性价值与贡献，但由于教育现象的复杂性、教育成效的隐匿性和教育价值的滞后性，学科建设和研究生教育所蕴含的对国家、社会、家庭及个体的潜在收益、隐性价值和综合贡献远未得到充分展现。因此，评估结果的出炉，并不能全面揭示高校学科建设成效，人们也只能从中管窥一斑。人们若想了解学科建设的详细情况，就必须着力于学科评估数据分析，深度挖掘评估数据所揭示的学科发展规律和解决影响学科发展的问题。在这种情况下，充分利用现有信息资源，积极开发新数据资源，构建现代化的学科评估信息服务体系，是降低评估成本、提高学科评估效率的必然选择。

一是深入挖掘学科大数据，为用户提供咨询分析服务。经过四轮评估，学科评估已建立起规模较大、信度较高、信息较全的学科大数据库，对研究"双一流"建设具有重要的参考价值。学位中心需要对学科大数据进行多类型、深层次的分析，统计学科核心指数，为参评高校研究其学科发展规律提供服务，为国家及省市区教育主管部门开展不同层次的"双一流"建设提供咨询服务，真正做到以评促建、以评促改、以评促管。

二是充分利用信息化手段，建立学科数据共享平台。充分利用"互联网＋中介服务"，加强教育教学资源数字化共享服务平台建设，打造学科评估的新业态，实现中介服务信息的共享和交流，使学科评估各利益方的信息交易电子化、网络化。加强国家级信息数据中心建设，建成一批社会调查数据库、统计分析数据库、基础文献数据库。完善数字化支持、使用、评价等服务体系，促进教育信息资源与学科评估有机结合，加速实现各种教育资源的集成共享。

三是运用大数据分析方法，打造学科信息自检平台。建立学科评估信息数据库，充分运用大数据平台，收集参评单位的相关数据和基本信息，将其录入信息系统。有效利用大数据分析方法和技术，依托学科评估积累的数据资源，构建学科评估大数据自检平台，引导高校把准备评估、参与评估、分析评估结果等过程，变成摸清学科家底，发现学科特色，谋划学科与大学发展，促进一流学科和一流大学建设的过程。

第四节　监督机制创新——融通他律与自律

政府扮演着宏观控制者的角色，主要承担经费支持、建设名单审核等职能，但"双一流"高校及学科建设能否实现预期目标，成为世界一流大学和一流学科，不能按照行政化的模式进行，更不能由单一的行政性评估来决定，而是要鼓励多元化的主体参与评估，充分尊重政府部门、高校师生、评估机构、社会团体、新闻媒体、用人单位等利益相关者的意见，从多个视角对学科评估进行监督。

一　政府主导：建立管办分离的责任机制

建立健全学科评估的监督机制是有效推动学科评估健康、协调、可持续发展的重要探索行为，是完善学科评估制度和形成阳光评估的有效途径。学科评估如同体育竞技一样，如果缺乏严格的比赛监督机制来保证比赛公平公正，评估结果的权威性就会大打折扣。为防止和减少学科评估中的腐败、舞弊、掺假等行为的发生，必须建立公开透明、多措并举的评估监督机制。

（一）建立管办分离的协调机制

学科评估能否有效服务"双一流"建设，既在于评估过程的合理性，又在于评估结果的科学性。在学科评估活动中，政府、高校和社会力量发挥着无可替代的作用，扮演着不同的角色，要使评估过程与结果科学合理，就必须建立政府、高校和社会等利益相关者之间有效互动的评估监督机制。2015 年 5 月 4 日，教育部出台的《关于深入推进教育管办评分离，促进政府职能转变的若干意见》提出：

> 政府对所委托的教育评价，要加强监督和管理，加强质量监控。评价机构要将评价的实施方案、指标体系、对象和样本选择、数据来源及计算、结果分析等向评价委托方（包括政府、学校）和评价对象反馈，逐步做到向全社会公开，接受广泛的监督和质询。鼓励成立教育评价的行业组织，发挥其在评价机构的资格准入、业务指导、监督管理等方面的作用。对于操作不规范、弄虚作假甚至违规违纪的评价机构，要建立"黑名单"制度。[1]

政府作为高等教育管理的主体，要充分履行问责职能，通过引入包括教育督察、教育监察、教育法制等在内的问责机制，防范各个环节存在的职责问题，促进政府、高校和社会三个监督主体有效互动，形成各司其职、各负其责的局面，提高学科评估服务"双一流"建设的实效性。与此同时，学科评估要将政府宏观管理、高校自主自律和社会积极参与结合起来，通过建立政事分开、权责明确、统筹协调、规范有序的教育管理体制，建设依法办学、自主管理、民主监督、社会参与的现代大学制度，推动政府、高校和社会从"越位"的地方"退位"，到"缺位"的地方"补位"，确保学科评估工作顺利、协调展开。

（二）建立不偏不倚的问责机制

问责是权力运行制约与监督的启动装置。[2] 政府对学科评估的问责主要是看评估机构是否对国家尽到应有的责任，对国家委托的评估事务是否履行了契约，对国家的投入和支持是否有合理的回报。政府对参评对象的问责，主要是通过规范参评单位的行为，检视大学对社会发展的贡献，监督大学是否站在社会的前沿去思考和关注社会的发展。在国家推

---

[1] 中华人民共和国教育部：《教育部深入推进教育管办评分离，促进政府职能转变》，http://www.moe.gov.cn/srcsite/A02/s7049/201505/t20150506_ 189460.html，2015 年 5 月 6 日。

[2] 张德祥、韩梦洁：《权责、程序、透明、监控、问责——高校内部权力运行制约与监督机制》，《中国高教研究》2018 年第 1 期。

进"双一流"建设的过程中,大学不能摆脱国家所赋予的责任,但以评促建的问题千奇百怪,要求大学对之做出应对与解答,大学要在利益诱惑面前保持理性的价值选择,既不为市场的物欲所惑,又不放弃自身的发展良机,需要政府对其行为进行批评与监督,使其行为适度,既不偏离,又不致出现过犹不及的局面。学科评估的问责机制不仅要强化对评估权力行使主体的问责,即针对权力运行中权责对等与程序正当的权力制约,而且要强化监督执纪问责,即针对评估权力运行中信息透明与监控活动的权力监督。鉴于此,建立学科评估中的问责制度,要求政府必须回应社会和高等教育利益相关者的基本要求,并积极采取行动加以满足;要求政府必须积极履行社会义务和公共职责,加强权责清单制度建设,划定学科评估活动中不同权责范围的边界,使各责任主体敢于承担道义上、政治上和法律上的责任;要求政府必须加强对高等教育系统内部的监管,对每一项重大决策进行监督,对于决策行为所产生的效益进行监督,将"双一流"建设纳入法制的轨道;要求政府必须接受来自高等教育系统外部的信息反馈,加强程序规则体系和信息透明公开制度建设,对每一个诉求进行积极回应。

(三)建立依法治理的追责机制

追责是政府依法治理高等教育的起点,也是高等教育评估制度不断创新的动力源泉。政府通过对评估权力主体的责任进行终结性追究乃至"终身追究",才能对回避责任的权力主体起到震慑作用,形成权力主体不敢腐的机制。为此,政府要在法律规定的权限和义务范围内,对违反教育法、高等教育法的过错行为进行追究,这些过错行为既包括因政府工作人员违反法律规定、工作失误等造成的直接行为过错,也包括因不履职、不尽职、不守职等不作为行为而导致的过错,即政府要对其法定职责范围内的过错行为或不作为行为承担责任。政府的严格责任意识既意味着积极回应高等教育利益相关者的价值诉求,也意味着政府在对学科评估活动和"双一流"建设进行管理时不仅要做正确的事情,还要把事情做正确。政府的追责主要体现为对主要责任者的责任进行追究,对于那些漠视组织纪律、关系到国家教育发展战略决策失误的现象进行追究,对于那些无视财经纪律、造成"双一流"建设经费流失的现象进行追究,对于那些违背政府和纳税人意志、导致政府形象严重受损的行为进行追究，对于那些忽视社会要求，对国家、社会、家长、学生、雇主、捐赠人、媒体、学校等利益相关者造成危害的责任人进行追究，使他们能真正对国家、社会、个人和学校的切身利益负责。

二　社会参与：建立阳光透明的评估机制

学科评估不只是"双一流"建设的重要活动，更是一项社会各方力量共同参与的高等教育活动，既要充分发挥政府的监管职能，又要树立民主管理、社会各界广泛参与的评估理念，建立健全有关知情权的制度规范，建立信息公开网络平台，促进参评高校把信息公开、校务公开与规范管理相结合，将学科信息、办学信息及绩效评价情况向社会公开，通过外部发声，增强评估的规范性，降低腐败风险，为考生、家长以及纳税人提供信息服务。

（一）多元选择评估主体

任何一个监督主体都有自身特定的评价角度，都能从不同维度对学科评估发声，在评估监督中有着不可替代的比较优势。因此，学科评估要遵循多元监督的原则，构建由家长、学生、用人单位、校友、捐赠人、大众媒体、社会团体、人民群众等利益相关者参与的外部监督机制。（1）公民参与和新闻媒体相结合——把学科评估信息和群众反映的问题公开在新闻媒体上，注重群众参与和新闻舆论的监督。通过电视、广播、报纸、杂志等渠道把公民参与和新闻媒体结合起来，真诚倾听群众呼声，真实反映群众愿望，真切关心群众期待，实现公民参与和新闻媒体的有效结合。（2）公民参与和网络媒介相结合——充分利用现代化科技手段，推进公民参与学科评估监督渠道的多元化。通过电子邮箱、博客、QQ、论坛、贴吧等渠道把公民参与和网络媒介结合起来，打造网上交流平台，为公民参与评估开辟新的广阔空间，使公民可以摆脱地域疆界的限制，对学科评估监督实效自由地发表看法，表达意愿。比如网上评议就是以Internet为沟通平台，公民在某个特定的站点或通过 E - mail 的方式填写评议表并发送给评估机构的一种评议方法。（3）公民参与和社会团体相结合——鼓励支持、积极培育独立、专门的民间社会团体评估机构，参与对学科评估工作的监督，发挥社会监督的作用。通过学会、协会等渠道把公民参与和社会团体结合起来，形成多元化的监督主体。

（二）促使评估信息公开

打破政府对评估的垄断，切实有效的办法是引入社会监督机制，把学科评估推向社会，用法制手段保证评估的公正、公平、公开。针对学科评估人治大于法治、情感高于理性、轻个人重组织的评估观，学科评估必须引入市场机制，将评估信息向社会公开，形成评估主客体之间的信息对称机制，才能做到评估结果的公平、公开、公正。从信息不对称的角度来看，学科评估本身就是一种基于学科信息的合民心的优化与自我管理过程、一种批评与自我批评的过程。而要实现这种过程的合理化，就必须重视民众的真话、实话和口碑，创造有利条件让民众对学科信息进行评判。在第四轮学科评估中，评估结果的发布受到多种媒体的高度关注，评估信息在一夜之间成为社会关注的焦点：手机屏信息瞬间刷爆且不断更新；央媒网站发布整体与综合评估情况；地方媒体发布本地区高校参评学科所取得的成绩；高校官方网站发布和宣传参评学科所取得的佳绩并分析其不足；手机和各种网站随时发布从各个角度对此轮学科评估的分析与评价，如学科比较、学校比较、地区比较以及由此形成的各种纵向比较和横向比较。[①] 然而，遗憾的是，媒体除对评估结果本身关注之外，对学科评估结果的产生机制并不了解，因此，必须建立信息发布机制，公开学科评估的指标体系、赋分标准、观测点等内容，接受群众监督，让社会各界依据评估体系对评估结果的客观性进行评判。这是学科评估获取民心的唯一方法，也是促进高校公平竞争的保证。事实上，当评估取信于民之时，就能形成正确的导向，造假者只能自欺欺人。

（三）建立信息反馈机制

评估的阳光性是评估质量的主要指标，提高信息透明度和社会力量参与监督的便捷性是有效评估的必要条件。学科评估要通过建立信息反馈机制，邀请社会公众监督材料的真实性，确保评估信息的可靠性，以达到社会力量有效参与评估的目的。在评估启动之前，评估组织方应对评估所采用的主要方案、指标体系、评估程序、基本数据、评估方法等借助网络公布于众，接受社会公众的监督和意见反馈，提高评估的透明

---

① 周继良、张金龙：《学科评估与一流学科建设的制度平衡》，《高教发展与评估》2018 年第 6 期。

性。在评估过程中，学位中心应设置常规性监督组织，通过主动公布监督电话、邮箱、QQ 号、微信公众号等多渠道举报平台，接受社会公众对参评高校贿赂等不法行为的监督，对评估人员的受贿等腐败行为进行监督，监察机构应对反映的问题及时加以调查落实，保证评估工作公开、公平和公正；评估机构要在确保信息安全的前提下，扩大评估材料的公示范围，接收各方异议，对材料存在较多不实问题的单位，扩大对其抽查的范围，加大对其核查力度，在评议过程中进行相应处理，保证数据采集的真实性。在评估结束后，评估组织者应坚持以社会各界便于接触的方式，如通过固定网站、出版物或权威期刊等媒体向公众公布评估结果，形成一种良好的信息获取途径和信息反馈机制。

三　高校自律：建立原生态学科评估机制

原生态评估是指初始状态或常态下的学科评估，即高等学校以平常的心态对待评估，以原始的状态迎接评估，将学校最自然、最真实的面貌呈现给评估者。从评估文化来看，原生态评估主张以诚信为本，以弘扬传统美德为重，引导高校调节功利心态，放逐对评估结果的片面追求，反映了高等学校的平常心与超我的思想境界，其求真、求善、求美的价值取向为世人所称道。以原生态价值取向引导学科评估，敦促各方面建立起有效的防腐机制，展现出大学的崇高品格与精神，不仅是学科评估的价值所在，也是加快"双一流"建设的迫切期待。没有良好的评估生态就不可能有一流学科与一流大学成长的土壤，更不可能有一流学科与一流大学的存在。用原生态精神指导学科评估，其着力点是高校自律。自律是现代大学管理的重要原则与学科成长的基本规律，也是高等教育质量保障体系的重要组成部分，更是高等教育质量保障的全球发展趋势。① 学科评估回归原生态需要探索以高校自律为主导，兼顾政府、社会各界参与的学科建设与研究生教育质量保障的新格局，促进高校自觉质量文化的生成。

（一）提升参评高校的自律意识

评估自律是评估思想的精髓，是化解评估矛盾与冲突的内隐规则，

---

① 关辉：《自律：高校自主设置二级学科质量保障的理性选择》，《高等农业教育》2014 年第 2 期。

是学科评估回归原生态的内因。参评高校作为高等教育产品的提供者，是学科建设与研究生教育质量的第一关切者，要善于行使自己的权力，承担起应负的责任，建立起主动适应经济建设和社会发展需要的自我发展、自我约束的运行机制。政府是高等教育产品的监控者，应着重提供保障研究生培养质量所需的体制支持和运行环境，推动高等学校建立和完善内部自我约束机制。评估机构是高等教育产品的认证者，要强化参评高校的主体意识，兑现参评高校的主体地位，消除参评高校"受审""被试"的思想顾虑，克服紧张心理或消极心态，使其成为和谐评估文化的塑造者，通过积极参与评估、主动提供客观真实的信息等方式展现评估的文化内涵，构建积极、健康、向上的文化生态。

（二）降低学科评估的风险成本

政府、高校和社会是学科建设和研究生质量保障的三个不同主体，而高校内部质量保障机制的建立和完善才是学科评估走上健康发展轨道的根本标志，政府与社会开展的学科评估活动就其本质而言都是为了促进高校质量保障自我约束机制的不断完善。因此，引导高校从对评估结果的过分关注转向对评估咨询的应用，需要慎重对待学科评估结果，避免将评估结果的效用扩大化、绝对化，防止步入"一评定终身"的误区。根据"双一流"建设的需要，可以将现行的评估结果定等分级转化为办学绩效、办学水平的考核，使评估结果不直接与"双一流"建设挂钩，而是作为学科建设规划优化、学科结构调整及大学改进的参考，以此消除参评高校的防卫心理，降低各高校为在"学科选秀"中获得冠军、亚军、季军而弄虚作假的风险。

（三）培育生态性的评估文化

文化是大学的根基与血脉。在被选秀文化挟裹的评估场域里，高校想不参与选秀都是不可能的。不过，有些高校却十分钟情于这种竞技方式，特别是对于那些"黑马学科"来说，它们不仅可以找到一个展现个性的舞台，如果表现足够优异，还可以"一举成名"，成为教育管理部门、高校领导、用人单位、家长、学生等高等教育利益相关者关注的焦点，并有可能就此问鼎一流，得到更多政策支持和财政支持。然而，过犹不及，当选秀文化侵蚀高等教育的和谐生态时，我们不得不思索其背后的深层原因以及潜在的危险。合理规避选秀文化对"双一流"建设所造成的危害，关键在于培育一种生态性的评估文化。所谓生态性评估文化，是指促成评估主客体的思想、行为、动机、价值观等和谐统一的氛围与环境，在这样的氛围与环境中，参评高校能以平常的心态看待评估，以原始的状态对待评估，以真实的面貌示人，以形成客观的评估结果。生态性的评估文化具有个性化、和谐性、高效率、可持续的特点，是具有中国特色的评估文化，这种文化的形成不仅是中国高等教育制度创新的体现，而且是评估本身的目的性和内在自觉性的反映。生态性的评估文化既是推动学科评估和谐发展的内在动力，也是消除参评高校选秀情结的重要方法。培育生态性的评估文化可以改变长期以来学科评估的外在性和技术性，使评估真正成为国家、社会、高校及师生等利益相关者的需要。当然，培育生态性的评估文化是一个渐进的过程①，这个过程的形成需要政府、高校、社会共同努力，形成三管齐下的培育机制。首先，政府需要通过完善第三方评估制度，建立学科评估与"双一流"建设政策倾斜、资金划拨、项目扶持等相分离的制度，努力创造适应大学自由发展、自主发展的文化环境，避免因评估而对大学造成干扰。其次，高校需要清楚地把握自己在"双一流"建设中的历史使命和实践责任，理性地认识成绩与不足，正确对待优势与缺点，摒弃为分数而评估、为排名而评估的价值观，形成客观公平、有序竞争的文化氛围。最后，社会需要通过媒介宣传、舆论支持等方式，引导公众正确、客观地认识"双一流"建设，认同与尊崇具有中国特色的学科评估方案、评估模式，提升中国式学科评估的自信心和文化向心力。

（四）鼓励参评高校的自律行为

自律行为是为了规范评估行为，协调各博弈方利益关系，维护高校之间公平竞争，促进学科评估活动健康开展的行为。自律行为既是高校自我约束的结果，又是政府简政放权、推进大学自治的结果。在"双一流"建设背景下，研究生教育与经济社会发展的联系日益紧密，政府一方面对学科建设与研究生教育十分关注，另一方面更加强调大学自治和更加尊重大学的办学自主权，并力图通过学科评估间接影响学科建设与

①　曹一、刘莘莘：《关于高等教育评估文化自觉与评估自信的思考》，《黑龙江高教研究》2017 年第 5 期。

研究生教育质量。在此期间，参评高校的自律行为是学科评估规范有序运行的重要保证。只有强化高校的自律行为，促进参评高校步入自我约束、自我规范、自我发展的良性轨道，评估结果才能得到政府和社会的认可。推动形成参评高校的自律行为，需要改变监督方式，实现政府管理的转变：实现从实质性监督到程序性监督的转变，减少对高校具体事务的干预，将监督的重心从学科建设与研究生教育的具体环节转移到监控评估运行机制的有效性上来；实现管理方式从以行政手段为主的直接管理转变为以整体规划、制定法规、评估、拨款、信息服务等为主的间接调控；实现管理关系从领导指挥转移到提供服务上来。① 如此一来，在确保高校实现充分自主、自律的前提下，各参评高校不但能积极建构自律意识，而且能形成为质量改进而参评的自律行为。

四　多元组合：建立自适性的元评估机制

元评估是对原评估进行价值判断的重要手段，是对原评估进行问责的有效方法。元评估的目的不在于成绩总结，而在于对学科评估进行问责，以改进学科评估实践，提升学科评估服务"双一流"建设的效能。以元评估推动学科评估体系建设，需要多路出击，打好"组合拳"，同时遵循元评估发展的内在逻辑，构建适合中国国情的元评估体制，采取合适的元评估策略，才能有效组织与实施，促进学科评估的高质量发展，为"双一流"建设提供高品质的服务。

（一）提高认识，用立体化宣传凝聚群众智慧

积极的思想认识是元评估科学发展的前提条件。随着"双一流"建设的推进和学科评估实践的不断深化，元评估在以评促建、以评促改、以评促管方面的价值功能日益凸显。一方面，学科评估本身的良性发展需要元评估来保驾护航。没有元评估，学科评估就会走在自生自灭的廊坊里。另一方面，"双一流"建设需要学科评估提供更高质量、更高水平的服务。没有元评估，学科评估在"双一流"建设中的服务功能就会大打折扣。因此，加强元评估宣传，营造元评估的制度理念、文化环境，

---

① 吴开俊、王一博：《以"共治"促"自律"：研究生教育质量保障的路径选择》，《学位与研究生教育》2011 年第 9 期。

提高社会各界对元评估的思想认识，是人心所向、时代所需。针对人们对元评估认识不足的问题，元评估理念塑造只有采取全方位、立体化的宣传策略，方能群策群力，形成合力，为推进学科评估的科学发展营造浓厚氛围。一是充分发挥评估机构的阵地作用，加强评估思想的引导。高等教育各利益相关方是一个矛盾的统一体，评估组织者要将以评促建、以评促管、以评促改的主导思想贯穿在学科评估活动的始终，通过加强对各利益博弈方的思想引导，提高高等教育利益相关者对元评估工作的目的、意义和作用的认识，帮助人们克服不良心理的影响，以客观公正、严肃认真的态度对待评估。二是充分利用现代传播媒介，进行有深度的宣传。教育管理部门、学术研究机构可以充分利用学术期刊、书籍、报纸、广播、电视与网络等大众传播媒介，有组织、有计划地推出高校学科评估元评估系列成果，让高等教育利益相关者有更多的机会知晓元评估，提高对元评估的认识。三是充分发挥学术机构的交流与沟通功能，开展有组织的传播。高等教育学会、教育评估学会、教育管理学会等学术机构可以组织"双一流"建设背景下的高校学科评估元评估研讨会与学术交流会，引发人们对元评估的关注与研究；高等院校、科研院所可以举办关于高校学科评估元评估的专题讲座，促进高校教师、科研人员、教育管理者及高校学生对元评估的了解。

（二）政府放手，用无为式管理培育评估组织

自由的评估主体是元评估规范发展的重要基础。在"管办评分离"的高等教育管理体制下，社会中介机构才是学科评估主体，也是对学科评估进行元评估的主体，是学科评估科学性的最终裁判者。相对于行政性评估而言，专业化的评估活动依靠的是评估中介机构专业人员的学术力量，提供的是高品质、专业化的服务，因而能提高评估结果的信度与效度，使高等教育利益相关者拥有更多的知情权、选择权乃至对高等教育管理的参与权。因此，在"双一流"建设实践中，要发挥社会中介机构的元评估职能，既要减少政府的管控，又要提高评估机构的专业化水平。一方面，政府作为高等教育的宏观管理者和"双一流"建设的投资者，在以评促建中不仅要做到"该出手时就出手"，而且要做到"该放手时就放手"，真正做到"无为而治"。不可否认，政府介入高校学科评估的元评估，在可能发挥积极作用的同时，也可能导致元评估的扭曲，造

成政府与社会关系的错位。政府主导学科评估机构的再评估，难免会产生寻租的空间，最终可能不仅达不到元评估的初衷，反而会扭曲权力行使，成为滋生腐败的渊薮。政府作为高等教育管理主体，将学科评估机构的再评估权交给社会中介机构，让第三方机构独立开展元评估，体现的是政府职能回归本位、尊重教育发展规律和社会中介作为评估主体的精神。另一方面，元评估机构的专业化水平取决于评估人员的专业化程度，要对学科评估本身进行有效评估，就必须提高评估人员的专业化水平，以此增强评估机构的权威性。从根本上说，评估人员的专业性是学科评估专业化的核心，也是评估机构专业化、评估活动专业化和评估结果专业化的前提，因此，建立一支高素质、专业化的元评估队伍是学科评估机构提升服务品质的根本保障。评估人员的专业化主要表现为：掌握必要的评估理论，拥有丰富的专业知识，拥有熟练的专业技能。鉴于评估工作人员的主要职责是有效地组织实施评估、采集与整理数据、按照科学的方法对采样数据及评估意见进行汇总处理、与各方沟通协调、撰写评估报告等，元评估的专业化不仅要求评估工作人员掌握教育评估专业知识，还要求其具备教育管理、资料采集、统计分析等方面的技能，这样才能准确判断学科评估方案的科学性、评估程序的规范性、评估结果的合理性，形成高水平的元评估结论。

（三）制度创新，用批判性反思构建评估体系

有力的制度保障是元评估健康发展的关键因素。如果说学科评估是高等教育质量的保证之器，那么评估制度创新则是评估品质的保证之器。建立具有中国特色的元评估体系，只有坚持制度先行，发挥制度的规范、引领和推动作用，才能抓住问题的关键。从高校学科元评估的运行机制来看，元评估不是在评估实施之后对评估工作的简单总结，而是对学科评估质量和效果的评价、批判和反思。对学科评估工作进行评价、反思和批判是社会对学科评估高度关注的体现，也是对学科评估有效性的理想期待，更是营造和谐的学科评估文化的行动纲领。就目前的情形而言，构建中国高等教育场域中的元评估制度体系尚属于新生事物，制度建设的理论储备与实践准备都不成熟，需要我们迎头赶上，积极进行元评估制度创新。一是加强制度开发。虽然中国高校学科评估制度建设已积累了一定的经验、取得了一定的成效，但元评估制度建设尚处在起步阶段，

需要在确立元评估价值体系的基础上设计好元评估制度开发机制，构建具有中国特色的组织制度、激励与约束制度、监督与仲裁制度，特别是要参照国外元评估的流程和标准，并结合中国高等教育的国情，加强元评估标准的开发制定，既包括元评估实施标准的开发制定，也包括元评估人员行为规范标准的开发制定，形成学科评估的中国标准、中国方案。二是构建学科评估的反思与批判制度。批判性反思是评估效力提升的必要条件，也是评估质量提升的前提。① 元评估组织机构在学科评估完成之后，要及时对评估目的、评估方案、评估指标、评估过程、评估方法、评估结果等进行批判和反思，给学科评估以质量证明的机会，同时对评估中所存在的问题进行集中分析和讨论，引导公众理性批判，提高评估的社会公信力。三是构建元评估问责制度。"问责式"评估是由高校外部的评估群体实施的，是从外部视角进行的学科评估活动，为政府和社会评判学科评估的有效性提供依据，并且是学科评估活动能否继续进行的评判标准。② "问责式"评估是一种服从性评估制度，其形成需要培育专业的评估问责和认证机构，在学科评估结束之后通过系统的调查和分析，对学科评估的有效性、规范性、权威性、成本效益进行分析，讨论学科评估在指标设置、专家选择、资料收集、数据处理、结果使用过程中的成效与不足，形成学科评估方法反思和改进的元评估质量报告。

（四）文化繁荣，用中国式自信打造评估理论

坚实的评估理论是元评估永续发展的不竭动力。元评估理论源于高校学科评估实践，又高于实践并指导学科评估实践，元评估理论研究工作的开展可以为元评估实践提供思路和动力，而元评估实践又为元评估理论的丰富创造了条件和基础。在中国高等教育情境中开展元评估理论研究，需要坚守中国自信，昌盛评估文化，并在实践中汲取有机营养。一是立足中国高校学科评估实践，积极探索本土化的元评估理论。政府要把元评估研究作为完善高等教育质量管理的重要内容，通过课题招标、项目委托等形式，加强对评估政策、制度体系等宏观层面的研究；高等

---

① 赵立莹：《问责与改进：我国第四轮学科评估元评估》，《学位与研究生教育》2018 年第 2 期。

② 朱炎军、夏人青：《走向"内部改进"质量评估模式——美国高等教育质量评估的转变及启示》，《高校教育管理》2016 年第 2 期。

院校、科研院所要把元评估研究作为自身生存发展的重要职责，通过学术研讨、著作出版、研究生培养等形式，开展评估理念、评估原则等中观层面的研究；评估机构要把评估研究作为立身之本和强身之路，通过案例收集、数据采集、经验积累等形式，开展评估方案、评估指标、评估方法等微观层面的研究。二是将国外的元评估理论中国化，在中国高校学科评估实践基础上形成具有自身特色的元评估理论体系。在借鉴国外模式和元评估理论探究方面，要关注西方元评估理论中国化的价值性问题，以促进高校学科建设与发展为价值追问，形成符合高等教育强国建设和"双一流"建设需要的学科评估理论构架；要关注西方元评估理论中国化的目的性问题，着眼于学科评估服务政府、服务高校、服务社会和服务国际的针对性，形成学科评估的历史唯物主义观点，既尊重中国高校学科评估的历史又观照现实，形成适应新时代中国特色社会主义高等教育发展的评估理论模型；要正确处理西方元评估理论中国化与树立中国特色社会主义的道路自信、理论自信、制度自信、文化自信相一致的问题，更加注重培育扶植具有中国特色、合乎中国国情的元评估理论研究，形成本土化、中国化学科评估研究范式。

附　录

关于学科评估服务"双一流"
建设的调查问卷

尊敬的先生/女士：

　　您好！我们正在进行一项关于学科评估服务世界一流大学与一流学科（简称"双一流"）建设的研究，这份问卷旨在了解高等教育利益相关者对于学科评估与"双一流"建设的理解与态度，十分需要了解您的看法和认识。问卷采用不记名方式，您宝贵的意见仅供学术研究使用，保证您的任何隐私不向外泄露，敬请放心填写。问卷填写大约需要 10 分钟。

　　谨此，对您的热心襄助深致感谢！

　　祝您身体健康，工作愉快！

　　学科评估服务"双一流"建设的价值取向及实现机制研究课题组

一　基本情况（请根据您的实际情况在合适的一个选项后打"√"）

1. 您的性别是：

男□　女□

2. 您的身份是：

高校领导□　高校教师□　行政人员□　研究生□　其他□

3. 您的文化程度是：

博士□　硕士□　本科□　大专□　高中及以下□

4. 您任教或攻读的学科是：

自然科学□　人文社会科学□

二 对学科评估及"双一流"建设相关术语的理解（请选择您认为合适的一项，将其序号填在括号内）

1. 您认为学科评估是（　　）。

A.学科评估是依据《学位授予与人才培养学科目录》，对各学位授予单位具有博士或硕士学位授予权的一级学科进行整体水平评估，并根据学科评估结果进行发展状况分析与服务。

B.学科评估是教育部学位与研究生教育发展中心对具有研究生培养和学位授予资格的一级学科进行整体水平评估，然后根据结果进行分类排名，又称学科排名。

C.学科评估是为开展"双一流"建设而进行的大学办学水平评价。

D.不知道。

2.您认为世界一流大学是（　　）。

A.主要指"985工程"和"211工程"大学。

B.主要指文化教育实力雄厚、拥有一批学术人师、享有极大的世界声誉、能够批量培养世界一流人才、形成一流成果的大学。

C.主要指在各大排行榜上位居前50强或前100强的大学。

D.不知道。

3. 您认为世界一流学科是（　　）。

A.拥有一流办学条件、一流学术队伍、一流科研成果、一流人才培养质量、一流学术声誉和一流社会影响的学科。

B.进入 ESI 前 1% 的学科。

C.在学科评估中达到 A +、A 或者 A - 水平的学科。

D.不知道。

4. 您认为学科评估目的是（　　）。

A.服务大局、服务高校、服务社会、服务国际

B.服务世界一流大学与一流学科建设

C.服务政府、高校、社会的投资选择

D.不知道

三 对学科评估服务"双一流"建设观点的理解（您是怎样理解下列观点的，请在您认为合适的一项判断后打"√"）

学科评估服务"双一流"建设的观点	正确	错误	不知道
a.评估是一种价值判断活动			
b.评估是对学科建设水平和研究生培养质量的"体检"			
c.评估是促进学科建设的"服务器"和"催化剂"			
d.开展评估是加强高等教育管理的手段			
e.评估就是把大学的实力告诉国家、社会和高校			
f."双一流"建设绕不开评估，但不能被评估牵着鼻子走			
g.一流大学、一流学科都是评出来的			
h.所有高校、所有学科都应该按同一标准进行评估			
i.评估应坚持"质量、成效、特色、分类"的导向			
j.学科评估结果是"双一流"建设的主要参考			
k.浙江大学在第四轮学科评估中有 38 个 A 档学科，北京大学只有 35 个，说明北大的实力不如浙大			
l.一个学科进入 A 档，就意味着这个学科达到一流水平，必然入选"双一流"建设名单			
m.学科评估决定"双一流"建设的成败			

四　对学科评估信息的感兴趣程度（请在您认为合适的一项选择后打"√"）

1. 您对下列评估话题感兴趣的情况如何，请在您认为合适的一项选择后打"√"。

学科评估信息	感兴趣	一般	不感兴趣	不知道
a.高校学科评估				
b.世界一流大学排名				
c.中国一流大学排名				
d.中国高校综合排名				

2. 您最感兴趣的话题是：

A. 世界大学前 100 强；　　B. 中国大学前 100 强；　　C. 高校学科评估；

D. "双一流"建设名单；　　E. 学科裁撤与新增；　　F. "双一流"建设方案改革

3. 您获取学科评估与"双一流"建设信息的渠道是（可多选）：

　A.电视；　　B.报纸；　　C.广播；　　D.学术期刊；　　E.图书；

　F.互联网；　　G.一般杂志　　H.与人交谈；　　I.高校招生宣传

4. 您比较信任的信息渠道是（可多选）：

　A.电视；　　B.报纸；　　C.广播；　　D.学术期刊；　　E.图书；

　F.互联网；　　G.一般杂志　　H.与人交谈；　　I.高校招生宣传

五　参加学科评估与"双一流"建设活动的情况（请在您认为合适的一项选择后打"√"）

学科评估与"双一流"建设活动	参加过	没有参加但听说过	没听说过	不知道
a.学科评估与"双一流"建设动员会				
b.学科评估材料填报				
c.评价学科声誉或导师指导				
d.学科评估与"双一流"建设讲座				
e.学科评估与"双一流"建设研讨				

六　利用学科评估信息的情况（请在您认为合适的一项选择后打"√"）

学科评估信息	利用过	没有利用过
a.挑大学，选专业		
b.就业或人才招聘		
c.重新选择工作单位		
d.报考研究生		
e.专业发展与学科建设		

七　参与学科评估与"双一流"建设事务的程度（请在您认为合适的一项选择后打"√"）

参与学科评估与"双一流"建设事务	经常	有时	极少	从未	不知道
a.浏览网上的大学排名及学科排名					
b.阅读评估与"双一流"建设的文章					

续表

参与学科评估与"双一流"建设事务	经常	有时	极少	从未	不知道
c.和亲友谈论"双一流"建设有关话题					
d.参与学科评估工作促进会					
e.参加一流学科建设研讨会					

八　对学科评估服务"双一流"建设的看法（请在您认为合适的一项选择后打"√"）

对学科评估服务"双一流"建设的看法	赞成	既不赞成也不反对	反对	不知道
a.评估是权利、利益和信息的博弈				
b.评估有利也有弊，但利大于弊				
c.我们过于依赖评估，而忽视高校的自我觉醒				
d.评估不能解决高校同质发展、低效发展问题				
e.即使不开展评估，高校仍然会重视质量与绩效				
f.评估活动的开展使"双一流"竞争更加有趣				
g.评估与"双一流"关系太密切，必然导致参评高校弄虚作假				

九　对学科评估要素与"双一流"建设的看法（请在您认为合适的一项选择后打"√"）

对学科评估要素与"双一流"建设的看法	赞成	既不赞成也不反对	反对	不知道
a.学科评估不过是"双一流"建设的工具而已				
b.学科评估服务"双一流"建设要公平与效率兼顾				
c.政府要转变角色，不应该直接参与学科评估				
d.学位中心是独立的、高度专门化的中介组织				
e.为求得"双一流""门票"，高校必然会恶性竞争				

续表

对学科评估要素与"双一流"建设的看法	赞成	既不赞成也不反对	反对	不知道
f.评估过程太复杂，很难防微杜渐				
g.分类评估、分类建设一流符合中国的国情				
h.应同时运用多种方法定期进行评估				
i.要根据评估结果动态调整"双一流"建设对象				

十　对学科评估发展与"双一流"建设的看法（请在您认为合适的一项选择后打"√"）

对学科评估与"双一流"建设发展的看法	赞成	既不赞成也不反对	反对	不知道
a."双一流"建设将为学科评估发展提供更多机会				
b."管办评分离"是一种必然选择				
c.政府要进一步简政放权，让第三方组织评估				
d.必须建立具有中国特色的学科评估体系				
e.评估法制化是评估事业可持续发展的保证				
f.科技进步将有益于评估技术的改进				
g.评估科学化必须建立激励、保障和监督机制				
h.要建立元评估制度，对学科评估本身进行再评估				

十一　开放问题：您对学科评估服务"双一流"建设还有哪些看法或建议？

参考文献

一　中文类

Jamil Salmi：《世界一流大学：挑战与途径》，上海交通大学出版社 2009
　　年版。

Martin Ince：《世界大学排名：原因、做法以及结果分析》，《评价与管
　　理》2010 年第 4 期。

Robert J. Morse：《〈美国新闻与世界报道〉大学排名经验及美国高等教育
　　政策》，《评价与管理》2010 年第 4 期。

北京市高教局等：《教育评估理论与实践》，北京航空航天工学院出版社
　　1987 年版。

别敦荣：《"双一流"建设与大学管理改革》，《中国高教研究》2018 年第
　　9 期。

别敦荣：《对待高校排名要重视也要超越》，《教书育人》（高教论坛）
　　2016 年第 6 期。

别敦荣：《积极探索构建中国特色学科评估体系》，《大学与学科》2021
　　年第 1 期。

蔡宗模：《高校组织再造：帕累托最优的视角》，《教育发展研究》2009
　　年第 7 期。

曹辉、郑智伟：《高等教育第三方评估的法律地位探讨》，《上海教育评估
　　研究》2018 年第 4 期。

曹蕾：《俄罗斯公布 QS "世界一流大学学科排名"》，《比较教育研究》
　　2014 年第 5 期。

曹一红：《第三方教育评估主体的地位与评估服务的法律思考》，《教育评
　　论》2018 年第 7 期。

陈韬：《高校学科"体检：解读教育部第三轮学科评估结果》，《上海教育》2013 年第 12 期。

陈文村：《世界一流大学的特征及其对我们的启示》，《学位与研究生教育》2000 年第 6 期。

陈学飞等：《教育政策研究基础》，人民教育出版社 2011 年版。

陈学飞等：《中国式学科评估：问题与对策》，《探索与争鸣》2016 年第 9 期。

程莹、王琪、刘念才：《世界一流大学：对全球高等教育的影响》，上海交通大学出版社 2015 年版。

崔军、蒋迪尼、顾露雯：《英国高等教育改革新动向：市场竞争、学生选择和机构优化》，《外国教育研究》2018 年第 1 期。

丁学良：《什么是世界一流大学？》，北京大学出版社 2004 年版。

董秀华：《世界高校排行评估的发展与特点》，《教育发展研究》2000 年第 6 期。

樊秀娣：《第五轮学科评估走出现实困境的实策思考》，《北京教育》（高教）2021 年第 1 期。

方鸿琴：《国外教育元评估的分析及对我国的启示》，《江苏高教》2004 年第 1 期。

方跃平、邹放鸣：《我国学科类型化评估机制的完善》，《江苏高教》2018 年第 7 期。

冯朝军、朱燕空：《现代大学治理基本问题研究》，《河北师范大学学报》（教育科学版）2012 年第 5 期。

冯用军、赵雪：《中国"双一流"战略：概念框架、分类特征和评估标准》，《现代教育管理》2018 年第 1 期。

符明娟、迟恩莲：《外国研究生教育研究》，人民教育出版社 1992 年版。

高靓：《研究生教育：迈进质量时代》，《辽宁教育》2014 年第 12 期

顾建民：《学科差异与学术评价》，《高等教育研究》2006 年第 2 期。

顾晟：《日本高等教育多元化评估体系的现状、特点与启示》，《高教学刊》2018 年第 19 期。

顾雨竹：《THE 排名指标体系研究——兼与 QS 排名指标体系的比较》，

《大学》（学术版）2013年第12期。

关辉：《自律：高校自主设置二级学科质量保障的理性选择》，《高等农业教育》2014年第2期。

郭晓：《问题梳理，价值反思，内涵再探——全国第四次学科评估对我国艺术学学科建设的意义和价值》，《艺术教育》2018年第3期。

黄全明：《改革呼唤独立公正的第三方》，《中国教育报》2018年11月20日。

蒋林浩、陈洪捷、黄俊平：《人文、艺术和社会学科评估指标体系研究——基于对大学教师的调查》，《华南师范大学学报》（社会科学版）2019年第2期。

蒋林浩、沈文钦：《学科评估的方法、指标体系及其政策影响：美英中三国的比较研究》，《高等教育研究》2014年第11期。

解德渤、李枭鹰：《中国特色学科评估体系的优化路径——基于第四轮学科评估若干问题的分析》，《厦门大学学报》（哲学社会科学版）2019年第1期。

金东寒：《扎根中国大地升展特色评估　紧扣时代脉搏促进改革创新》，《大学与学科》2021年第1期。

康宁：《我国高等教育资源配置方式转换与制度环境》，《北京大学教育评论》2004年第4期。

李函颖、刘宝存：《〈美国新闻与世界报道〉本科院校排行榜评估指标体系研究》，《中国高教研究》2013年第11期。

李峻、陈楚伦：《论我国高等教育评估中介组织的培育》，《重庆高教研究》2017年第3期。

李明磊、王铭：《美国博士学科评估特征分析及其启示》，《教育科学》2012年第3期。

李明霞：《〈美国新闻与世界报道〉大学排名研究》，《世界教育信息》2008年第10期。

李文兵、沈红：《德国CHE大学排名的特点及对我国的启示》，《比较教育研究》2006年第4期。

李燕、陈伟、张淑林、方俊：《世界一流学科的特征探析》，《学位与研究生教育》2018 年第 7 期。

李贞刚、陈强：《我国高等教育元评估研究的现实意蕴》，《山东高等教育》2014 年第 10 期。

李贞刚、任涛、陈强：《我国高等教育元评估的实践缺失与治理对策》，《黑龙江高教研究》2015 年第 4 期。

梁传杰：《对"学科评估"的若干思考》，《研究生教育研究》2019 年第 4 期。

廖婧茜、靳玉乐：《学科评估与"双一流"建设的关系》，《现代大学教育》2020 年第 4 期。

林新宏：《现代大学该如何追求卓越》，《中国科学报》2012 年 1 月 16 日。

刘国瑜：《世界一流学科建设：学术性与实践性融合的视角》，《现代教育管理》2018 年第 5 期。

刘海峰：《"双一流"建设方案与学校发展规划》，《中国科学报》2017 年 9 月 26 日。

刘海峰：《大学排行榜时代的"两校互竞现象"》，《现代大学教育》2009 年第 6 期。

刘海涛：《世界大学学科排名与我国一流学科建设——基于 2016 年 QS 世界大学学科排名的分析》，《研究生教育研究》2017 年第 3 期。

刘强、潘鹏飞、王玉清：《变革中的大学学科排名——QS 世界大学学科排名最新进展与反思》，《比较教育研究》2015 年第 12 期。

刘文华：《委托代理理论在高等教育中的应用》，《煤炭高等教育》2012 年第 6 期。

刘尧：《以中国特色评价体系支持"双一流"建设》，《中国社会科学报》2017 年 12 月 28 日

刘振天、罗晶：《高等教育评价"双刃剑"：何以兴利除弊》，《大学教育科学》2021 年第 1 期。

刘振天、俞兆达、陈恩伦、石定芳、王智超、田铁杰、王鹏炜：《新时代高等教育学科评估现代化（笔谈）》，《教育发展研究》2021 年第 1 期。

卢小珠：《从治理结构角度论公办高校管理体制的改革》，《改革与战略》

2004 年第 12 期。

卢晓中：《世界一流大学与一流学科建设孰轻孰重》，《探索与争鸣》2016 年第 7 期。

罗杭、郭珍：《2012 年中国"985"大学效率评价——基于 DEA – Tobit 模型的教学—科研效率评价与结构—环境影响分析》，《高等教育研究》2014 年第 12 期。

马陆亭：《高等学校的分层与管理》，广东教育出版社 2004 年版。

马廷奇：《大学利益相关者与高等教育评估制度创新》，《华中师范大学学报》（人文社会科学版）2009 年第 2 期。

迈克尔·斯科尔尼科：《关于专业评估和知识遵从的批判研究》，查强译，《北京大学教育评论》2004 年第 2 期。

冒荣：《直面学科评估的透视力和导向性》，《高教发展与评估》2018 年第 3 期。

宁小花：《评估社会组织评估：元评估理论的探索性应用》，《中国社会组织》2013 年第 7 期。

农卫东：《信息不对称与高等教育评估体制建设》，《中国高教研究》2002 年第 8 期。

潘静：《"双一流"建设的内涵与行动框架》，《江苏高教》2016 年第 5 期。

潘懋元：《建设一流本科 全面统筹推进》，《中国大学教学》2016 年第 6 期。

潘懋元、董立平：《关于高等学校分类、定位、特色发展的探讨》，《教育研究》2009 年第 2 期。

饶燕婷：《利益相关者视野中高等教育质量保障多元主体探析》，《大学·研究与评价》2009 年第 7—8 期。

史琳：《高校学科评估的思考和建议》，《群言》2016 年第 2 期。

史秋衡、宁顺兰：《从信息不对称理论看高等教育中的行政干预》，《集美大学学报》2004 年第 6 期。

眭依凡、李芳莹：《"学科"还是"领域"："双一流"建设背景下"一流学科"概念的理性解读》，《高等教育研究》2018 年第 4 期。

孙淳：《"双一流"建设背景下民族院校学科建设的现实境遇及定位审视——以教育部第四轮学科评估为依据》，《民族教育研究》2020 年第 1 期。

孙天华：《大学治理结构中的委托—代理问题——当前中国公立大学委托代理关系若干特点分析》，《北京大学教育评论》2004 年第 4 期。

田长贵：《从管办分离视角管窥我国高校"去行政化"改革》，《今日中国论坛》2013 年第 13 期。

田虎伟、谢金法：《ESI 的功能限度》，《上海教育评估研究》2017 年第 1 期。

王兵、程永元、黄红富：《学科评估技术与理论的辩证思考》，《学位与研究生教育》2005 年第 11 期。

王兵、黄红富、归柯庭：《从国家重点学科评审看学科评估的机制设计》，《学位与研究生教育》2008 年第 5 期。

王大中：《建设世界一流大学的战略思考与实践》，《清华大学教育研究》2003 年第 3 期。

王洪才：《学科排名：利大还是弊大——对我国学科评估特征、正当性与机理的省思》，《厦门大学学报》（哲学社会科学版）2019 年第 1 期。

王建华：《一流学科评估的理论探讨》，《大学教育科学》2012 年第 3 期。

王立生：《"双一流"背景下高校学科评估改革与创新》，《宁波大学学报》（教育科学版）2017 年第 1 期。

王立生：《打造中国特色、世界一流的教育评估品牌》，《世界教育信息》2017 年第 8 期。

王立生、林梦泉、任超、陈燕：《我国学科评估的发展历程和改革探究》，《中国高等教育》2016 年第 21 期。

王玲：《〈美国新闻与世界报道〉大学排行榜对我国高等教育评估的启示与借鉴》，《当代教育科学》2011 年第 13 期。

王梅、魏敏敏：《甄别卓越——德国 CHE 卓越排名评析》，《研究生教育研究》2012 年第 11 期。

王亚杰、陈岩、谢苗锋：《论学科特色型大学竞争力的形成与发展》，《高等工程教育研究》2010 年第 4 期。

王盈、艾方林：《美国大学排名的背后》，《中国教育报》2007 年 9 月
　　17 日。

王云峰等：《高等教育元评估理论模式探析》，《高教发展与评估》2008
　　年第 2 期。

王战军：《目标与途径：世界一流大学与研究型大学建设》，《清华大学教
　　育研究》2003 年第 3 期。

王战军、李明磊：《研究生质量评估：模型与框架》，《高等教育研究》
　　2012 年第 3 期。

王众、董德：《用世界大学排行榜闹革命：专访〈泰晤士高等教育〉 主编
　　费尔·巴蒂》，《留学》2014 年第 6 期。

吴开俊、王一博：《以"共治"促"自律"：研究生教育质量保障的路径
　　选择》，《学位与研究生教育》2011 年第 9 期。

吴康宁：《世界一流大学建设应当放眼世界》，《探索与争鸣》2016 年第
　　7 期。

吴仁彪：《"双一流"建设和高校学科评估要突出特色》，《光明日报》
　　2016 年 9 月 12 日。

谢维和：《"双一流"政策的关键词分析》，《教育经济评论》2017 年第
　　4 期。

熊万曦：《德国大学排名及其启示》，《比较教育研究》2008 年第 9 期。

徐爱萍：《基于主体协同的高等教育质量保障机制构建》，《江苏高教》
　　2013 年第 3 期。

徐小洲、梅伟惠：《论世界一流学科建设的战略起点》，《高等教育研究》
　　2007 年第 11 期。

阎凤桥：《学科评估的多重逻辑》，《教育发展研究》2021 年第 1 期。

阎光才：《努力构建符合中国实际、具有世界水平的新时代学科评估体
　　系》，《大学与学科》2021 年第 1 期。

叶赋桂：《大学评价和排名：最新的发展及其对大学的意义》，《清华大学
　　教育研究》2008 年第 1 期。

袁本涛、李锋亮：《对我国学科评估发展的调查与分析》，《高等教育研
　　究》2016 年第 3 期。

袁贵仁：《建设社会主义高水平大学的动员令——学习江泽民同志关于建设一流大学的论述》，《求是》2002 年第 7 期。

袁卫、李沐雨、荣耀华：《2011 年教育部直属 72 所高校办学效率研究——基于 DEA 模型》，《中国高教研究》2013 年第 11 期。

翟亚军、王晴：《"双一流"建设语境下的学科评估再造》，《清华大学教育研究》2017 年第 6 期。

张德祥、韩梦洁：《权责、程序、透明、监控、问责——高校内部权力运行制约与监督机制》，《中国高教研究》2018 年第 1 期。

张慧洁：《监督、问责：评估与现代大学制度》，《清华大学教育研究》2005 年第 5 期。

张继平：《高等教育评估的价值取向博弈——"双一流"建设与学科评估的视角》，中国社会科学出版社 2018 年版。

张睦楚：《必要的张力：论我国学科评估的正负向度——以教育学科为例之理性探析》，《现代大学教育》2018 年第 3 期。

张婷婷：《大学文化构建对建设世界一流大学的启示》，《当代教育论坛》（综合版）2010 年第 2 期。

张维迎：《大学的逻辑》，北京大学出版社 2004 年版。

张伟、徐广宇、缪楠：《世界一流学科建设的内涵、潜力与对策——基于 ESI 学科评价数据的分析》，《现代教育管理》2016 年第 6 期。

张炜：《基于高等教育现代化视角的学科评估思考》，《中国高教研究》2019 年第 7 期。

张新科：《教育评估——德国高等教育界推崇的监督模式.》，《外国教育研究》2004 年第 7 期。

张应强：《"双一流"建设需要什么样的学科评估——元评估的视角》，《清华大学教育研究》2019 年第 2 期。

赵立莹：《问责与改进：我国第四轮学科评估元评估》，《学位与研究生教育》2018 年第 2 期。

赵立莹：《效力诉求：美国博士生教育质量评估体系的演进》，科学出版社 2014 年版。

周光礼：《超越科学主义评价范式 建构中国特色学科评估新体系》，《大学与学科》2021 年第 1 期。

周光礼：《世界一流大学的特质》，《中国高等教育》2010 年第 12 期。

周光礼、武建鑫：《什么是世界一流学科》，《中国高教研究》2016 年第 1 期。

周海涛：《学科评估认同的基本价值和提升路径》，《现代大学教育》2020 年第 4 期。

朱庆葆：《学科特色决定办学特色》，《中国高等教育》2011 年第 12 期。

左海云：《基于委托—代理理论的校长激励策略》，《河北师范大学学报》（教育科学版）2010 年第 7 期。

［美］阿瑟·奥肯：《平等与效率——重大的抉择》，王奔洲译，华夏出版社 1987 年版。

［美］亨利·罗索夫斯基：《美国校园文化》，谢宗仙、周灵芝、马宝兰译，山东人民出版社 1996 年版。

［美］罗伯特·莫尔斯：《〈美国新闻与世界报道〉的大学排名》，《世界教育信息》2012 年第 Z1 期。

［英］路易斯·莫利：《高等教育的质量与权力》，罗慧芳译，北京师范大学出版社 2008 年版。

二　外文类

Academic Ranking of World Universities, 2017 – 12 – 02, http：//www. shanghairanking. com/Shanghairanking – Subject – Rankings/index. html, 2018 – 01 – 03.

C. E. Beeby, "Stages in the Growth of a Primary Education System," *Comparative Education Review*, Vol. 6, No. 1, 1962, pp. 2 – 11.

David Kember, "Opening up the Road to Nowhere：Problems with the Path to Mass Higher Education in Hong Kong," *Higher Education*, 2010, 59 (2)：167 – 179.

Dichev, I. , "News or Noise? Estimating the Noise in the U. S. News University Rankings," *Research in Higher Education*, Vol. 42, No. 3, 2001, pp. 237 – 266.

Freeman R. E. & Evan, W. M. , "Coporate Governance: A Satkeholder Inter-
pretation," *Journal of Behvaioral Economics*, Vol. 19, No. 4, 1990,
pp. 337 – 359.

Gary E. Bolton, Werner Güth, Axel Ockenfels, *The Selten School of Behavior-
al Economics*, Springer-Verlag Berlin Heidelberg, 2010.

Gerard Van der Laan & Xander Tieman, "Evolutionary Game Theory and the
Modeling of Economic Behavior," *De Economist*, Vol. 146, No. 1, 1998,
pp. 59 – 89.

Gerard Van der Laan & Xander Tieman, "Evolutionary Game Theory and the
Modeling of Economic Behavior," *De Economist*, Vol. 146, No. 1, 1998,
pp. 59 – 89.

John Eatwell, Murray Milgate, Peter Newman, *Asymmetric Information*, Lon-
don: Palgrave Macmillan UK, 1987.

Keith Evans, *The Development and Structure of the English Education Systems*,
London: University of London Press Ltd. , 1975.

Laffont, J. J. , Martimort, D. , "The Theory of Incentives—The Principal-A-
gent Model," *Journal of Economics*, Vol. 80, No. 3, 2003, pp.
284 – 287.

Leslie J. Vermillion, Walfried M. Lassar, Robert D. Winsor, "The Hunt-Vitell
General Theory of Marketing Ethics: Can It Enhance our Understanding of
Principal—Agent Relationships in Channels of Distribution?," *Journal of
Business Ethics*, Vol. 41, No. 3, 2002, pp. 267 – 285.

Mackie, S. L. , *Ethics*, Harmondsworth: Penguin, 1977.

Mary Henkel, "Academic Identities and Policy Change in Higher Education,"
Sociologie Du Travail, Vol. 45, No. 2, 2003, pp. 296 – 298.

Novak, "The Association between Disciplinary Alternative School Placement
and Youth Outcomes: A Meta-analytic Assessment," *Journal of School Vio-
lence*, No. 5, 2019, pp. 421 – 439.

QS World University Rankings by Subject, 2017 – 10 – 26, http: //www. iu.
qs. com/university – rankings/subject – tables/, 2018 – 01 – 03.

QS World University Rankings by Subject, https：//www. topuniversities. com/subject − rankings/2016.

QS World University Rankings by Subject, https：//www. topuniversities. com/subject − rankings/2016.

Samuel O. Idowu, Nicholas Capaldi, Liangrong Zu, Ananda Das Gupta, *Encyclopedia of Corporate Social Responsibility*, Springer Heidelberg New York Dordrecht London, 2013.

Sangkyun Park, "Effects of Risk-Based Capital Requirements and Asymmetric Information on Banks' Portfolio Decisions," *Journal of Regulatory Economics*, Vol. 16, No. 2, 1999, pp. 135 − 150.

Shari L. Gnolek, Vincenzo T. Falciano, Ralph W. Kuncl, "Modeling Change and Variation in U. S. News & World Report College Rankings：What Would It Really Take to Be in the Top 20?," *Research in Higher Education*, Vol. 55, No. 8, 2014, pp. 761 − 779.

Sheldon Rothblatt, *The Revolution of the Dons*, Lodon：Faber and Faber Ltd. , 1968.

Sieber, J. E. , "Being Ethical? Professional and Personal Decisions in Program Evaluation," *New Directions for Program Evaluation*, Vol. 1980, No. 7, 1980, pp. 51 − 61.

Sonja Berghoff, Uwe Brandenburg & Detlef Müller-Böling, "Identifying the Best：The CHE Excellence Ranking of European Graduate Programmes in the Natural Sciences and Mathematics," *Higher Education in Europe*, Vol. 33, No. 2 − 3, 2008, pp. 273 − 283.

Stufflebeam, D. L. , *A Meta-evaluation*, Western Michigan University, School of education, 1974.

Talib, A. and Steel, A. , "The Research Assessment Experience：Strategies and Trade-offs," *Higher Education Quality*, Vol. 154, No. 1, 2000, pp. 68 − 87.

THE World University Rankings, https：//www. timeshighereducation. com/world − university − rankings.

Thomson Reuters, *Academic Reputation Survey Thomson Reuters 2016 Report of Findings*, http：//ip – science. thomsonreuters. com/m/pdfs/GIPP_ Acam-Rep_ report. pdf.

Tight, M. , "Do League Tables Contribute to the Development of a Quality Culture? Football and Higher Education Compared," *Higher Education Quality*, Vol. 54, No. 1, 2000, pp. 22 – 42.

Tomlin, R. , "Research League Tables：Is There a Better Way?" *Higher Education Quality*, Vol. 52, No. 2, 1998, pp. 204 – 220.

U. S. News and World Report Ranking 2017. *Best Colleges Ranking Criteria and Weights*, https：//www. usnews. com/education/best – colleges/articles/ranking – criteria – and – weights.

致　　谢

本书是国家社会科学基金教育学一般课题"学科评估服务'双一流'建设的价值取向及实现机制研究"（BIA180198）的成果。经过三年研究，课题即将画上圆满句号，作者在倍感欣喜与感激之余，也心存殷殷期盼，希望课题成果能为热心于高等教育质量保障研究与学科评估研究的同行们及高等教育管理者们吹送一缕清风。

值此课题成果即将出版之际，特向关心、支持、帮助我的亲友们致以诚挚的感谢！

感谢华中师范大学教育学院董泽芳教授！董先生既是我的学业导师，又是我的人生导师；既教我怎样研究课题，又教我怎样在课题研究中与人共处。董先生不仅全程参与课题研究工作，从课题的申报、立项、实质性研究到结题都倾注了大量心血，而且在推荐我的中期成果方面也扮演着重要角色，为我的学术著作《高等教育评估的价值取向博弈——"双一流"建设与学科评估的视角》写书评，并向他的朋友们推荐，扩大了成果的社会影响和学术影响。导师的良苦用心和无私帮助使我感激涕零，没齿不忘！

感谢厦门大学教育研究院的谢作栩教授！在厦门大学教育研究院学习期间，谢先生在学业上的认真指导，为我今天所从事的研究打下了良好基础，我对谢先生永存感激之情！

感谢华中师范大学教育学院和厦门大学教育研究院的老师们！你们在课堂上、讲座上、学术沙龙上、学术会议上所展现出来的教育智慧，为我开展课题研究提供了莫大的启迪。课题研究所立足的理论、所采用的方法及著作中的不少观点，在很大程度上都是受你们启发的结果。

感谢课题组的全体成员！你们不仅在形成中期成果方面发挥了积极

作用，而且在课题调研方面发挥了重要的作用。没有你们的参与，大量访谈材料的整理和问卷统计等事务性工作可能无法完成。非常感谢你们的辛勤付出！

感谢所有参与调研的友人！你们所提供的信息、表达的观点使我受到很大启发，感谢你们在本课题研究过程中所提供的支持与帮助！

本课题的调研得到了三峡大学多个职能部门及多个学院的大力支持，你们在校内外联系方面发挥了不可替代的作用，使调研能够顺利进行，特此表示感谢！

著作的出版得到三峡大学社会科学处、田家炳教育学院和国际合作与交流处的大力资助，在此表示衷心感谢！

感谢所有关心、支持本书出版及本人发展的友人！

张继平

2021 年 4 月 21 日